일본 속의 한국문화 유적을 찾아서

고대사의 열쇠를 쥔 도시, 나라(奈良)

대원사

일본 속의 한국문화 유적을 찾아서

일본 속의 한국문화 유적을 찾아서

이 책의 간행은 지금으로부터 5, 6년 전 대원사 기획실의 조은정 씨가 『일본 속의 한국문화 유적을 찾아서』라는 책을 내자고 한 것에서 비롯되었다.

그때 마침 나는 토오쿄오에 있는 자유사라는 데서 발행하고 있는 일본어로 된 잡지 『한국문화(韓國文化)』로부터 이 책의 내용과 같은 '일본의 한국문화 유적'에 대한 내용을 몇 차례에 나누어 연재해 달라는 의뢰를 받았던 참이었다. 그렇게 해서 이 잡지의 1991년 10월호부터 '신고(新考), 일본의 한국문화 유적에 대해'를 쓰기 시작했다.

처음에는 일본 고대 국가의 발상지인 야마토(大和, 현재의 나라현) 유적에 대해서만 간단히 다루려고 하였다. 그런데 내가 한일 고대사 문제에 대한 글을 쓰기 시작했던 20여 년 전 이후로 그동안 알려지지 않았던 유적이나 고분의 발굴이 이루어져 점차 새로운 사실이 밝혀지게 되었으므로 어느 사이엔가 나는 '신고, 일본의 한국문화 유적에 대해'라는 원고에 몰입하게 되었다.

이미 20여 년 전부터 일본 각지를 답사한 고대 유적 기행인 『일본 속의 한국문화』를 12권까지 써왔던 터였다. 물론 야마토도 중심 지역 가운데 하나로 다루어지고 있지만 그것은 전체 12권 중의 일부에 지나지 않는, 결코 이 책처럼 구체적으로 상세히 다루어진 것은 아니었다. 따라서 고대 왕조 국가의 땅 야마토를 본격적으로 다루기는 이번이 처음이라 할 수 있으며 이 책은 그 가운데 반 정도의 내용을 담고 있다.

한편 그동안 일본의 역사 고고학에도 상당한 변화가 있었다. 내가 『일본 속의 한국문화』를 집필하게 된 동기의 하나였던 멸시의 대상인 '귀화인'이라는 말은 사라지게 되었고 이제는 중고교 교과서에서까지도 '도래인'이라는 말로 바뀌어 있다. 예로 1995년 6월 28일자 아사히신문 기사를 소개하자면 "작년 6월에 출토된 토기 파편/수도권에서 가장 오래 된 한식 토기/5세기 후반 도래인이 가지고 온 것일까?"라고 쓰고 있다.

이 책이 나오게 된 데는 조은정 씨가 오랜 기간 여러 차례 연락하고 기다려온 덕분이지만 이 책을 한국어로 번역한 배석주 교수의 노고도 큰 것이었다. 여기에 기록하여 두 분께 심심한 감사의 뜻을 표하고자 한다.

더욱이 이 책이 광복 50주년이 되는 해에 출판된다는 사실도 커다란 기쁨이 아닐 수 없다.

1995년 7월 토오쿄오
김달수

차 례

고대 한반도문화의 일본 전파 경로

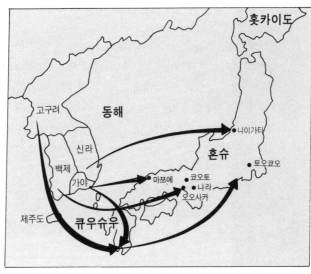

이 책의 일본어 발음의 우리말 표기 원칙

　1. 일본 고유의 인명·지명은 원칙적으로 일본음으로 표기하되 다른 나라의 인명·지명은 우리말음으로 표기했다.
　아스카(飛鳥), 소가노우마코(蘇我馬子), 후쿠오카(福岡)
　2. 관직 또는 신분을 나타내는 단어와 고분, 신사, 절 그리고 산, 강 구획명 등은 '일본음+우리말음'을 원칙으로 했다. 단 산, 강 등이 고유명사화된 경우에는 부득이 일본음으로 처리한 예도 있다.
　텐무천황(天武天皇), 쇼오토쿠태자(聖德太子), 우마미고분(馬見古墳), 오미아시(於美阿志)신사, 오카사(岡寺), 야마토산산(大和三山), 효오고현(兵庫縣), 요시노정(吉野町), 소가천(蘇我川)
　cf) 카구산(香久山)←카구야마(香久山)고분
　　시마노오오오미(島大臣), 키노카와(紀ノ川) etc.
　3. 책 이름은 우리말음을 원칙으로 하되 고유지명 등은 일본음으로 표기했다.
『속일본기(續日本記)』,『고사기(古事記)』,『만엽집(万葉集)』,
　cf)『야마토지(大和志)』
　4. 일본어를 우리말 표기로 옮기는 데 있어서 현행 외래어 표기법으로는 의미전달에 무리가 있어서 일본어 음성학상의 음절 법칙과 자음 표기 법칙 등을 적용해서 되도록이면 실제 발음에 가깝게 표기하는 것을 원칙으로 했다.
　① 일본어 자음(k, p, t)은 우리말의 격음(ㅋ, ㅌ, ㅍ)으로 표기하였다.
　　코오베(神戶), 타케치(高市), 콘피라(コンピラ)
　② 일본어의 특수음소 'つ' 와 'ん' 는 'ㅉ' 와 'ㄴ'으로 표기했다.
　　쯔시마(對馬島), 산인(山陰)
　③ 장음의 경우, 음절 법칙상 모음을 하나 더 추가하되, 실제 발음하는 대로 표기했다.
　　토오쿄오(東京), 오오사카(大阪), 큐우슈우(九州), 쿄오토(京都)

제 1 부

아스카로 온 도래인

아스카 · 히노쿠마

일본 고대왕조 또는 고대국가 발상지로 알려진 야마토(大和 · 奈良縣)의 타케치군(高市郡) 아스카촌(明日香村)을 시작으로 일본에 남아 있는 한국 문화 유적들을 살펴 가면 그 출발지는 히노쿠마(檜隈)가 될 것이다. 『속일본기(續日本紀)』[1] 호오키(寶龜) 3년조의 "무릇 타케치군의 히노쿠마노이미키(檜隈忌寸)와 17개 현에는 사람들이 많이 살았다. 이 가운데 다른 성씨를 가진 사람은 열 명 가운데 한두 명이다"라는 기록에서 알 수 있듯이, 아스카와 타케치군은 전체 인구의 80~90%가 백제 · 아야(安邪)계 도래인인 야마토노아야(東漢)씨족의 중심 근거지였다.

이들은 이른바 '이마키(今來)' 라 불리는 이주민 집단으로 지금도 히노쿠마에는 그들 씨신(氏神) 신사의 하나인 오미아시(於美阿志)신사와 씨사(氏寺)인 히노쿠마사(檜隈寺) 터가 남아 있다. 오미아시신사 앞에는 아스카촌 아스카(飛鳥)보존단체가 세워 놓은 동판에 다음과 같은 글이 새겨져 있다.

히노쿠마는 백제에서 도래한 아치노오미(阿智使主)가 살았던 곳이라 전하는데 오미아시신사는 그를 제신(祭神)으로 섬기고 있다. 히노쿠마

오미아시신사
전경

히노쿠마사 터의 13층석탑

오미아시신사 경내의 석주

사 터는 신사 경내에 있으며 탑, 강당으로 추정되는 건물 터가 남아 있다. 『일본서기(日本書紀)』 텐무(天武)천황 슈쵸오(朱鳥) 원년조에 히노쿠마사라는 절 이름이 나와 있고, 절터에서 7세기 말의 기와가 출토되었다. 탑의 자리로 추정되는 곳에는 윗부분이 손실된 상태이긴 하나 13층짜리 석탑이 남아 있고, 현재 중요문화재로 지정되어 있다.

주변보다 약간 올라간 평지 숲속에 위치한 오미아시신사는 지금은 황폐하여 볼품없이 되었지만 원래는 상당히 컸던 것으로 짐작된다. 토리이(鳥居)[2]를 지나 경내에 들어서면 오른쪽으로 '宣化天皇檜隈盧入野宮址' 라고 새겨진 비석이 보인다. 아야(漢)씨의 씨사가 어떤 연유로 센카천황의 궁터가 될 수 있었는지 흥미롭다.

센카천황은 『히젠국 풍토기(肥前國風土記)』에 '히노쿠마천황' 이라고도 되어 있는데 아스카시대의 천황들과 히노쿠마와의 관계는 이것뿐만이 아니다. 예를 들면, 아오야마 시게루(青山茂)가 해설한 사진집 『아스카(飛鳥)』에 다음과 같은 글이 있다.

텐무·지토오천황릉인 히노쿠마대내릉

텐무 · 지토오(持統)천황릉을 히노쿠마대내릉(檜隈大內陵)이라 부르는 데서 알 수 있듯이, 이 지역을 히노쿠마라 한다. 히노쿠마에는 그 밖에도 킨메이(欽明)천황의 히노쿠마판합릉(檜隈坂合陵), 몬무(文武)천황의 히노쿠마안고릉(檜隈安古陵), 키비히메(吉備姬)왕의 히노쿠마묘(檜隈墓) 등의 능묘가 있어서 황실과 깊은 관계가 있던 땅임을 알 수 있다.

히노쿠마는 귀화인(歸化人)의 이주지로도 유명하다. 오오진(應神)천황 20년 9월에 도래한 야마토노아야노아타이(倭漢直)[3]의 조상에 해당하는 아치노오미와 그의 아들 쯔카노오미(都加使主) 일행이 이곳에 정착한 것으로 보인다. 히노쿠마 오미아시신사는 아치노오미를 신으로 모시고 신사 이름도 거기서 따온 것으로 추측된다.

그런데 의심스러운 것은 왜 백제 · 아야계 이주민 아야(漢)족의 씨사가 센카천황의 궁터였는가 하는 점과 어째서 귀화인 이주시로 알려진 히노쿠마에 아스카시대 천황릉이 집중되어 있는가 하는 점이다. 오늘날에도 종종 그렇긴 하지만, 특히 고대의 분묘는 본관지(本貫地)에 쓰는 것이 일반적인 것이다.

히노쿠마와 관련해서 떠오르는 또 하나의 생각은 에도(江戶)시대[4] 말기까지 몬무천황릉으로 알려졌던 타카마쯔(高松)총에 관한 것이다. 발굴 결과 타카마쯔총이 매우 희귀한 벽화고분임이 알려지게 되었는데, 1972년 3월 당시 일본 매스컴은 "일본 고고학계 전후(戰後) 최대의 발견"이라고 대대적으로 보도하였다. 채색이 뛰어난 의상을 비롯해서 고대 한국의 풍속을 잘 보여 주는 타카마쯔총 벽화와 히노쿠마를 근거지로 삼았던 아야씨족과는 어떤 관계에 있었는지 알 수 없으나, 야마토노아야(倭漢)라 불렸던 야마토(東)의 아야씨족은 대단히 큰 집단을 이루고 있었다. 야마토의 아야(漢)란 카와치(西 · 河內)의 아야와 대립되는 호칭으로 야마토(大和)만 해도 상당히 큰 집단이었다.

야마토에 타케치군〔원래는 이마키군(今來郡)〕을 세운 것도 아야씨족

타카마쯔총 고분 입구(위)

타카마쯔총 벽화(왼쪽)

이었다. 아야씨족 출신 유명인 가운데 헤이안(平安)시대[5] 정이대장군
(征夷大將軍)[6]의 지위에 오른 사카노우에노타무라마로(坂上田村麻呂)[7]
가 있다. 이 사카노우에(坂上)의 『사카노우에계도(坂上系圖)』에 이마
키, 즉 타케치군 창설에 관한 다음과 같은 기록이 있다.

때는 아치(阿智)왕, 이름하여 이마키군을 세우다. 뒷날 새롭게 타케치
군이라 불렀으나 인구가 팽창하여 거주할 곳이 없어지자 다시 여러 나
라로 분할하였다. 세쯔(攝津)·미카와(參河)·오우미(近江)·하리마(播
麻)·아와(阿波) 등 아야히토노스구리(漢人村主)[8]가 그것이다.

아치노오미가 '아치왕'으로 되어 있음에 주의해야 한다. 아야씨족은
『속일본기』 호오키 3년(772)까지는 타케치군 전체 인구의 대부분을
차지하고 있었으며, 다시 그 씨족 집단이 먼 미카와[參河(三河·愛知
縣)]나 아와[阿波(德島縣)]에까지 이르게 되었다는 것이다.
　또한 아치왕 직계로 보이는 야마토노아야씨로부터 많은 씨족이 갈라
져 나왔다. 예를 들면 야마카게 모토히사(山陰基央)가 쓴 『야마토노아
야씨의 변천』에는 다음과 같은 글이 있다.

뒤에 그 자손이 번창해서(……) 야마토노아야노아타이(倭漢直)로부터
키즈(木津), 마사무네(唐宗), 사카노우에, 탄바(丹波), 히바라(檜原), 쿠
라(內藏), 야마구치(山口), 히라타(平田), 사타(佐太), 타니(谷), 우네비
(畝火), 사쿠라이(櫻井), 히노쿠마(檜前), 쿠로우토(藏人), 시가(志賀),
히로하라(廣原), 이케베(池邊), 쿠리스(栗栖), 아라이다(荒井田), 쿠로마
루(黑丸) 등으로 갈라져 나왔는데 그들 가운데는 높은 관료가 된 일족도
있다. 그중에서 특히 사카노우에씨가 유명하며, 사카노우에씨로부터 다
시 아와(安波), 우라베(浦邊), 타무라(田村), 쯔지(辻), 타마쯔쿠리(玉
造), 히다리(左), 야마모토(山本), 이즈미(泉), 히노쿠마(檜隈), 히가시

(東) 등이 갈라져 나와 야마토노아야노아타이의 후예들이 수백의 분파를 낳았다.

이마키 즉 타케치군에 있던 아야씨족의 중심 세력은 같은 백제계 도래인인 소가(蘇我)씨와 손잡고 정치적으로 큰 역할을 하였다〔카도와키 테이지(門脇禎二), 「소가씨[9]의 내력에 관해서—백제 목리만치(百濟木刕滿致)와 소가노마치(蘇我滿智)」〕. 아스카 왕조의 "정치 실권은 두말할 것 없이 소가노우마코(蘇我馬子)[10]의 손아귀에 있었다. 이 시기의 천황가(家)란 소가가(家)를 말한다"〔카메이 카쯔이치로우(龜井勝一郎), 『아스카로(飛鳥路)』〕. 이런 기록들만 보더라도 당시 소가씨족과 연계해 있던 아야씨족이 얼마나 많은 실권을 쥐고 있었는지 쉽게 상상이 된다. 지금 아스카촌에는 소가노우마코의 분묘로 알려진 거대한 이시부타이(石舞台)고분이 있어서 소가씨족의 권세를 짐작케 한다. 그러나 우마코 이후 쿠라쯔쿠리〔鞍作(入鹿·이루카)〕[11]대에 이르러, 645년의 타이카개신(大化改新)[12]에 의해 소가씨는 멸망하게 되고 자연히 아야씨족에게도 어둠이 찾아 든다.

이시부타이고분

신라·가야계도 있었다

지금까지 보아 온 아야씨족은 그들이 창설한 타케치군이 이마키군이 었다는 사실에서 알 수 있듯이 이른바 '금래(今來)'의 도래인이었다. 뒤에 '금목(今木)'이라고도 불린 금래(이마키)란, 나중에 온 사람 즉 신래자(新來者)란 뜻이다. 뜻으로 보아 이마키라 한다면 후루키(古來) 가 먼저 있어야 한다. 쿄오토(京都)대학의 우에다 마사아키(上田正昭) 교수 등은 '코와타리(古渡 ; 예부터 내려온 신이라는 뜻)'라고도 하는데 그렇다면 '후루키'는 어디에 있었을까.

그들은 아스카 산악 지방 하타향(波多鄕)에 살았던 신라·가야계 도 래인 하타(秦)씨족[13]이 아닌가 생각된다. 그 곳은 아스카촌 후유노(冬 野)라는 산간 지방으로 인가는 서넛밖에 없는 곳이지만, 『엔기식(延喜 式)』[14]에도 기록된 오랜 하타(波多)신사가 있다.

내가 하타씨를 모신 하타신사와 가야계 카야나루미노미코토(加夜奈 留美命)신사와 더불어 오카사(岡寺) 근처 하루타(治田)신사를 알게 된 것은 아스카니이마스(飛鳥座)신사의 세습 주지인 아스카 히로노리(飛 鳥弘訓) 씨를 만나고 난 뒤였다.

1972년에 출판한 『일본 속의 한국 문화』 제3권 「야마토(大和)」를 취재하던 때의 일이었다. 그때는 같은 『엔기식』에 기록된 카야나루미

카야노모리의 카야나루미노 미코토신사(왼쪽)

후유노의 하타신사(아래)

노미코토신사는 방문했으나 아스카강 최상류에 있던 하타신사에는 가질 못했다. 왜냐하면 신사가 있는 후유노는 그 당시 소형택시도 갈 수 없는 깊은 산속이었기 때문이다.

최근에 큰길이 난 뒤로 기회를 내어 방문했다. 경사면이 급한 산으로 둘러싸인 카미하타(上畑), 시모하타(下畑)〔하타(畑)에 주목할 것〕라 부르는 촌락을 지나 올라가노라니 어찌 이런 산 속에 있을까 싶은 궁내청(宮內廳) 소관의 양조법친왕묘(良助法親王墓)도 있었다.

힘겹게 후유노의 하타신사에 도착했다. 울창한 숲에 둘러싸인 작은 규모의 하타신사는 인가가 서넛밖에 없는 지역인데도 깨끗하게 잘 정돈되어 있었다. 카야노모리에 있는 카야나루미노미코토신사 역시 인가가 거의 없는 신사로 이런 산중에 어떻게 924년에 시행된 『엔기식』에 기록된 신사가 있는지 의문을 갖지 않을 수 없었다. 이곳 하타향 역시 고대로부터 시작된 것임에 틀림없다.

고대 한국에서 온 도래인의 발자취를 더듬어 보면 그들은 우선 하천 상류나 높은 산중에 터를 잡은 뒤 차츰 가까운 분지나 평지로 내려오는 것이 습성처럼 되어 있었다. '후루키' 일수록 그와 같은 경향이 강했을 것으로 생각된다. 그것은 아스카 중심부의 평지에 있고 우부스나가미(土産神 ; 태어난 땅의 수호신)로 알려진 아스카니이마스신사 제신의 변천을 보아도 알 수 있다.

역시 아스카 히로노리 씨에게서 들은 것인데, 이 신사의 신은 지금까지 3번 정도 바뀌었고 첫번째 신이 바로 카야나루미노미코토였다고 한다. 그 사실은 이즈모(出雲)의 쿠니노미야쯔코(國造)[15]가 천황에 올린 축문(神賀詞)의 "오오아나모치노미코토(大穴持命)의 딸, 카야나루미노미코토를 아스카의 카무나비(神奈備 ; 신이 계신 산이나 숲, 신사의 숲)로 하고"라는 기록과 함께, 아스카니이마스신사 북쪽 카구야마(香久山)고분에서 나온 출토품을 통해서도 이 사실을 확인할 수 있다. 아마이와토(天岩戶)신사 등 일대가 성역으로 되어 있던 카구야마고분 발굴과 출토품에 대해서는 1984년 1월 13일자 아사히신문에 "카구야마에 도래인 분묘/일본에선 유례가 없는 토기 다수 발굴/한국 출토품과 같은 종류"라는 머릿기사로 다음과 같은 글이 실렸다.

나라현 카시하라시(橿原市) 난잔정(南山町), 카구야마 남쪽 기슭 유적군 속의 고분에서 12일, 한국의 남쪽 고대 가야 지역에서만 출토되는 기마인물형토기 · 딸린굽다리접시모양토기(子持高杯狀土器)와 쇠못 등 한국 출토물과 같은 유물이 여러 점 발견되었다. 이러한 이형(異形)토기류는 일본에서는 볼 수 없는 것으로, 그 구성으로 보아 가야 지역에서 일본에 건너와 정착한 도래인의 분묘로 여겨진다.

이 고분은 야마토산산(大和三山) 줄기의 하나인 카구야마 동쪽 낮은 산등성이에 있다. 부근 일대의 카시하라시 공원묘지(14.7㏊) 조성 계획에 따른 카시하라시 교육위원회의 사전 조사를 통해 확인되었다. 이 원형 고분은 지름이 18m, 시기는 5세기 중엽으로 추정된다. 그 밖에 부근에서 9기의 다른 원형 고분도 발견되었다. 표토를 제거한 결과, 고분 윗부분에서 둥근 다리 위에 사각판상 부분을 붙이고 그 위에 4개의 다리를 놓은 도질토기편(높이 9㎝, 최대폭 5㎝)과 형광등관에 여러 개의 나팔이 붙어 있는 것 같은 도질토기편(길이 11㎝, 높이 8㎝)이 출토되었다. 도질토기는 한국 도기로 이 기술을 가진 도래인들이 일본에서 스에키(須惠器)[16]를 만들었다고 한다.

발견된 도질토기 중에서 앞의 것은 5세기에 가야에서 만들어졌다고 알려진 기마인물형토기의 하반부 모습 그대로이고 크기도 같다. 또한 뒤의 것은 부산시 소재 가야시대 복천동 1호분(5세기 전반)에서 출토한 딸린굽다리접시모양토기의 상반부와 똑같은 모양을 하고 있다. 연락을 받고 조사에 참여한 나라현립 카시하라고고학연구소에서도 가야에서 온 것으로 보고 있다. 출토된 토기들은 모두 제사용인 듯하다.

이른바 야마토산산의 카구야마고분이 갖는 의미는 매우 중요하다. 그러나 그 출토품은 일본에서 유례가 없는 것이 아니고 다른 몇몇 고분에서도 그러한 도질토기는 얼마든지 출토되고 있다. 예를 들면 키이(紀伊 · 和歌山縣)의 쿠스미(楠見) 유적에서는 3,000점이나 출토되었고 그 곳의 이와세천총에서는 도질토기 외에 그 이전의 '한식토기(韓式土器)'까지도 대량 출토되고 있다.

이러한 토기는 카야노모리(栢森, 한국어의 가야머리라고 생각됨)의 카야나루미노미코토신사와 하타신사 등을 모시고 있던 신라 · 가야계의 하타(秦)씨족이 아스카 중앙부의 아스카니이마스신사에서 카구야 마 일대까지 퍼져 나갔던 것을 의미한다. 중앙부 오카사(岡寺) 근처에 도 그들이 모신 하루타(治田)신사가 있었을 뿐만 아니라 아스카의 출 입구에 해당하는 아스카역 근처에 있는 코세쯔히코(古世都比古)신사 도 그들이 모신 신사였다.

아스카에 있는 그와 같은 신사에 관해서 아오야마 시게루(靑山茂) 씨는 다음과 같이 쓰고 있다.

히노쿠마를 중심으로 살았던 귀화인들은 이마키노타미(今來之民)라 고 불린다. 그들은 오미아시신사를 비롯해서 각각 이마키의 신(今來之 神)을 모셨다. 그런데 그들은 이마키의 신을 섬기면서도 예부터 전해온 일본 고유의 신들을 소홀히 하지는 않았다. 아스카 지방에서는 이른바 고래의 천신(天神)·국신(國神)과 금래신이 함께 모셔졌던 것이다. 아 스카니이마스신사는 원래 아스카의 카미오카(神岡)에 모셔져 온 후루키 의 신(古來神)이다.

이처럼 아스카니이마스신사 등은 예부터 내려온 신이라는 뜻의 코 와타리(古渡) 즉 후루키 신이었다. 이러한 신들이 사이좋게 섬김을 받 고 있었던 것은 사실이다. 그러나 그 신들을 섬기던 사람들이 언제까 지나 사이좋게 지냈을 것이라고 말할 수는 없을 것이다. 그들은 각양 각색의 이유로 서로 대립하여 만일 무슨 일이 일어났을 경우엔 그 대 립이 전면에 표출되기에 이르렀던 것이다.

그 예로 이노우에 미쯔사다(井上光貞)가 감역(監譯)한 『일본서기』에 나오는 타이카개신의 내용을 보면, 쿠라쯔쿠리(鞍作)라고도 하는 소가 노이루카(蘇我人鹿)가 살해당한 일에 대해 다음과 같이 씌어져 있다.

사에키노무라지코마로(佐伯連子麻呂)와 와카이누카이노무라지아미타(稚犬養連網田)는 이루카(人鹿)를 칼로 베어 죽였다. 그날 비가 많이 내려 넘쳐난 물이 뜰에 가득하고 사람들은 덧문거적으로 시신을 덮었다. 후루히토노오오에(古人大兄皇子)황자는 그 참상을 보고 서둘러 궁으로 돌아가서 사람들에게 "카라히토(韓人)가 [카라히토노마쯔리고토(韓政)로 죽임] 쿠라쯔쿠리를 죽였다. 내 마음이 슬프다"라고 말한 후 침실로 들어가서 문을 잠그고는 나오려 하지 않았다.

오래 전부터 이 "카라히토(韓人)가(……)카라히토노마쯔리고토(韓政)"(……)부분이 문제가 되어 왔는데 『일본서기』[17] 주1을 보면 다음과 같이 설명되어 있다.

카라히토(韓人)가 쿠라쯔쿠리(鞍作)를 죽였다. 주석에 따라 삼한공조(三韓貢調)[18]를 구실삼아 죽였다는 뜻으로 해석하는 것이 보통이지만 혹시 이국(異國) 사람들의 방식으로 죽게 되었다는 뜻은 아닐까.

『일본서기』 주1을 보아도 무슨 영문인지 알 수 없다. 당시 삼한공조라는 것이 있었을 리 만무하기 때문이다. 또한 『일본서기』 원문에는 "韓人殺鞍作臣謂因韓政而誅吾心痛矣"라 되어 있다. 원문 해석이 왜 삼한공조가 되는지 알 수 없으나 여기서 말하는 '카라히토(韓人)' 는 '카라히토(加羅人)' 즉 신라·가야계를 일컫는 것이 아닌가 생각된다. 왜냐하면 타이카개신이 단순히 백제계 소가씨의 횡포를 타도한 쿠데타가 아니라, 그들의 모국인 고대 한국의 고구려, 백제, 신라 3국의 세력다툼을 반영한 항쟁이었기 때문이다. 이에 관해서 이노우에 미쯔사다(井上光貞) 씨도 다음과 같이 쓰고 있다(『韓國과 日本古代史』).

새로운 군현제나 위계제도는 삼국(고구려, 신라, 백제)에서 배운 것으로 생각되며 점차 실증이 드러나고 있다. 타이카개신도 마찬가지다. 개신을 소가씨의 횡포나 왕권 회복에만 관련시키는 일본 국내사관을 넘어 더 넓게 동아시아를 주시한다면, 신흥 신라가 국력을 키워 영토를 확장하고 당과 연계해서 마침내 7세기 중엽에 통일국가를 형성해 가는 커다란 흐름을 놓쳐서는 안 될 것이다. 타이카개신에는 이와 같은 외계로부터의 반작용이 움직이고 있었던 것이며…….

토오쿄오(東京)대학 교수를 역임한 이노우에 씨의 이 글이 실린 것은 타카마쯔고분 발견에 자극을 받아 한국을 방문하고 돌아온 이후인 1972년 9월 7일자 아사히신문이었다.

소가(蘇我)씨와 백제·고구려계 도래인

아스카에는 소가씨족이 남긴 유적이 적지 않다. 당시의 천황가가 곧 소가가였으므로 그것은 당연한 일이다. 소가씨가 남긴 유적 가운데 소가노우마코(蘇我馬子)의 분묘로 추정되는 이시부타이(石舞台)고분에 관해서는 앞에서도 잠깐 다룬 적이 있으나 내가 『일본 속의 한국 문화』 제3권 「야마토」를 쓴 이후에도 시마노오오오미(島大臣)라 불리던 우마

아스카의 땅 가운데 솟아 있는 수풀이 아스카니이마스신사(飛鳥坐神社)이다.

코(馬子)와 관련이 있는 유적이 새로 발견되었다. 이 유적에 대한 1989년 9월 11일자 아사히신문 머릿기사를 보면, "아스카촌에 대정원(大庭園)/만요오(万葉)의 물소리가 들릴 듯하다/소가씨(蘇我氏)·나카노오오에(中大兄)황자와 관계있는 시마노미야(島宮)[19] 터/석조 수로 일본 정원의 원류?"라 씌어 있고 다음과 같은 기사가 나온다.

나라현립 카시하라고고학연구소는 10일 타케치군 아스카촌의 특별 사적인 이시부타이고분 근처의 시마노쇼오(島庄) 유적에서 7세기의 대정원 유구가 출토되었다고 발표했다. 정원은 자연천을 모방한 길이 약 25m, 폭 약 5m, 깊이 1·2m의 복잡한 석조 수로를 중심으로 만들어져 있다. 『만엽집(万葉集)』[20]에는 이곳 유적에 관한 노래가 많은데 그 표현 역시 이 대정원과 일치하고 있다. 더욱이 디자인과 규모로 보아 일본 정원의 뿌리라고 생각된다.

또한 아스카시대 궁전 유적도 발견되고 근처에 소가노우마코와 관계있는 인공 연못〔마가리노이케(勾池)〕으로 보이는 유적도 있다. 카시하라고고학연구소에서는 이들 유구의 구성으로 보아 이곳이 이제까지 『일본서기』에 자주 등장하지만 장소를 확정지을 수 없었던 우마코의 본거지로, 뒤에 나카노오오에황자와 텐무천황, 쿠사카베(草壁皇子)황자의 궁전이 된 '시마노미야(島宮)'라고 지정했다. 만요오의 낭만과 고대 정쟁(政爭)의 무대가 동시에 나타난 것이다.

소가씨 계보

기사는 이어서 끝부분에 '내(川)를 모방한 독자적인 구조'라는 제목으로 다음과 같은 기사가 덧붙여져 있다.

권위 있는 일본 정원 역사가 모리 오사무(森蘊) 전 문화청 문화재심의회 전문위원은 "네모로 굽은 연못은 한국에서 직수입한 형식이다. 반면 자연석을 사용해서 자연천을 모방한 방법은 독자적인 것으로 일본 정원의 원류라 할 수 있다. 당시 사람들은 도교에서 말하는 늙지도 죽지도 않는 땅 봉래(蓬萊)를 동경하고 있었다. 출토된 연못도 봉래를 모방해서 요시노천[21]과 같은 흐름을 만든 것이 아니겠는가"라고 했다.

이전부터 알려진 굽은 연못이 한국에서 직수입한 것이란 지적도 흥미로우나 '시마노미야'라고도 불리는 우마코의 저택이 소가씨 멸망 뒤에 '텐지(天智)·텐무천황' 등의 궁전이 되었다는 것도 흥미롭다. 왜냐하면 당시 그 저택이 아스카 제일의 것이었다는 점만 보아도 소가씨의 권세가 어느 정도였는지 능히 짐작할 수 있기 때문이다.

아스카대불

그 밖에도 소가씨가 남긴 것으로 제일 먼저 생각해야 하는 것은 보통 아스카사(飛鳥寺)라 불리는 일본 최고의 본격적인 사원이며 소가씨족의 씨사였던 호오코오사(法興寺)의 건립이다.

백제에서 일본으로 불교가 전해진 것은 538년 또는 552년으로 알려져 있지만 여하튼 그 불교를 제일 먼저 수용한 것은 소가씨족이었다. 그리고 백제에서 불사리

발굴중인 아스카 남문·중문터

(佛舍利)를 보내온 588년부터 호오코오사를 건립하기 시작하여 609
년에 완성한 것으로 되어 있다.

그렇다면 완성까지 20년의 세월이 걸린 셈이다. 그러나 호오류우사
(法隆寺) 창건 기간인 40년에 비하면 상당히 빠른 편으로 오히려 소가
씨가 얼마나 큰 힘을 발휘할 수 있었는가를 보여 주는 것으로 생각해
야 한다[쯔보이 키요타리(坪井淸足), 『飛鳥寺』].

여기서도 소가씨의 권세가 잘 나타나 있으나 와카모리 타로오(和歌
森太郎)와 야마모토 후지에(山本藤枝)가 쓴 『백야일야(百夜一夜)·일
본역사(日本歷史)』를 보면 소가씨와 호오코오사(法興寺·飛鳥寺)에 대
해 이렇게 씌어 있다.

원래 소가씨는 5세기 말 이후 위기에 처해 있던 백제를 구하고 백제
에서 온 많은 귀화인을 지배하여 세력을 키운 호족이라고 합니다. 백제

성명왕(聖明王 ; 백제의 성왕을 말함)이 보낸 불상을 받아 모신 것도 소가씨였습니다. 비다쯔(敏達)천황 때에 불상 2구가 백제로부터 또 전해졌는데 이나메(稻目)의 아들 우마코는 이 불상을 받아 자기집 근처에 불전을 만들어 안치했습니다. 이 두 불상은 뒷날 우마코가 세운 호오코오사(아스카사)로 모셔졌습니다. 즉 소가씨 씨사의 본존은 백제 불상이었던 것입니다.

호오코오사 조영에 종사한 것은 모두 백제 기술자였습니다. 그 절터인 마가미가하라(眞神原)[22]는 귀화인 야마토노아야씨가 지배했던 곳으로 백제계 귀화인 아스카키누누이노미야쯔코(飛鳥衣縫造)가 살았던 곳입니다. 스이코(推古)천황 원년(593)에 이 절의 탑심주를 세울 때에는 우마코를 비롯한 100여 명이 모두 백제옷을 입고 참석해서 심초(心礎) 속에다 백제왕이 헌납한 불사리를 넣었습니다.

호오코오사가 완성된 시기는 『일본서기』에 스이코 4년으로 되어 있으나 그 뒤 스이코 17년(609)에 백제 출신 스님 11명을 절에 모셔 내실을 다졌습니다. 결국 호오코오사는 모든 것이 백제 일색이었음을 알 수 있습니다.

아스카 탑 심초에서
발견된 사리매납물

여기서 주목할 점은 호오코오사 조영에 종사한 사람은 모두 백제인이었을 뿐만 아니라 그 '절터 마가미가하라' 는 '야마토노아야 씨의 지배지' 로 '아스카키누누이노미야쯔코가 살았던 곳' 이었다는 점이다. 그것은 소가씨족과 히노쿠마를 중심 근거지로 삼고 있었던 아야씨족과의 관계를 말해 주는 것이기 때문이다. 또한 '그 절의 심주를 세울 때에는 우마코를 비롯한 100여 명이 모두 백제옷을 입고 참석해서' 라는 사실도 흥미롭다. 왜냐하면 소가씨 등이 백제옷을 가지고 있어서 그러한 공식적인 행사 때에 입고 있었기 때문이다. 히노쿠마에서 발견된 타카마쯔총에 그려진 인물상 복장을 보아도 알 수 있는 일이며 평상복도 형태는 조금 다를지라도 같은 모양이었으리라 생각한다.

그런데 아스카사가 건립될 당시 절을 담당하던 관리는 소가노우마코의 아들 젠토쿠[23]노오미(善德臣)였으나 주지는 백제승 혜총(惠聰)과 고구려승 혜자(惠慈)였다. 주지가 두 사람인 것도 흥미로운데 게다가 백제와 고구려 두 나라에서 온 스님이었다. 그 가운데 혜자는 이미 쇼오토쿠태자(聖德太子)[24]가 스승으로 모시고 있었다고 한다. 이것은 아스카사 건립에 고구려 또한 크게 관여하고 있었음을 알려 주는 것이다. 또한 아스카사 건립에 즈음해서는 고구려에서 "황금 300량을 보내왔다." 『일본서기』나 『원흥사연기』 같은 기록에서 알 수 있듯이 고구려는 아스카사의 건축방식에도 깊이 관여하고 있었다. 적어도 그 당시까지 백제와 고구려는 적어도 일본땅에서는 일체적인 관계를 갖고 있었던 것이다.

아스카 중앙에 위치한 아스카니이마스(飛鳥座)신사와 마주하고 있는 마가미가하라(眞神原)의 아스카사는 현재 그 터에 조그마한 암자 정도로 남아 있고, 창건 당시의 것으로는 '아스카대불(飛鳥大佛)' 이라 불리는 6척 크기 동조 석가여래좌상만이 남아 있다. 현존하는 불상은 카마쿠라(鎌倉)시대[25] 초기에 화재를 당하는 등 많이 손상된 것이다.

그 불상을 만든 사람이 뒤에 호오류우사 본존 여래상도 만들었는데, 그는 백제에서 도래한 시바타쯔토(司馬達等·사마달)의 후손인 쿠라쯔 쿠리노토리(鞍作鳥) 즉 토리불사(止利佛師)라고 한다.

매일같이 찾아드는 관광객들이 구경할 수 있는 창건 당시의 것으로 는 앞에서 말한 불상 정도가 있지만, 아스카사는 원래 대단히 큰 규모 의 절로 발굴조사 결과 상상을 초월하는 수많은 출토품이 나와 새로운 사실들이 계속해서 밝혀지고 있다. 발굴조사에 참여한 고고학자 쯔보 이 키요타리 씨는 아스카자료관 도록 제15책 『아스카사』의 서문에 다 음과 같이 쓰고 있다.

쇼오와(昭和) 30년대(1955년) 초기의 아스카사 터 발굴조사는 일본 에 불교가 전래되었을 당시 초기 불교 사원의 역사를 바꾸어 놓은 하나 의 획기적인 사건으로 기억될 것이다. 발굴은 야마토평야 농업용수로 예정지에 대한 유적 조사의 일환으로 계획된 것이었으나 그 성과는 일 본 고대사에 수많은 문제를 제기하게 되었다.

첫째는 가람배치에 관한 문제이다. 이른바 호오류우사(法隆寺) 재 건·비재건 논쟁은 1936년에 행해진 와카쿠사(若草) 가람 발굴로 매듭 이 지어져서 시텐노오사(四天王寺)식의 가람배치가 가장 오래 된 형식 으로 굳어졌다. 그런데 아스카사 발굴로 그때까지 상상도 못했던 1탑3 금당의 가람배치였다는 것이 판명되어 종래의 견해를 바꾸게 된 것이 다. 또한 아스카사 건립에 기술자를 파견했던 백제에서는 그 가람의 원 류를 볼 수 없어 고구려 가람배치의 영향을 받았음이 판명되는 등 아스 카사 조영에 얽힌 제반 사정들이 드러나게 되었다는 사실이다.

둘째는 동·서 금당이 하층 기단에 초석을 놓은 이중기단이라는 점이 다. 이와 같은 기단은 고구려·백제·고신라에서 볼 수 있으나 그때까 지의 조사로 일본에서는 전혀 확인되지 않았던 것으로, 건축 기술상 그 상부 구조가 어떠한 것이었을까에 관해서는 아직 정설이 없다.

셋째는 아스카대불에 관한 것이다. 현존하는 아스카대불은 후대에 와서 그 손상이 심해졌으나 수미단[26] 위에 대좌를 놓은 1광3상(一光三像)이다. 이 점에서는 쿠라쯔쿠리노토리(鞍作鳥)라는 이름이 새겨진 호오류우사 금당 본존 여래상과 같으나 한편으로는 다른 사람이 만든 것이 아닌가 하는 의견이 나올 정도로 다른 점도 있다. 아스카사(호오코오사) 불전에 무사히 봉헌하였다는 토리(鳥(止利))는 불상을 만든 이와는 관계없는 것이 아닐까 하는 의문도 생긴다.

넷째로 땅속 깊이 묻힌 탑의 심초 위에서 발견된 사리매납물은 후기 고분에서 나온 부장품과 같은 것이 많고 마치 횡혈석실을 발굴하고 있다는 착각이 들 정도였다. 심초에 사리를 봉헌한 소가노우마코를 비롯한 사람들이 한편으로는 고분을 만들었던 사람들이었다는 것을 여실히 보여 주는 것이다.

그 밖에도 중문·강당·회랑·서문 및 그 밖의 전각과 동·남선원 등에 대해서도 주목할 만한 성과를 올리고 있다.

발굴조사 당시의 아름다운 출토품들의 사진이 『아스카사』에 실려 있다. 그 책에 소개된 사리매납물은 금제 고리, 은제 고리, 금은연판, 작은 구슬, 금동 장식제상자(金銅製飾金具箱), 청동제 말방울, 사행(蛇行)모양철기, 비늘갑옷, 손칼, 곱은옥, 대롱옥, 작은옥 등으로 흡사 횡혈식 고분에서 나온 출토품으로 착각할 정도의 물건들이었다.

니이자와천총 출토품

아스카에는 지금까지 살펴본 곳말고도 사카다사(坂田寺) 터와 아스카천 유역에 있던 아야씨족으로, 당에서 유학한 뒤 신라를 거쳐 귀국후 타이카 개신에 참가했다는 미나미부치 쇼오안(南渕請安)의 무덤 등이 있는 이나부치(稻渕) 등 살펴볼 곳이 많이 남아 있다. 그러나 여기서는 키비히메의 무덤에 있는 사루이시(猿石)만을 잠시 보고 아스카를 일단 떠나기로 한다.

니이자와천총군 출토품

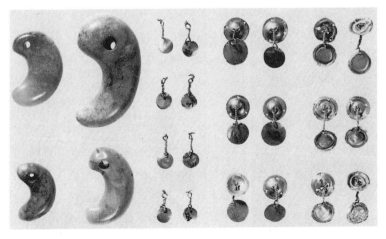

코오교쿠(皇極)·코오토쿠(孝德)천황의 어머니인 키비노히메의 무덤은 킨메이천황릉 근처의 작은 원형 고분으로, 그 묘소에 있는 원숭이상의 원류는 일찍이 백제땅이었던 전라북도 익산군 미륵사지의 석조 유물이란 사실을 고고학자 모리 코오이치(森浩一) 씨를 통해서 알게 되었다. 그래서 한국에 갔을 때 익산의 미륵사지를 찾아가 실물을 보고 사진도 찍었다. 손이 놓인 위치 등 아스카의 원숭이상과 매우 흡사하다고 느꼈다.

한편 아오야마 시게루 씨는 『아스카』에서 "사카후네이시(酒船石)[27]나 사루이시(猿石)[28], 카메이시(龜石)[29] 등이 무엇인지 정확하게 설명할 수 없다"고 하면서 다음과 같이 쓰고 있다.

'사루이시'는 어떤 신의 상징이며 언제 만들어졌는가. 이런 의문에 대한 명쾌한 해답은 안타깝게도 없다. 단지 말할 수 있는 것은 이러한 일군의 석조품 가운데 고분의 거석(巨石)을 제외한 모든 석조품은 귀화인들의 생활과 신앙에 관련되어 있던 것이 아닌가 하는 점이다.

그런데 동·남쪽이 산으로 둘러싸인 아스카를 향해 서쪽으로 가다 보면 방문할 때마다 내 발길이 멈춰지는 곳이 있다. 그 곳은 나라현립 카시하라고고학연구소와 부속 박물관이 있는 카시하라시이다. 카시하라라면 제일 먼저 니이자와천총(新澤千塚)이 생각난다.

카시하라시도 원래는 아스카와 같은 타케치군이었으며, 니이자와천총은 우뚝 솟은 야마토산산 줄기인 우네비(畝傍)산 서남쪽에 있다. 1915년에 간행된 『나라현 타케치군지(郡志)』에 "카시무라 오오아자 시마야(橿村大字島屋)에서 니이자와무라 오오아자(新澤村大字)[30]에 이르는 지역(지금은 두 곳 모두 카시하라시)의 구릉 위에 원형 고분이 겹겹이 모여 있다. 그 수가 얼마나 될지 알 수 없다"라고 씌어 있으나 그 뒤로 도굴당하기도 해서 현재는 598기가 확인되고 있다. 거의가 아직

한국·익산 미륵사지의 석조물

아스카·키비히메 무
덤 석조물(사루이시)

미발굴 상태이며 조사된 것으로는 126호분이 유명하다. 이 니이자와 천총은 소가씨족의 고분이라는 설도 있으나 모리 코오이치가 쓴 『고분(古墳)』을 보면 "나는 니이자와천총을 야마토노아야씨가 남긴 것으로 본다"면서 고분군에 대해 다음과 같이 쓰고 있다.

타케치군은 외래계보인(外來系譜人 : 귀화인)이 집단 거주하고 있었던 곳으로 조금 뒷시대의 사료(797년에 성립된 『속일본기』를 일컬음)이기는 하나 호오키 3년(772)에 이곳에 본거지를 둔 사카노우에노카리타마로(坂上刈田麻呂)가 "타케치군에는 다른 성을 가진 이가 열 명 가운데 한 두 명이다"라고 말한 내용이 진상문(秦上文) 일절에 나와 있다.

니이자와천총 126호분에서 출토된 유리 그릇에 대해서는 이미 말했으나 이 고분은 분구가 장방형으로 대륙적인 특색이 강할 뿐만 아니라 엄청난 부장품이 우리를 놀라게 했다. 일본 고분 가운데 가장 대륙적 특색이 강한 고분을 하나 꼽으라면 누구나 126호분을 예로 들 것이다. 대륙적이라는 것은 그 숫자만을 일컫는 것은 아니다.

'숫자만을 일컫는 것은 아닌' 그 출토품에 대해서는 모리 코오이치와 함께 126호분 발굴조사에 참가했던 타테 무네야스(伊達宗泰)의 「떨잠을 꽂은 백제 귀인」에 자세히 나와 있다. 출토품을 일일이 살펴볼 수는 없으나 다행히도 타테 씨의 글에는 「출토유물일람」과 함께 중요한 유물의 사진이 소개되어 있다.

출토품 가운데는 중국에서 온 것도 있지만 청동다리미나 금제 귀걸이 등은 모두 고대 한국에서 건너온 것뿐이다. 타테 무네야스 씨도 모리 코오이치 씨와 같이 126호분 등 니이자와천총을 보고 "도래계 집단 가운데 대단히 큰 세력을 가지고 있던 야마토노아야씨의 세력권과 그들의 분묘군이 아닌가 추정된다"고 쓰고 있다. 그리고 피장자에 대해서는 "아직 구체적인 실상을 알 수는 없으나 참고로 『일본서기』에 기

고대의 다리미

재된 기사를 소개해 둔다"며 다음과 같은 기사를 들고 있다.

① 코오진기(廣神紀) 8년조에 백제인의 내조(來朝)를 기재하고 백제기(百濟記)에 세시무키(王子直支)의 파견을 기록하고 있다. ② 동 25년조에 백제 직지왕이 죽자 구이신(久爾辛)이 왕이 되고 목만치(木滿致)가 국정을 다스린 것을 기록하며 백제계 목만치의 권세를 그리고 있다.(⋯⋯) ⑥ 유우랴쿠(雄略) 20년조에 백제가 고구려에 침공당한 모습이 기록되고 주에서 백제의 위례가 함락된 이유라고 적고 있다.

이 ⑥과 어떻게 대응되는지는 모르겠으나 서울 국사편찬위원회에서 간행한 『국사대연표』에 따르면, 고구려의 침공을 받아 백제의 개로왕(蓋鹵王)이 전사하고 위례성(漢城)이 함락되어 수도를 웅진(熊津·公州)으로 옮긴 것은 475년의 일이다. 그렇다면 ②에 나오는 목만치가 일본에 건너와 소가씨족의 조상이 되었다(門脇禎二, 「소가씨의 내력에 관해서」)는 것은 그런 전란 때문이 아니겠는가. 다음으로 한국사가 문정창 씨가 쓴 『일본상고사』에는 「제5 백제목씨＝소가씨(百濟木氏＝蘇我氏)의 등장」이라고 된 장이 있어 이 책에서도 소가씨 조상이 목만치였다고 쓰고 있다.

만약 그렇다면 목만치는 키타큐우슈우(北九州) 하카타만(博多灣)에서 세토나이카이(瀬戸內海)를 거쳐 비로소 키이(紀伊, 和歌山縣)에 상륙했음에 틀림없다. 왜냐하면 요시다 토오고(吉田東伍) 씨가 쓴 『대일본지명사서(大日本地名辭書)』에 "키이는 키노쿠니(木國)란 뜻이다."라고 한 것처럼 키이〔紀伊 ; 伊는 와도오년간(和銅年間)에 "호자이자(好字二字)로 해라"고 해서 덧붙여진 것〕는 키(紀)씨 즉 키(木 ; 일본어로 '키'라고 읽음)의 나라를 뜻하는 것이었다.

쿄오토대학 교수 키시 토시오(岸俊男) 씨의 「키씨에 관한 일시고(一試考)」에도 다음과 같이 씌어 있다.

키씨(紀氏)는 『고사기(古事記)』[31]에는 키노오미(木臣), 키스미노스쿠네(木角宿禰)라 표기되고 『일본서기』에는 일반적으로 '키(紀)' 자로 통일되어 있으나, 코오토쿠기(考德記) 타이카(大化) 5년 3월 경오조(庚午條)에는 키노오미마로(木臣麻呂)로 씌어 있다. '키' 씨의 키자는 국명으로서의 '키이(紀伊)'가 '키(木)'로 바뀌어 씌어져 '木→紀伊→紀'로 변화한 것이 아니겠는가. 또한 백제에는 목(木)이란 성이 있어서……

여기서 말한 목(木)이란 성은 백제 8대성의 하나로 이와는 별도로 복성(複姓)인 목리(木刕)·목라(木羅)로도 쓰였다.

요시노에도 있었던 신라 불상

　키노쿠니(木國) 즉 키이국의 중심 지역은 세토나이카이에 접한 키노카와(紀之川) 하류에 위치한 와카야마시(和歌山市)이다. 키노카와는, 아스카의 남쪽 산너머에 있는 요시노(吉野) 마을에서 시작되는 요시노천이 행정 구역상 나라현 야마토에 해당하는 고죠오시(五條市) 부근에서 강이름이 바뀌며 키노카와로 된 것이다. 다시 말해서 키노카와는 세토나이카이에서 야마토에 이르는 큰 통로의 하나였다. 통로라고 해서 세토나이카이에서 그저 거슬러 올라왔다는 것이 아니고 수십, 수백년에 이르는 그 지역의 역사가 담겼다는 뜻이다.

키이 풍토기의 언덕

그 역사에 관해서는 키이의 유적·유물을 통해 알 수 있으나 여기서는 잠시 뒤로 미루기로 하고, 마침 요시노정(吉野町)[32]에 관한 이야기가 나와 먼저 요시노에 대해 살펴보기로 하겠다.

내가 1972년에 쓴 『일본 속의 한국 문화』 제3권 「야마토」를 보면 아스카의 카야노모리(栢森)에서 이모(芋)고개를 넘어 요시노를 찾아갔던 일에 관해 쓴 내용이 있다.

카와카미촌(川上村) 교육위원회에 『후남조사논집(後南朝史論集)』이라는 책을 사러 갔다. 여직원이 책을 가지고 와서 손을 내밀어 받으려하니 잠시 기다리라며 책을 펼치곤 몇 장인가를 찢어 버리는 것이었다. 깜짝 놀란 나에게 그 여직원은 찢은 책에다 "아래 15줄은 카와카미촌 사정에 부적당하다고 생각되므로 저자의 동의를 얻어 삭제함"이라 쓴 종이를 붙이고 나서 건네는 것이었다.

토오쿄오로 돌아와 그 책의 저자인 코쿠가쿠인(國學院)대학 타키가와 마사지로오(瀧川政次郎) 교수에게 물으니, 카와카미촌에 구전되어온 지텐왕(自天王) 이야기[33]에 키지시(木地師)[34] 전설이 들어 있는 것을 지적하고 키지시의 귀화인설을 소개한 것이 그 곳 사람들을 자극했던지 결국 삭제되고 말았다는 것이었다.

산민(山民) 신앙은 외곬이어선지, 올 겨울에 에히메현(愛媛縣) 카미우케나군(上溪六郡)에 산재하는 키지시 마을을 찾았을 때도 오구라(小椋) 성을 가진 키지시의 후손들은 너나 할 것 없이 "야나기타쿠니오(柳田國男)[35]의 말을 믿지 마십시오"라고 주의를 주었다. 민속학의 대가 야나기타쿠니오는 코레타카친왕(惟喬親王)[36]을 조상신으로 모시는 키지시의 역사는 사실은 그들이 지어낸 것이라고 말했기 때문이었다.

내게는 정말로 소름 끼치는 이야기였다. 아스카에서도 그런 경우가 있었지만, 일본인들이 고대에서 말하는 이른바 '귀화인'과 그 문화를

요시노 세존사의 정문

세존사 초석

빼고 나면 과연 그들에게 무엇이 남을지 알 수 없는 일이다. 하지만 말
해 보았자 부질없는 일일 것이다. 더욱이 나는 귀화인 즉 고대 한국에
서 온 도래인 문화 유적들을 일부러 찾아다니고 있으니 요시노의 카와
카미촌 주민들의 구미에는 도저히 맞지 않는 사람인 셈이다.

요시노의 중앙에는 '쵸오센다케(朝鮮嶽)'라 부르는 해발 1,717m의 높은 산이 우뚝 솟아 있고 이마무라(今村鞆) 씨의『한국 국명에 관련된 명사고(名詞考)』를 보면, "신대사(神代史)의 중심이 쵸오센다케를 포함한 카미야마가다케(神山ヶ嶽) 일대의 땅이다. 즉 타카마가하라(高原天)[37]의 일부분이다"라고 씌어 있으나 앞서 말한 일도 있고 해서 요시노 쪽은 갈 마음이 내키지 않았다. 그러나 이번에『일본 속의 한국 문화 유적을 찾아서』를 쓰려고 새롭게 이마무라 씨의 책을 보니 이렇게 씌어 있었다.

쵸오센다케(朝鮮嶽)

나라현 야마토국 요시노군 중앙에 있는 해발 1,711m의 산. 아마카와촌(天川村)에 속함. 원래 요시노스기(吉野杉)의 산지임. 지금은 요시노쿠마노(熊野)국립공원에 속함. 왜 쵸오센이라 불리는지 알 수 없음. 이 산은 예부터 오오미네(大峯) 수험도(修驗道)의 뛰어난 도량으로 천년 역사를 지닌 명산이다. 또한 신대사(神代史)의 중심이 쵸오센다케를 포함한 카미야마가다케(神山久獄) 일대의 땅이다. 즉 타카마가하라(高原天)의 일부이다. 아마카와촌이 아마노야스카와라(天安河原)[38]이다. 분포오(文保) 2년 6월 사문광종(沙門光宗) 헨죠오(遍照)의『집기(集記)』권89에서 이 카미야마가다케를 중심으로 한 오오미네산(大峰山)에 관해 "일본 최초의 아마노사카호코(天逆鉾)[39]의 본거지가 이곳이다"라 한 것이 그 연유가 되었다는 사람도 있다.

무슨 내용인지 잘 알 수 없는 부분도 있으나 나라현 지도를 펼쳐서 요시노 일대를 보면 요시노정 동남쪽에 앞서 언급한 '귀화인을 싫어하는' 카와카미촌이 있고, 그 곳에 '시라기(新羅)'로 읽을 수밖에 없는 '시라히게다케(白鬚岳, 1,378m)'가 있으며 '시라야다케(白屋岳, 1,176m)'라는 산도 보인다. 그렇지만 지도에는 카와카미촌 서남쪽에 있는 아마카와촌에 쵸오센다케라는 지명이 보이지 않는다. 대신 '쵸오센다케(頂仙岳)'라는 산이 있어 1,717m로 표시되어 있다. 이것을 보자 문득 짐작 가는 것이 있었다.

분명히 '쵸오센다케'로 표기되어 있기는 했으나 앞서 본 이마무라 씨가 쓴 『한국 국명에 관련된 명사고』가 간행된 해가 1940년이므로 그 사이에 '朝鮮嶽'이 '頂仙岳'으로 바뀐 것이 분명했다. '嶽'이 '岳'으로 바뀐 것은 알겠으나 '朝鮮'이 '頂仙'으로 바뀐 것은 역시 앞서 말한 '귀화인'처럼 '조선'이라 부르는 것도 꺼려했던 탓임에 틀림없다. 요시노라는 곳은 다른 곳과 매우 다르다고 느낄 수밖에 없었다.

그렇지만 요시노도 고대 한국에서 온 도래인이 많이 살았던 곳이다. 그것은 지금까지 보아 온 지명에서뿐만이 아니다. 요시노천에 잇닿은 요시노정 서쪽 옆으로 오오요도정(大淀町)이 있는데 그 지역의 이마키라는 곳에 금래의 신 백제의 성왕을 모신 카부토(甲)신사가 있기 때문이다. 또한 백제의 미타(御多)가 만든 방광장상(放光樟像)을 본존으로 모신 사역이 2만 3천㎡나 되는 세존사(世尊寺・比蘇寺)라는 큰 절도 있다.

오오요도정
이마키의
카부토신사

나라현 요시노군 니시요시노촌 코오묘오사
에서 발견된 금동제 신라 불상

　이러한 불상은 최근 요시노 일대에서 새롭게 발견되고 있다. 고죠오
시 근처 니시요시노촌(西吉野村)에서 발견된 불상은 1988년 6월 11일
자 산케이신문에 "오쿠요시노(奧吉野)의 절에 신라의 금색 불상/8세기
의 화려함/마을 사람들이 잘 보존/일급품이라고 전문가들이 인정"이
라는 큰 머릿기사를 달고 다음과 같은 글이 실렸다.

　나라현 요시노군 니시요시노촌 코오묘오사(光明寺)에 예부터 내려온
금동제 석가여래입상이, 고대 한국의 신라에서 제작된 8세기 일급품이
라는 사실이 지난 11월까지의 조사로 무사시노(武藏野)미대의 타나베
사부로스케(田邊三郞助) 교수(미술사) 등에 의해 밝혀졌다. 메이지(明
治)시대 폐불(廢佛)로 없어질 뻔했던 것을 마을 사람들이 소중히 지켜
온 흔치 않은 경우이다. 1200년 전 제작되었을 당시의 모습 그대로 호

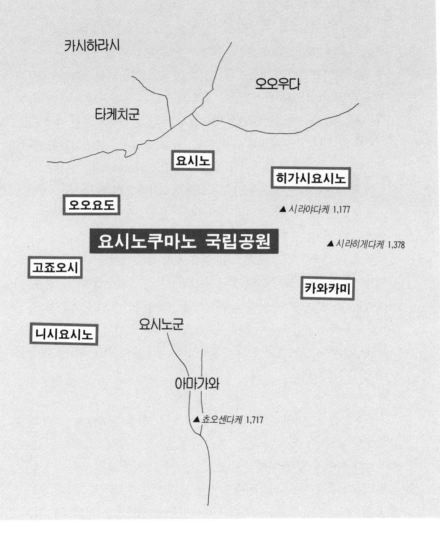

화스런 황금색을 띠고 있는 일본과 고대 한반도와의 밀접한 교류를 말해 주는 자료라 할 수 있다.

불상의 길이는 18cm로 대좌를 포함해도 24.3cm에 불과하다. 약간 갸름한 얼굴에 가는 눈썹을 새기고 길고 가는 눈을 하고 있다. 세 벌의 옷을 겹쳐 입었고 옷주름이 예리한 곡선을 이루고 있다. 연꽃 모양의 대좌는 팔각형 반화(反花)에서 꽃잎이 불쑥 피어 있는 야자 모양을 하고 있다. 대좌 위 반구형 앙련(仰蓮)에는 옥(보석)을 박아 넣은 듯한 자국도 보인다. 전신에 빛을 표현하는 광배가 있었던 것 같으나 소실되었고 불상 전체가 두껍게 금도금되어 있어 얼핏 보면 순금으로 만든 것처럼 보인다. 전문가들은 적어도 세 번은 도금했을 것이라고 말한다.

불상 연구가들에 따르면 신라에서 만들어진 금동불은 쯔시마(對馬) · 이키(壹岐) 등을 경유해서 일본에 전해진 것이라 한다. 크기가 작아 무덤에 넣은 경우가 많고 남아 있는 것은 얼마 되지 않지만 나가사키(長崎)의 고쿠라쿠사(極樂寺)에 있는 여래입상처럼 중요문화재로 지정된 것들도 있다고 한다. 타나베 교수는 도금의 두께나 주조법 등으로 보아 8세기 무렵 통일신라의 작품이 틀림없고, 대좌의 반화 등이 아주 정밀하게 조각되어 있어 일본에 남아 있는 신라 불상 중에서도 뛰어난 것이라고 말하고 있다.

"신라에서 만들어진 금동불은 쯔시마 · 이키 등을 경유해서 일본에 전해졌다"고 씌어 있으나 물론 작은 금동불상만 전해진 것은 아니었다. 역시 사람과 함께 전해진 것으로, 당시에는 토오쿄오 아사쿠사사(淺草寺)의 관음상처럼 그 땅에 살았던 도래 씨족의 염지불(念持佛)이었음에 틀림없다. 토오쿄오 국립문화재연구소 명예연구원 히사노 타케시(久野健) 씨의 『도래불(渡來佛)의 여행(旅)』을 보면, 일본에는 현재 고구려, 백제를 제외한 신라에서 건너온 불상만 하더라도 500~600개는 있을 것이라고 한다.

‖역주‖

1) 속일본기(조쿠니혼키) : 진메이(仁明)천황 때에 만들어진 편년체의 사서(四書). 전 40권으로 896년 완성.

2) 토리이 : 신사 입구에 세워 신역(神域)을 표시한 일종의 문.

3) 야마토노아야노아타이 : 5세기경 도래한 한민족(韓民族)의 후손으로 야마토를 본거지로 하고 조정의 기록과 외교 문서를 담당했다고 함. 7세기에는 정치·군사의 실권을 잡고 성(姓)도 이미키(忌寸) 또는 스쿠네(宿禰)로 승격됨. 東漢直으로도 쓰고 있음.

4) 에도시대(1603~1867년) : 토쿠가와 이에야스(德川家康)가 에도(지금의 토오쿄오 지방)에 막부를 연 때부터 타이세이호오칸(大政奉還)에 이르기까지 260년간.

5) 헤이안시대(794~1192년) : 칸무(桓武)천황이 수도를 헤이안쿄오(平安京·京都)로 옮긴 때부터 카마쿠라 막부가 성립될 때까지의 약 400년간.

6) 정이대장군(세이이다이쇼오군) : 헤이안시대 초기 에조(蝦夷·북부 지역에 살던 선주민)를 정벌하기 위해 파견된 장군. 훗날 막부의 병권과 정권을 장악한 사람의 직명(職名)이 됨.

7) 사카노우에노타무라마로(754~811년) : 헤이안시대 초기의 무장으로 에조 정벌에 큰 공을 세움. 쿄오토의 키요미즈사(清水寺) 건립.

8) 아야히토노스구리 : 아야히토는 야마토노아야노아타이를 가리키며 스구리는 고대 한국어의 촌장이라는 뜻으로 고대 도래계 성씨를 말함.

9) 소가씨 : 고대 일본의 유력한 씨족으로 타케우치노 스쿠네(武內宿禰)를 조상으로 하고 야마토국 타케치군 소가(蘇我)를 근거지로 했음.

10) 소가노우마코 : 아스카시대의 권신(權臣)으로 비타쯔(敏達)천황부터 4대에 걸쳐 대신을 지냄. 불법을 일으키는 한편 모노노베모리야(物部守屋)를 토벌하고 스순(崇峻)천황을 암살한(626년) 인물.

11) 쿠라쯔쿠리 : 아스카시대의 권신으로 에미시(蝦夷)의 아들. 코오교쿠(皇極)천황 때에 정권을 손에 쥐었으나 나카노오오에황자 등에게 죽임을 당함(645년).

12) 타이카개신 : 타이카(大化) 원년(645) 여름에 나카노오오에황자를 중심으로 중신(中臣) 후지와라노카마타리(藤原鎌足) 등의 혁신적인 조정 호족들이 소가 대신 가문을 멸하고 시작한 일본 고대 정치사의 개혁.

13) 하타 : 고대 도래계 씨족으로 오오진(應神)천황 시대에 조정에 온 유즈키노키미(弓月君)의 후손이라 하나 불확실함. 5세기 후반경부터 직물(織物) 제작 등에 관여했다고 전함.

14) 엔기식 : 헤이안 중기 궁중의 연중 의식과 제도에 관해 기록한 50권으로 된 율령의 시행 세칙. 867년 시행.

15) 쿠니노미야쯔코 : 고대의 세습 지방관으로 거의 군(郡) 하나를 지배했음.

16) 스에키 : 고분시대 후기부터 헤이안시대에 만들어진 토기. 고대 한국 기술로 제작된 것으로 도기에 유약을 바르지 않고 낮은 온도로 구운 소소(素燒)토기.

17) 일본서기(니혼쇼키) : 나라시대에 완성된 일본에서 가장 오래 된 칙선정사(勅撰正史). 신대(神代)부터 지토오(持統)천황까지 조정에 전해진 신화, 전설, 기록 등을 수식이 많은 한문으로 기록한 편년체 사서. 720년 완성.

18) 삼한공조 : 고구려, 백제, 신라가 일본 조정에 조공을 바쳤다고 하는 일본 학자가 있음.

19) 시마노미야 : 나라현 타케치군 아스카 시마노쇼오(島之庄)에 있던 이궁(離宮).

20) 만엽집(만요오슈우) : 현존하는 일본에서 가장 오래 된 가집(歌集). 닌토쿠(仁德)천황 황후의 노래부터 쥰닌(淳仁)천황 시대의 노래까지 약 350년간의 노래가 4,500수 수록됨.

21) 요시노천(요시노카와) : 키노카와(紀川) 강줄기 가운데 나라현에 속한 부분을 요시노천이라 함.

22) 마가미가하라 : 나라현 타케치군 아스카촌 아스카사(飛鳥寺) 부근의 땅.

23) 젠토쿠 : 스슌(崇峻)천황 3년(590)에 출가해서 비구니가 됨. 어머니가 도래계 사람으로 알려짐.

24) 쇼오토쿠태자(547~622년) : 요오메이(用明)천황의 아들로 본명은 우마아야(廐戶)황자. 학문에 능하고 불교에 깊이 귀의해서 스이코천황 즉위 후 황태자로서 섭정을 함. 관위 12계(冠位十二階) 헌법 17조(憲法17條)를 제정하고 견수사(遣隋使)를 파견했으며 불교 중흥에 힘써 많은 사원을 건립함.

25) 카마쿠라시대(1185~1333년) : 미나모토노요리토모(源賴朝)가 막부를 연 시절부터 호오죠오타카토키(北條高時)가 멸망에 이를 때까지 약 150년간.

26) 수미단 : 사원 또는 불전의 불상을 안치하는 단(壇). 수미산(須彌山 : 고대 인도의 우주설에서 세계의 중심에 있다고 한 높은 산)을 본떠 만들었다고 함.

27) 사카후네이시 : 나라현 아스카촌에 있는 고대 석조물. 길이 약 5m, 폭이 약 2m, 두께 약 1m로 표면에 오목한 홈이 패여 있어 양조용이라 하나 확실치 않음.

28) 사루이시 : 나라현 아스카촌 키비히메왕 무덤 근처에 있는 커다란 눈, 코, 입을 지닌 기묘한 얼굴 모양의 석조물. 뒷면에도 다른 얼굴이 새겨져 있음.

29) 카메이시 : 나라현 아스카촌에 있는 석조물로 얼굴 부분만 조각되어 전체를 보면 거북모양 같으나 무엇을 나타내며 왜 이 장소에 놓여 있는지 확실치 않음.

30) 오오아자(大字) : 아자(字)는 정(町) 촌(村) 안의 구획명으로 대(大)자와 소(小)자가 있고 보통 소자를 '아자'라고 부름.

31) 고사기(코지키) : 3권으로 된 일본에서 가장 오래 된 역사서. 히에다노아레(稗田阿禮)가 텐무천황의 명에 의해 송습(誦習)했던 제기(帝紀) 및 선대구사(先代舊辭)를 오오노야스마로(太安萬侶)가 겐메이(元明)천황의 명에 의해 헌상한 역사서.

32) 정(쵸오) : 행정구역상 시(市) 다음으로, 촌(村) 위에 위치하는 구획단위.

33) 지텐왕 이야기 : 지텐왕이 카와카미촌에 즉위한 뒤 자객에게 살해되자 촌민들이 즉시 자객을 처치하고 왕의 머리와 갑옷·투구를 되찾아 혼령을 제사 지내기 위해 어조배(御朝拜)라는 의식을 거행하였고 그것이 오늘날까지 이어진다고 함.

34) 키지시 : 목세공품을 만드는 기술자 집단을 가리킴.

35) 야나기타쿠니오 : 효오고현(兵庫縣) 출신으로 토오쿄오대학을 나와 민속학 연구에 전념한 민속학자. 민간전승회(民間傳承會) 설립. 저서에는 「遠野物語」「蝸牛考」 등 다수.

36) 코레타카친왕(844~897년) : 분토쿠(文德)천황의 제 1왕자였으나 황태자에 오르지 못하고 병을 얻어 출가한 뒤 오노(小野)에 은거했다 함. 그 은거지가 산간이었기 때문에 훗날 키지시의 조상으로 추앙되었음.

37) 타카마가하라 : 일본 신화에서 아마쯔카미(天神)가 있었다고 하는 천상(天上)의 나라. 아마테리스 오오미카미(天照大神)가 지배했다고 함.

38) 아마노야스카와라 : 일본 신화에 나오는 천상(天上)에 있었다는 강.

39) 아마노사카호코 : 강마(降魔)의 주술(呪術)로 창을 거꾸로 세웠다는 것을 의미하거나 아마노누호코(天瓊矛)의 후세를 칭하는 말.

제 2 부

키이국의 중심지 와카야마시

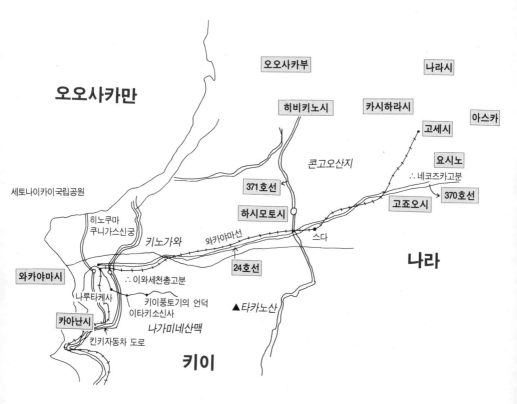

오오사카만

오오사카부

나라시

카시하라시

아스카

히비키노시

고세시

콘고오산지

요시노

세토나이카이국립공원

371호선

∴ 네코즈카고분

370호선

하시모토시

히노쿠마
쿠니가스신궁

고죠오시

와카야마선

키노가와

스다

나라

24호선

와카야마시

∴ 이와세천총고분

∴ 타카노산

나루타케사

키이풍토기의 언덕
이타키소신사

카난시

나가미네산맥

킨키자동차 도로

키이

고죠오의 네코즈카고분에서 키이로

　이제는 요시노천 하류에 있는 고죠오시(五條市) 네코즈카(描塚)고분 등을 살펴보자.

　키노카와에서 야마토로 거슬러 올라오는 코스를 먼저 보았지만 유명한 고죠오 네코즈카고분은 전부터 보고 싶었던 곳이다. 그 동안 이런저런 이유로 가지 못했으니 직접 가 보기는 이번이 처음인 셈이다.

　타케치군이었던 카시하라시에서 고죠오까지는 약 20㎞ 떨어져 있다. 택시를 타고 고죠오 시청에 도착해서 시교육위원회 사회교육과 주임 쿠리모토 케이시(栗本惠司) 씨를 만나 『고죠오시 문화재』 등의 자료를 얻고는 네코즈카고분의 위치를 물어 곧바로 그 곳으로 향했다.

　비교적 작은 규모의 그 고분은 시내의 니시카와치(西河內)라는 곳의 논 한가운데 덩그러니 놓여져 있었다. 이 고분은 형태나 출토 유물로 보아 매우 의의 깊은 고분이다. 『고죠오시 문화재』의 「네코즈카고분」에 관한 설명을 보면 다음과 같다.

　네코즈카고분은 논 가운데 놓인, 얼핏 보면 아무런 특징도 없는 방형 고분이지만 중앙부 수혈석실(竪穴石室) 안팎에서 대륙이나 한국의 것으로 보이는 유물이 많이 출토되었다. 금동투조띠장식과 대장연장 등 많

고죠오 네코
즈카고분(위)

네코즈카고
분 출토품(왼
쪽)

은 유물이 출토되었으나 그 가운데에서도 '철 바탕에 금동 장식된 몽고
발모양투구(四方白鐵地金銅裝鋲留蒙古鉢形眉庇付冑)'는 그 모양이 금동

과 철로 된 작은 판들을 조합시켜 머리 부분이 마치 서양 배(梨)처럼 생겼다.

일본에서는 와카야마현 아리타시(有田市)에 있는 하지카미하마(淑浜)고분에서만 출토된 것으로 알려져 있는 이들 유물은 고대 한국에서 키노카와를 거쳐 고죠오로 전해진 것이다. 또한 고죠오 네코즈카고분에 대해서는 스에나가 마사오(未永雅雄) 씨가 감수한 『일본고대유적편람』에도 나와 있으므로 그 위치와 고분 구조는 이 책을 참조하면 된다. 『고죠오시 문화재』의 내용 가운데 네코즈카고분의 「출토 유물」「고분의 의의」라 쓴 항목 순으로 좀더 자세히 보면 다음과 같다.

출토 유물

땅을 개간하다 출토된 부장 유물은 미비부주(眉庇付冑), 비늘갑옷, 고리칼, 재갈, 정, 쇠망치, 도끼, 작살모양철기, 숫돌 등이다. 또한 발굴조사로 나온 석실 내 유물은 미비부주, 판갑옷, 비늘갑옷, 목갑옷, 철화살촉, 물미, 도끼, 구슬무늬거울 등으로, 특히 석실 중앙부에서는 흙으로 만든 베개가 출토되었다. 이들 유물 가운데 주목되는 것은 3구의 미비부주이다. 그 가운데 1구는 철 바탕, 금동 장식의 사방백(四方白) 수법이며, 그릇을 엎어 놓은 모양의 반구형으로 견인판(堅紉板) 끝이 잘록하면서 높아 이른바 몽고발(蒙古鉢)이라 불리는 아주 희귀한 예이다. 다른 하나도 사방백의 수법이고 나머지 하나는 전면이 금동으로 장식된 미비부주로 목갑옷도 금동 장식이었다.

그 밖의 무기로는 고리칼과 철제 창도 있다. 흙으로 만든 베개는 폭이 약 30cm, 높이 약 14cm로 가운데가 오목하고 앞쪽에 붉은 칠을 볼 수 있다. 그 밖에 출토된 적이 별로 없는 금동용문(龍文)투조, 금동세잎무늬 투조띠장식 등과 공구류 중에서 재갈, 쇠망치, 모루 세트는 단조 공구로 다른 끌과 정, 대패와 함께 주의해서 볼 필요가 있다. 하니와(埴輪)[1] 외에 이형(異形) 하니와도 출토되었다.

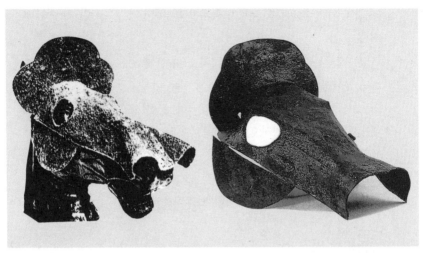

오오타니고분 출토 말머리가리개　　　　부산 복천동고분 출토 말머리가리개

고분의 의의

네코즈카고분은 키노카와(紀之川) 유역 가까운 곳에 위치한 고분으로 대륙 및 한국적인 요소를 갖고 있는 유물이 대량으로 출토되었다. 또한 근처 쯔카야마(塚山)고분에서도 충각부주(衝角付冑), 판갑옷, 목갑옷 등의 갑옷과 모루, 끌, 대패 등의 공구가 출토되고 있다.

키노카와 하류 와카야마시(和歌山市) 부근에서는 말머리가리개(馬冑)와 금동말갖춤(馬具)이 출토돼 주목받은 오오타니(大谷)고분이 있고 오오타니쿠스미(大谷楠見) 유적 등에서는 박제품(舶載品·渡來品)으로 생각되는 스에키가 출토되었다. 또 아리타시(有田市) 하지카미하마(淑浜)고분에서도 몽고발모양의 투구와 특이한 모양의 비늘갑옷이 출토되고 문헌상으로 보아도 키씨(紀氏) 본관지로 알려져 있으므로 한국과 밀접한 관계에 있었음을 고려할 필요가 있다.

네코즈카고분은 발굴조사 뒤 원형에 가까운 형태로 보존되었고 출토된 유물은 나라국립박물관에 소장되었다.

얼핏 보면 작고 보잘것없는 방형 고분에 불과하지만 출토품은 대단한 것이었다. 근처 쯔카야마고분에서 나온 것까지 포함하면 키노카와를 거슬러 올라온 사람들은 놀랍게도 무장 집단이었음에 틀림없다.

고죠오시 다음에 있는 키이(紀伊)의 하시모토시(橋本市) 스다(隅田) 하치만궁(八幡宮)[2]에 있는 국보 인물화상경(人物畵像鏡)도 그 명문을 해석하는 데 논쟁이 많기는 하지만 그렇게 키노카와를 거슬러 온 것인지도 모른다.

이번에는 키노카와 하류 키(紀ㆍ木)씨족의 본거지였던 키이의 중심부인 와카야마시를 살펴보기로 하자. 내가 네코즈카고분과 쯔카야마고분에서 나온 출토품을 보고 놀랍게도 무장 집단 운운했으나 그것은 키씨족 본거지에서 나온 출토품에 비하면 일부분에 지나지 않는다.

이러한 사실은 지금 키씨족 분묘로 알려진 이와세천총 고분군이 있는 곳의 산기슭이 '키이 풍토기[3]의 언덕(紀伊風土記丘)' 이라 불리고 있다는 사실과 5세기 전반으로 보이는 부산 복천동고분에서 출토된 말머리가리개와 5세기 후반 것으로 보이는 오오타니고분(키노카와 왼쪽에 있음)의 출토품인 말머리가리개, 금동말갖춤이 같은 종류라는 사실

국보ㆍ인물화상경

하시모토시 스다하치만궁

에서도 알 수 있다. 그러나 그 전에 키이국(紀伊國) 나구사군(名草郡)
이었던 와카야마시 아키즈키(秋月)에 있는 히노쿠마(日前)신궁과 쿠니
카카스(國懸)신궁을 살펴보지 않으면 안 된다.

먼저 타카시나 나리아키(高階成章) 씨의 「일본서기에서의 쿠마노(熊
野)」를 보면 다음과 같은 내용이 보인다.

야마토가 산악으로 둘러싸여 있는 데 반해, 키이국의 자연은 대부
분이 바다로 둘러싸여 있다. 특히 킨키(近畿)⁴⁾의 지붕이라 불리는 오
오미네(大峰), 다이코오(臺高) 두 산맥이 야마토국 남부를 가로지르
며 그 곳에서 퍼져 나온 산줄기와 바깥쪽 산맥이 바다로 뻗어 있고
하천이 산맥 쪽으로 흐르는 변화 무쌍한 해안을 이루는 독특한 경관
을 형성하고 있다.

자연 조건은 이곳이 일본이 아니라는 착각이 들 정도로 달랐다. 키

이국의 문화는 더욱 그러하였다. 그것은 키이국이 한국을 거쳐 전해지는 대륙 문화 전파의 거점인 까닭이다.

『엔기식』「신명장(神名帳)」에 이타키소(伊太祁曾)신사와 이타테(伊達)신사가 있었던 것이 보인다. 이 두 신사는 한국과의 교섭 중에 생긴 신앙으로 히노쿠마, 쿠니카카스 두 신사와 더불어 키이국, 특히 나구사군의 성격을 연구하는 데 대단히 중요하다.

먼저 스사노오노미코토(素戔嗚尊)[5]의 아들로 알려진 이타케노미코토(五十猛命)를 제신으로 하는 이타키소신사와 이타테신사부터 살펴보자. 나카지마 리이치로(中島利一郎) 씨의 『일본지명학연구』를 보면 「스사노오노미코토와 소시모리(曾尸茂利)」[6]라는 항에 다음과 같이 나왔다.

소시모리의 지리적 소재를 밝히기 위해서는 타카마가하라(高天原)의 연구를 출발점으로 해야 한다. 그것은 스사노오노미코토의 역사적 전개의 출발점이 그 곳에 있기 때문이다. 곧 "스사노오노미코토(……)타카마가하라에서 신라로, 신라에서 이즈모(出雲)로"와 같이 신라는 타카마가하라에서 이즈모로 가는 길목의 하나인가 하는 것이 큰 문제이다. 이즈모신화의 전체 문제를 해결하는 열쇠가 이 점에 있기 때문이다.

스사노오노미코토는 아들 이타케(五十猛)를 데리고 신라에 갔다 왔던 것이다. 그리하여 『엔기식』의 「신명장」에는,

△ 出雲國意宇郡 = 玉造湯神社 同社坐韓國伊太(카라쿠니이타테)神社。損夜(이야)神社 同社坐韓國伊太氏神社。佐久多神社 同社坐韓國伊太氏神社。

△ 出雲郡＝阿須伎神社 同社坐韓國伊太氏神社。出雲神社 同社坐韓國伊太氏神社。曾枳能夜(소키노야)神社 同社坐韓國伊太氏神社。

라고 되어 있어 이타케노미코토를 제신으로 하는 것이며, 또한 「신명

이타키소신사

장」에 있는 키이국 나구사군 이타키소신사와 이타테신사도 같은 성질의
신사임을 알 수 있다.

특히 이즈모 지방에서는 신사 이름에 전부 카라쿠니(韓國)라는 명
칭이 붙어 있는 것을 간과해서는 안 된다. 이타케(五十猛)와 이타테
(伊太氏)의 관계는 한국어로 풀어야 하는 것으로 '이타테'는 한국어
음을 기초로 옮긴 것이고 '이타케'는 일본어 훈(訓)으로 나타낸 것이
다. 이타케노미코토는 한편으로는 카라쿠니소호리(韓國曾保利)신이
라 불렸다. 앞서 말한 이타키소(伊太祁曾)신사는 이타키소호리(伊多
祁曾保利)신을 줄여서 일컫는 것이리라.

'소호리(曾保利)'란, '셔블(徐伐)' 곧 서울이라는 지명을 의미하기도
한다. 와카야마시 이타키소에 있는 이타키소신사는 토키와(常盤) 산기

숲에 신전을 우뚝 세워 놓은 상당히 큰 신사였다. 『에이쿄오문서(永亨文書)』에 의하면 "히노쿠마·쿠니카카스가 강림했을 때 그의 천정(千町)을 양궁(兩宮)에 진(進)하고 가 산동(山東)으로 옮겼다"라고 씌어 있어 이 신사는 원래 히노쿠마·쿠니카카스신궁 터에 있었던 것으로 되어 있다. 그러던 것이 와도오(和銅) 6년(713)에 이곳으로 옮겨졌는데 기복이 심한 넓은 경내를 걸어 보면 명백히 고분으로 생각되는 점도 있었다. 그래서 이 신사 역시 고분을 모시기 위해, 키씨족에서 나오긴 했으나 조신묘(祖神廟)로 만들어진 것으로 생각되었다.

훗날 신사에서 보내 온 『키이국조신(紀伊國祖神) 이타키소신사유서약기(伊太祁曾神社由緖略記)』를 보니, 흔히 아마이와토(天岩戶)라고 불리는 고분으로 "이것은 틀림없이 천수백 년 전의 고분이다. 그러나 어느 분의 것인지 구비(口碑) 전설조차 없어 애석하기 짝이 없다"라고 씌어 있었다.

히노쿠마·쿠니카카스신궁

이타키소신사에 이어 같은 계열인 와카야마시(和歌山市) 소노베(園部)의 이타테신사를 살펴보자. 역시 제신은 이타키소와 같은 카라쿠니소호리(韓國曾保利)인 이타케노미코토(五十猛命)이다.

먼저 신사본청(神社本廳) 편 『신사명감(神社名鑑)』을 보면, 본전은 카스가식(春日式) 구조로 4.3평이고 경내 면적은 3,827평, 12개의 소

키노카와 키노카와 유역 평야에서는 고대부터 풍부한 역사가 전개되었다.

사(小社)로 이루어져 있으며 신사의 내력과 연혁은 다음과 같이 씌어
있다.

"테이칸(貞觀) 17년(875) 종삼위(從三位)로 서위(敍位)되어 엔기식
명신대사(名神大社)에 준하는 오래 된 신사이다. 원래 후키아게노하마
(吹上浜)에 자리잡아 옛날에는 후키아게사(吹上社)라 불렀다."

무쯔(陸奧·宮城縣)[7]의 시카마정(色麻町)에도 이타테신사가 있었고,
또한 무쯔(陸奧·福島縣)에 타테군(伊達郡)이라는 것도 있었다. 센고
쿠다이묘오(戰國大名)[8]로 알려진 센다이영주(仙台藩主) 타테 마사무네
(伊達政宗)의 출신지가 바로 이곳 타테군이다. 요시다 토오고(吉田東
俉) 씨가 쓴 유명한『대일본지명사서(大日本地名辭書)』에서 이타테신
사를 찾아보면 다음과 같이 씌어 있다.

이타테 신사—엔기식 시카마군의 관사(官社)로 명신대(名神大)로
기록되었다. 생각컨대 시카마(色麻)씨의 씨신으로 하리마국(播磨
國·兵庫縣) 시카마군(飾磨郡) 이타테향(印達鄕)에는 이타테(射楯)신
사가 있으나 옛날식으로 이타테(伊太代 ; 代는 氏의 잘못 같다)신이라
부르는 것이 합당하다. 오오슈우(奧州)에 이타테, 시카마 2개 군이
있는 것은 모두 이타테신사를 씨신으로 모시던 사람들의 이주에 의
한 것임을 알아야 한다. 시카마역(四竈驛)에 있으므로 시오카마(塩
竈)신이라 주장하는 사람들이 있으나 그것은 잘못된 것이다. 카토리
(香取)신을 모신다.

한편 이타테신사와 이타테신사(射楯神社)에 관해서는 미야기현(宮
城縣)『향토자료사전』에도 나와 있다.

지금 시카마정(色麻町)에는 상대(上代)에 세워진 시카마보루(色麻
柵)와 고분군이 산재해 있다. 시카마라는 지명은 텐표오(天平)년간

(729~749년)에 둔전병(屯田兵)으로 하리마국(播磨國·兵庫縣) 시카마군(飾磨郡)으로부터 이주하여 고야마(小山)고분 위에 이타테(射楯)신사를 모신 데서 유래한다. 기존 지명과 신사명 그대로 '시카마' '이타테'로 불렸으나 쓰는 방법을 구별하기 위해 '色麻' '伊達'로 바꾼 것이라 한다.

이타테신사도 미카미(御上)고분 위에 있다. 신사와 고분의 관계를 생각할 때 두 곳 모두 고분 위에 있다는 것은 흥미로운 사실이다. 이타키소(伊太祁曾)신사와 이타테신사는 와카야마시 아키즈키(秋月)의 히노쿠마신궁, 쿠니카카스신궁에서 분리되어 하리마로 퍼져 이타테(射楯)신사가 되고 토오호쿠(東北) 지방의 무쯔까지 퍼져 나갔던 것이다. 이 때문에 그 신사를 "씨신으로 모시던 사람들의 이주에 의한 것임을 알아야 한다"고 했다.

그런데 여기서 아키즈키에 있는 히노쿠마·쿠니카카스신궁을 살펴

히노쿠마신궁

보면 두 신사는 같은 경내에 있으나 히노쿠마신궁은 서쪽에, 쿠니카카 스신궁은 동쪽에 위치하고 있다. 나는 처음 이 두 신궁을 찾았을 때 다음과 같이 쓴 일이 있다.

내가 대기시켜 놓은 택시를 타고 "이번엔 히노쿠마(日前)신궁으로 가 주세요"라고 운전기사에게 말하자 젊은 운전기사는 "히노쿠마신궁?"이라고 되물었다.

"그래요. 히노쿠마 아사히(朝日)의 히(日) 자에 마에(前)라는 자를 쓰는데요. 키이국의 궁으로?"

"아아 니치젠(日前)을 말씀하시는 군요."

"예 그래요. 요즘엔 니치젠이라 부르는가요?"

"예. 우리들은 그렇게 부르지요."

"음, 니치젠이라구요……"

이야기를 나누는 동안 택시는 금새 히노쿠마 · 쿠니카카스신궁에 도착했다. 토오쿄오나 오오사카와 달리 시내 어딜 가도 가깝게 느껴져 나중에 알고 보니 두 신궁은 와카야마역에서 500m 정도 거리에 있었다.

두 신궁은 차들이 오가는 도로에 접해 있었다. 길가에 택시를 세우고 안으로 들어가니 울창한 수목에 둘러싸인 넓은 경내가 나왔다. 잠시 경내를 살펴보다가 사무소에 들렀다. 『관폐대사히노쿠마신궁쿠니카카스신궁어진좌약기(官幣大社日前神宮國縣神宮御鎭座略記)』를 받아 보았더니 경내 넓이가 2만 862평이라고 씌어 있었다.

『일본역사대사전』의 「히노쿠마신궁, 쿠니카카스신궁」 항에는 다음과 같이 씌어 있다.

와카야마현 아키즈키에 있다. 같은 경내에 있는데 서쪽이 히노쿠마신궁, 동쪽이 쿠니카카스신궁이다. 제신 및 유래를 살펴보면 이 두 신궁은 뗄래야 뗄 수 없는 관계이다. 전하는 말에 따르면, 제신은 아마이와토(天岩戶)의 변(變)[9] 때에 이시고리도메노미코토(石凝姥命)가 최초로 만든 히카타노카가미(日像鏡·日前大神)와 히보코(日矛·國縣大神)로, 아마노미치네노미코토(天道根命)에 봉사(奉仕)되어 그 때부터 아마노미치네노미코토의 후예라 일컬어지는 키이국 미야쯔코가(造家)[10]에 의해 모셔지고 있다. 고대·중세 조정의 예우가 대단히 두텁기도 했지만 키이국 미야쯔코가도 대단하였다. 히데요시(秀吉)에게 대항해서 신령(神領)이 몰수되었다가 에도시대에 부흥했다.

즉 제신은 히노카미(日神)인 태양을 숭배하기 위한 히카타노카가미(日像鏡)와 히보코(日矛)이며, 그것을 모시고 있었던 이들은 키씨족의 키이국 미야쯔코 가문이었다는 것이다. 그러나 미야쯔코가는 물론 그 신궁만을 모시고 있었던 것은 아니다.

'제정일치'라는 말이 있듯이 고대에 제사를 주관하는 사람은 동시에 그 지역의 정치를 주관하던 사람이었다. '신사란 독립국이었다'는 말이 있을 정도로 고대의 신궁, 신사는 제사 장소인 동시에 그 지역의 정치를 집행하는 곳이기도 했다. 이와 같이 정청(政廳)이 있었던 곳이라는 추측은 현재의 히노쿠마·쿠니카카스신궁의 넓은 경내를 걸어 보아도 느껴진다. 이와 같은 사실은 지금 막 살펴보았던 『일본역사대사전』에도 기술되어 있다.

키이국 미야쯔코가는 타이카개신 이전의 유력한 호족으로서뿐만 아니라 히노쿠마·쿠니카카스 양대 신궁의 신관(神官)으로서 대대로 제정(祭政)의 권력을 잡고 있었던 듯하다. 타이카개신 뒤 행정상의 권한은 잃었으나 여전히 그 직명(職名)은 답습하고 있었다. 그리고 때때로 군사(郡司)에 임명되기도 했다. 또한 중세 이후는 쿠니노미야쯔코(國造)라는 존칭으로 조상 대대로 유서 깊은 두 신궁의 제사를 주재했지만, 그 사이 병마(兵馬)의 일에도 종사하여 센고쿠(戰國)시대에는 특히 영내 곳곳에 성을 만들어 외적에 대비하였다.

이와 같이 키이국 미야쯔코가는 매우 "강력했었다"에서 "히데요시에 반항해서 신령을 몰수당하고"가 되어 버렸던 것이다. 그렇다면 히노쿠마·쿠니카카스신궁의 '히노쿠마(日前)'란 어떠한 것이었을까.

앞서 야마토 아스카에서 살펴본 히노쿠마(檜隈·檜前)와도 관계가 있을 것이나 앞에서 본 타카시나 나리아키(高階成章) 씨의 「일본서기에서의 쿠마노(熊野)」에는 다음과 같이 씌어 있다.

키이국의 이향적(異鄕的) 성격은 뭐라 해도 한국의 문물이 야마토국으로 전파되는 통로상의 거점이라는 점에서 발생했다. 그리고 그 1차 거점은 키이국에서도 서쪽 나구사군(名草郡)이 그 중심이 되었다. 나구사 지방은 한국을 왕래하는 요지가 되기 이전부터 키이국 주재신(主宰神)의 성격을 띠고 있었는데 그것이 히노쿠마·쿠니카카스 두 신사였던 것 같다. '日前'이라 쓰고 '히노쿠마'라고 읽는 것은, '히노카미(日神)'라는 그 전의 호칭법이 신성한 것을 '쿠마(熊·곰)'라 부르는 한국어의 영향을 받은 결과일 것이다.

타카시나 씨가 쓴 「일본서기에서의 쿠마노」에는 앞서 인용한 부분에서도 '이향적'이라는 것이 강조되고, 그것은 '무엇보다도 고대 한국의 문물이 야마토국으로 전파되는 통로상의 거점이라는 점에서 발생했다'는 것이지만 그와 같은 '전파 통로상의 거점'이 된 곳이 키노카와 유역뿐이었다고는 할 수 없다. 북부 큐우슈우의 하카타만(博多灣)은 물론이고 오오사카만이나 와카사만(若狹灣) 등도 키노카와 유역에 뒤지지 않는 '전파 통로상의 거점'이 되었던 것이다.

그런데도 어째서 키이만이 '이향적'이라고 강조되는 것일까. 그것은 아마도 키이에는 고대 한국의 문화와 문물이 많이 남았을 뿐만 아니라 그것이 일본의 풍토 속에서 그다지 변용·확산되지 않았기 때문일 것이다.

그러면 "日前라 쓰고 '히노쿠마'로 읽는 것은, '히노카미(日神)'라는 그 전의 호칭법이 신성한 것을 '쿠마'라 부르는 한국어의 영향을 받은 결과일 것이다."라는 것은 무슨 뜻일까.

'쿠마'는 한국의 단군 신화에 나오는 곰을 가리키는 말이다. 민속학자인 타니카와 켄이치(谷川健一)와 필자의 대담으로 이루어진 『지명의 고대사』 제2권 「킨키(近畿)편」에 「히노쿠마(日前·檜隈)의 쿠마란?」이라는 항에 다음과 같은 내용이 있다.

타니카와 : 히노쿠마(日前)는 태양신을, 쿠마는 하느님(神樣)을 가리키는 말입니다.
김 : 그렇습니다. 한국어로는 곰〔コム(熊)〕입니다.
타니카와 : 곰(コム)이군요. 가령 신에게 바치는 벼를 쿠마시네(尊稻)라 합니다. 신에게 바치는 벼를 경작하는 곳을 쿠마시로(神稻代)라고 하지요.
김 : 보통 우리들은 하느님을 카미(神)라 말하고 있지만 사실은 감〔カム(神)〕입니다.
타니카와 : 카무(カム)라고 하지요.
김 : 사전을 보아도 큐우가나(舊仮名)[1]는 카무(カム)로 돼 있습니다.
타니카와 : 명확히 말하면 한국에서의 신은 코무(コム)지요.
김 : 그래요. 그것이 감(カム)이 되고 카미(カミ)로 된 것입니다. 신의 신체(神體)는 감나무〔カムナム(神木)〕 그것이 카무나비(神奈備)로 된 것입니다.

쿠마노본궁대사

난키시라하마 「무로노유」 터 마애불

곧 히노쿠마는 태양신 히노카미(日神)로, 그 기원은 한국어의 '곰'에서 온 것이다. 곰이 언제부턴지 쿠마가 되었고 쿠마노(熊野) 혹은 쿠마노신사가 일본 각지에 널려 있는데 그 가운데 유명한 것은 키이의 쿠마노산산(熊野三山), 쿠마노본궁대사(本宮大社), 쿠마노하야타마대사(速玉大社), 쿠마노나치대사(那智大社) 등이다.

나카지마 리이치로 씨의 『일본지명학연구』에 의하면 고대의 '野'는 '國'이란 의미로 쓰였다. 그렇다면 쿠마노(熊野)란 '신국(神國)'이 되는 것이다. 또한 쿠마노는 무로군(牟婁郡)으로 되어 있는데 이 무로 역시 한국어의 무라(牟羅·村;제일 높은 곳이라는 뜻으로 마루터기의 마루 또는 머리와 연관짓는 어원학자들이 있다)에서 유래한 것이다. 지금 난키시라하마(南紀白濱)에는 일본에서 가장 오래 된 온천이라는 무로노유(牟婁湯)라는 유적도 있다.

이와세천총과 그 주변

이제 키씨족이 모시던 히노쿠마 · 쿠니카카스신궁 다음으로 키씨족 분묘지였던 와카야마시(和歌山市) 이와세(岩橋)에 있는 이와세천총 고분군을 살펴보기로 한다. 이곳이 '키이 풍토기의 언덕'이라 불린다는 것은 앞서도 말한 바 있으나 와카야마현 고등학교 사회과연구협회 편 『와카야마현 역사 산책』에는 다음과 같이 씌어 있다.

나루카미(鳴神) 유적 동쪽으로 걸어서 20분. 주차장과 식당이 있는 남쪽 산지 일대가 이와세천총 고분군이다. 1970년 사이토바루(西都原 · 宮崎縣) 사이타마(埼玉 · 崎玉縣)에 이어 전국에서 세 번째로 꼽는 풍토기의 언덕으로 고분군의 보존과 향토 문화의 향상을 목적으로 지정되었다. 주로 5세기 말에서 7세기까지의 약 600기에 달하는 일본 최대 고분군(전방후원분 25기를 포함한 횡혈식 석실이 주를 이루고 있다)으로, 산기슭에 위치한 마쯔시타(松下)기념관의 측벽은 고분과 같은 녹니편암(綠泥片岩) 활석으로 만들어졌다.
2층의 전시실은 와카야마현에서 나온 고고 유물을 전시하는데, 매년 가을에 열리는 특별전이 볼 만하다. 자료관 뒤편의 순환로를 따라 고분군을 한 바퀴 도는 데 1시간 정도 걸린다.

고분은 결정편암(結晶片岩)으로 된 횡혈석실로 할석을 단면이 보이게 쌓아 올린 암교식(岩橋式) 돌 구조를 이루고, 널길(羨道)과 널방(玄室) 사이의 잘록한 부분에 바위가 하나 놓여 있고 돌난간과 돌대들보를 가진 훌륭한 구조이다.

가장 주목해서 보아야 할 고분은 마에야마(前山) 42호분과 산능선에 있는 쇼오군즈카(將軍塚)이며 능선 동쪽에 흰 탱크가 있는 텐노오즈카(天王塚)는 1907년에 오오노 운가이(大野雲外)와 영국 사람 몬로가 세계에 소개한 큰 규모의 석실(전체 길이 86m, 널방 높이 5.9m, 돌대들보 8개, 돌난간을 갖고 있음)로 다시 원형대로 묻어 복원되었다. 시간이 있다면 능선의 서쪽 가장자리에 있는 다이니치(大日) 35호분과 형상(形象) 하니와가 출토된 오오타니 22호분에 올라가 고분군을 바라보는 것도 좋다.

이와세 중심부를 잠시 보았으나 이와세천총 고분군은 그 중심부에서 더 나아간 넓은 범위에 걸쳐 있다. 다이니치산(大日山), 오오타니산(大谷山), 하나산(花山), 테라우치(寺內), 인베(井邊·忌部), 인베마에산(井邊前山) 등의 많은 곳에 뻗어 있다.

또한 이와세천총 고분군 주변에는 1982년에 발견된 5세기 전반 것으로 알려진 거대한 창고군 터와 더불어 그 기둥구멍 터에서 대량의 고대 한국제 도질토기가 나온 나루타키(鳴瀧) 유적과 도질토기보다 오래 된 토기로 일본에서 '한식토기(韓式土器)'라고 불리는 것이 출토된 나루카미 오토우라(鳴神音浦) 유적 등이 있다.

이들 토기에 대해서는 '키이 풍토기의 언덕' 자료관에서 펴낸 『옛 생활과 유적/이와세천총 시대』에 선명한 사진이 실려 있으므로 그것을 빌려 보면 될 것이다. 그와 같은 도질토기는 이미 쿠스미(楠見) 유적에서도 많이 출토되어 1973년 12월 20일자 요미우리신문(오오사카)과 마이니치신문(오오사카)의 머릿기사를 보면 다음과 같다.

나루타키 유적의 거대 창고군(모형)

"고대 한국 토기 3,000점 발굴/와카야마의 쿠스미 유적/「한반도 출
병의 기지」뒷받침"(요미우리) "토기는 수입품이었다?/한국에서 배로
와카야마에/「쿠스미식(楠見式)」이라 명명됨/대구 출토품과 흡사"(마이
니치)

「한반도 출병의 기지」뒷받침'이란 키이가 고대 한반도를 정복한
출병 기지라는 뜻으로 변함없는 황국사관에서 나온 허구임은 말할 필
요도 없다.

만약에 '출병'이라 한다면 그것은 오히려 완전히 거꾸로 된 사실이
라는 것이 고죠오시 네코즈카고분에서부터 지금까지 살펴본 유적과
유물만을 보아도 명백한 일이다. 게다가 '대구'는 고대 가야 지방이었
던 대구를 말한다. 「쿠스미식」이라 명명됨'이라고 한 것은 그렇다고
해도 고대 토기가 '수입품이었다'고 한 것은 도저히 이해할 수 없는 내
용이다. 왜냐하면 그 당시 고대 한국에는 그런 토기를 수출하는 회사
따윈 없었기 때문이다.

쿠스미 유적은 앞에서도 잠깐 말한 적이 있는 말머리가리개 · 말갖춤과 무기 등이 출토된 키씨족의 분묘로 와카야마시 오오타니고분에 있는 5세기 무렵의 주거 유적이다. 그 곳에서 고대 한국의 토기가 3,000점이나 출토되었다는 것은 상당히 많은 도래인이 생활하고 있었다는 뜻이다.

이어서 이번에는 와카야마시 타야(田屋)의 타야 유적을 살펴보자. 이 유적은 쿠스미 유적이 발굴된 지 꼭 10년 뒤인 1983년 3월 24일자 아사히신문(오오사카)에 "화덕(竈)의 원조 발굴/5세기 전반의 주거에서/기술 한국에서 직접 상륙?/와카야마의 타야 유적"이라는 머릿기사를 달고 다음과 같은 기사가 나왔다.

와카야마시 교육위원회는 23일까지의 조사로 와카야마시 타야 유적의 5세기 중반(고분시대 중기)의 움집터에서 붙박이 화덕을 발견했다. 이 시대의 발굴 예는 극히 드물다.

타야 유적은 와카야마현에서는 최대의 주거 유적으로 이번에 발견된 것은 5동, 모두가 한 변의 길이 4~5m로 사각형을 이루고 그 가운데 4개 동에서 화덕이 한 개씩 확인되었다. 화덕의 크기는 폭 50cm, 깊이 60cm 정도이다. 팔(八)자형으로 약 20cm 정도 흙을 쌓아 올린 뒤 중앙에 그릇 밑을 지탱하는 돌과 흙으로 된 받침다리가 놓여 있었다.……

후나토야마고분 출토
「화덕」의 축소 모형

발굴 현장은 키노카와 북쪽 강가로 현재의 카와키시(川岸)에서 300m 지점에 있고 지난해 고분시대 중기의 거대 건물군의 발굴로 전국에서 주목받았던 나루타키(鳴瀧) 유적에서 약 4km 지점이다.

쿠스미 유적 출토
토기

나루타키 유적 출토
도질토기

한식토기

집터에서 한국에서 전해진 가장 오래 된 형식의 스에키도 함께 출토되어 화덕을 만든 기술은 화로(爐)에서 진화한 것이 아니고 고대 한국에서 들여온 것이 확실하다고 한다. 스에키는 나루타키 유적에서 나온 것과 동일하다.

도오지샤(同志社)대학 모리 코오이치(森浩一) 교수(고고학)는 "키노카와 하류 지역이 고분시대[12]에 정치적으로 아주 중요한 위치에 있었다는 것이 움직일 수 없는 사실로 밝혀졌다. 나루타키의 건물군이나 화덕 스에키 등 새로운 것들이 제일 먼저 킨키 지방으로 들어오는 곳은 우선 와카야마시로, 야마토가 중심이라는 종래의 견해를 수정할 필요가 있는 듯하다"고 말하고 있다.

나라현립 카시하라고고학연구소 이시노 히로노부(石野博信) 연구부장에 의하면 "붙박이 화덕이 있는 주거 유적으로는 후쿠오카현(福岡縣) 우키바군(浮羽郡) 요시이정(吉井町)의 쯔카도오(塚堂)유적과 똑같이 오래 된 것이다. 발굴 결과를 볼 때 화덕의 풍습은 고대 한국에서 세토나이카이를 거쳐 직접 와카야마로 상륙해서 킨키 지방으로 퍼져 나간 것 같다"고 한다.

카라(韓) 화덕의 축소 모형은 저승에서도 같은 생활을 할 수 있기를 바라는 의미로 고분에 부장되었고 후나토야마(船戶山)고분의 축소 모형 사진이 『이와세천총 시대』에 실려 있으나 이와 같은 붙박이 화덕은 매우 희귀한 예이다.

나루카미(鳴神)·나루타키 유적을 살펴보니 이번에는 히노쿠마·쿠니카카스신궁 동쪽의 나루카미신사와 길 하나를 사이에 두고 마주보고 있는 나루타케대명신(鳴武大明神) 쪽도 살펴보려 한다.

『속군서류종(續群書類從)』에 "나루타케대명신은 백제국 기도왕(耆闍王)의 넷째 딸이다. 히노쿠마궁 섭사신(攝社神)이며 9월 26일이 젯날

나루타케신사

이다. 하늘에서 내려오실 때 술병 일곱 개와 함께 내려오다. 지금 타나카(田中)의 나루(鳴)신사 앞에 누워 있다. 길이가 1장 혹은 7척이라고 하는 일곱 개 술병은 지금도 남아 있다. 많은 사람이 이것을 본다"라고 씌어 있다.

이 나루타케사(鳴武社)는 원래 나루타케신사 또는 나루타케대명신으로 불리던 것이 퇴락한 것으로 현재는 작은 세키시(石祠)로 남아 있을 뿐이다. 아마도 키씨족 가운데 술 만들기를 담당하는 기술자였던 사람이 그렇게 해서 모셔졌음에 틀림없다.

하니와(埴輪)가 뜻하는 것

"키이(紀伊)는 키노쿠니(木國)의 뜻이다"(吉田東伍, 『大日本地名辭書』)라는 키이의 키노카와 하류 지역에 대해 너무 많은 지면을 할애하고 말았으나 그 하류 지역 와카야마시에 있는 이와세천총 고분군에 관해서는 좀더 살펴볼 필요가 있다. 왜냐하면 중심부에 있는 고분을 대충 보고 곧장 주변 유적으로 눈을 돌렸기 때문이다.

앞에서 말했던 것처럼 이와세천총 고분군은 중심부에서 퍼져 나가 넓은 범위에 걸쳐 다이니치산, 오오타니산 등의 지군으로 형성되어 있었다. 그 가운데에서도 특히 주목하고 싶은 것은 인베〔井邊(忌部)〕마에야마(前山)고분군 가운데 가장 뛰어난 인베하치만야마(井邊八幡山)고분에서 나온 출토품이다. 이 출토품에 대해서는 앞서 인용한 키시 토시오 씨의 「키씨에 관한 일시고」에 자세히 소개되어 있으나 이에 관해서 필자는 다음과 같이 쓴 일이 있다.

대체로 인베하치만야마고분은 전체 길이 88m에 이르는 거대한 전방후원분임에도 불구하고 지금까지 아무도 고분이란 사실을 모르고 있었다. 봉분 기슭이 밀감밭으로 개간되면서 눈부신 하니와의 파편이 출토되어 처음으로 고분이란 것이 알려지게 되었고 거기서 나온 하니와의

인베하치만야마고분 출토
역사 인물상 하니와

파편으로 인물상 하나가 복원되기에 이르렀다.

이는 모리 코오이치 씨가 교수로 있는 도오지샤대학 고고학연구소에서 복원하였다. 나는 언젠가 고고학자인 군마(群馬)대학 교수 오자키 키사오(尾崎喜左雄) 씨와 함께 도오지샤대학 고고학연구소를 방문하여 그 인물상을 직접 본 적이 있다. 트럭 2대분의 하니와 파편들에서 추려 내어 복원되기까지 2년 정도 걸렸다는 들보(褌 : 훈도시)를 졸라맨 벌거벗은 남자상으로 이것이 복원된 의의는 매우 큰 것이다. 그 의의에 대해서는 발굴조사 보고서인 모리 씨의 「인베하치만야마고분의 하니와」에 자세히 씌어 있다. 나는 앞에서 이와세천총 고분 근처의 쿠스미 유적에서 출토된 고대 한국에서 제작된 도질토기에 대해 보도한 요미우리신문의 머릿기사 "고대 한국 토기 3,000점 발굴/와카야마의 쿠스미 유적/「한반도 출병 기지」 뒷받침"이라는 내용에 관해 다음과 같이 쓴 적이 있다.

「한반도 출병 기지」 뒷받침'이란 키이 지역이 고대 한반도를 정복한 출병 기지라는 뜻으로 변함없는 황국사관에서 나온 허구임은 말할 필요도 없다. '출병'이라는 것이 완전히 거꾸로 된 사실이라는 것은 고죠오 네코즈카고분에서 지금껏 보아 온 유적과 유물만을 보아도 명백히 알 수 있는 것이다.

모리 코오이치 씨 발굴 보고서 중 하나인 다음 내용은 내가 쓴 글과도 관계가 있어 인용하고자 한다.

와카야마시의 인베하치만야마고분에서 출토된 하니와를 2년 동안 정리하여 최근에야 거의 완성시켰다. 그 결과 이들 하니와는 이제까지 공백이었던 고대 '사람(人)'에 대해 중요한 자료를 제공한다는 사실을 알게 되었다.

고대 일본인 특히 야요이(彌生)시대[13]부터 고분시대 중기까지 인간이 자신들의 모습을 회화나 조각으로 남기는 일은 드물었다. 당시의 여러 유적이나 유물이 남아 있어서 고고학에서는 물건을 통해 사람의 역사를 복원하고 있으나 그것만으로 구체적인 인간은 떠올릴 수 없다. 때로는 인골도 남아 있으나 뼈만으로는 머리카락 모양이나 문신의 유무 등 그 시대의 생활 습관을 알 수 있는 근거가 되지는 않는다.(……)

물론 기존 자료에 사람의 모습이 전혀 없는 것은 아니다. 야요이시대의 동탁이나 토기에는 사람이 그려져 있다. 그러나 점과 선만으로 간략하게 표현되어 자세한 부분은 알 수 없다. 칸토오(關東)지방[14]의 고분에서는 남녀 하니와가 여러 점 발굴되었으나 그것은 고분시대 후기의 것으로 앞 시대의 수수께끼를 풀기에는 너무 새로운 것이다. 그런 의미에서 인베하치만야마고분에서 출토된 하니와는 적당한 것은 아닐지라도 현재로서는 그 공백을 메울 수 있는 유일한 자료이다.

발굴 당시 하니와의 대부분은 작은 돌부스러기로 출토되어 그것이 무엇의 일부인가 짐작할 수 없는 것이 많았다. 그러나 끈기 있게 지속된 복원 작업을 통해 최근에 와서 하니와나 토기의 형태로 복원되기 시작하였다. 복원품에 대해서는 다른 발굴 보고서를 통해 밝히기로 하고 여기서는 특히 주목되는 벌거벗은 남자상에 대해 소개하겠다.

　이 남자 하니와는 입상(立像)으로 약간 안짱다리이나 당당하며 얼굴 모습도 씩씩해 보인다. 이미 널리 알려져 있는 칸토오 지방의 남자 하니와와 비교하면 다음과 같은 특색이 있다.

　첫째, 들보(훈도시)만을 착용한 나체에 가깝다. 둘째, 머리카락을 후두부 쪽에서 하나로 묶어 늘어뜨리고 있다. 셋째, 머리띠를 하고 있다. 넷째, 턱수염을 기르고 있다. 다섯째, 코 위에 ∧형의 문신을 한 흔적이 있다. 여섯째, 맨발이다.(……)이러한 여러 특색이 몸에 나타나 있다는 사실이 중요하지만, 특히 들보와 머리모양은 주목해야만 한다.

　들보라 하면 남방계를 상상하는 사람도 있겠으나, 엄격히 비교하여 이 하니와와 같은 시대 또는 가까운 시대의 자료를 찾아보면 어찌된 일인지 중국 대륙의 북·동·서쪽 주변 곳곳에서 발견할 수 있다. 이 지역은 고대에는 여러 유목기마계 민족이 활약했던 곳이다. 고구려 사람들은 석실 고분벽화에 모습을 남겼는데 들보를 맨 인물이 세 곳의 고분에 그려져 있다. 모두 두 사람이 한 조가 되어 싸우는 그림으로 스모오(相撲 : 일본 씨름)의 기원을 생각할 때 매우 흥미롭다.

　이 고분의 하니와는 함께 발굴된 토기로 보아 6세기 초반의 것으로 추정된다. 벌거벗은 하니와만이 아니고 다른 매장품도 북방계의 특색이 강렬하다. 예를 들면 안장(鞍), 등자, 재갈의 세 가지 말갖춤 장식을 갖춘 하니와의 말이나 매 사냥 풍습을 보여 주는 매, 작은 동물과 인물상으로 장식된 각종 스에키, 하니와의 무인(武人)이 등에 짊어진 뿔잔과 손에 든 짧은 활 등을 예로 들 수 있다.

　이들 유물은 고분시대 전기에는 모두 존재하지 않았던 것으로 4세기 말경부터 갑자기 출현하고 있다. 이 현상을 일반적으로 대륙 문화의 수용 또는 영향에 의한 것이라고 결론짓고 있으나 과연 그렇게 결론지을 수 있는 것일까. 아무래도 '물건'의 배후에 있는 '사람'의 존재를 간과하는 경향이 있는 것 같다.

중요한 내용이기 때문에 상당히 긴 인용이 되었다. 여기서 말하는 '스에키'는 고대 한국에서 도래한 도질토기라고 생각된다. 더욱이 고대 한국의 농가를 연상시키는 집모양 하니와 등도 출토되어 앞서의 "물건의 배후에 있는 사람의 존재를 간과하고 있다"는 모리 코오이치 씨의 말 그대로라고 나는 생각한다. 이것은 특정한 누군가를 가리키는 것이 아니고 지금까지 일본 고대사학 또는 고고학계의 연구 풍토가 그렇다는 말이다.

'문화의 전래'라든가 '문화의 전파' '영향'이라는 단어를 보아도 그렇듯이, 마치 그 '문화'만이 혼자 어슬렁거리며 다가왔다든지 또는 바람에 실린 씨앗처럼 날아왔다는 것처럼 생각하고 있다. 오늘날이라면 몰라도 고대 문화가 도래했다는 것은 그 같은 문화를 가진 인간 집단이 도래했었다는 것이다. 예를 들어 모리 코오이치 씨가 쓴 글에 나온 들보(훈도시)란 단어도 나카지마 리이치로 씨의 『비어(卑語)의 기원』 「훈도시 고(考)」를 보면, 이 단어는 고대 한국어에서 온 것이고 '매 사냥의 풍습' 역시 마찬가지라고 한다.

키이에서 조금 떨어졌으나 1991년 10월 무사시노쿠니〔武蔵國·(東京都·埼玉縣 주변)〕였던 사이타마현(埼玉縣)·교오다시(行田市)의 향토박물관에서 「한국에서 무사시로/바다를 건너온 문화」라는 제5회 기획전이 최근에 열렸다. 교오다는 십여 년 전에 '이나리야마(稻荷山)고분 출토 철검금상감명(鐵劍金象嵌銘)'으로 유명해진 사이타마고분군이 있는 곳으로 알려져 있기도 하다. 이 교오다의 사카마키(酒卷) 14호고분에서도 들보를 맨 역사 하니와 인물상이 출토되었다.

인베하치만야마고분
출토 집모양 하니와

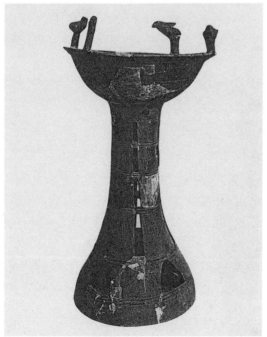

인베하치만야마고분
출토 스에키

물론 필자도 가 보았는데 쇼오군즈카고분에서는 역사 하니와만이 아니고 와카야마시 오오타니고분에서 출토된 것과 같은 말머리가리개도 출토되었다. 그리고 역시 고대 한국의 남쪽 가야 고분에서 출토된 것과 같은 사행(蛇行)모양철기 등이 나왔고, 사카마키 14호고분에서는 이 사행모양철기의 용도를 알 수 있는 아직 일본에는 그 예를 볼 수 없는 깃발을 세운 말모양의 하니와도 출토되었다.

모두 가야는 물론, 큐우슈우나 와카야마 것보다는 나중에 만들어진 6세기 후반의 것이다. 사이타마현 교오다시의 향토박물관에서 간행한 도록『한국에서 무사시로/바다를 건너온 문화』를 보면「깃발을 세운 말」에 관한 항목에 다음과 같이 씌어 있다.

이러한 깃대는 사이타마고분군의 쇼오군야마(將軍山)고분에서 실물이 발견되었으나 그 용도에 대해서는 여러 가지 설이 있어 분명치

사카마키고분 출토 역사 인물 하니와

않았다. 사카마키 14호 고분에서 나온 이 말모양 하니와는 그 문제
에 실마리를 제공했다.
　5세기에는 고구려가 한국 남부로 진출해서 이러한 유물을 남쪽으
로 전파했다. 현재 기병의 장비는 한국 남부의 가야와 신라 지역에서
많이 발견되고 있다.

　이 원고를 끝낸 12월 10일경에 나온『문예춘추』1992년 1월호에 사
하라 마코토(佐原眞), 카도와키 테이지(門脇禎二), 모리 코오이치, 미
야와키 쥰지(宮脇俊次) 씨가 긴 시간 좌담회를 가진「지금까지 밝혀진

사카마키고분 출
토「깃발 세운
말」하니와

일본의 뿌리」라는 글이 실렸다. 일본 고대사와 동해 문화의 중요성에 대해 논의한 이 좌담회에서 모리 코오이치 씨는 지금 다룬 사카마키고 분에서 출토한 깃발을 세운 말모양 하니와에 관해 다음과 같이 언급하고 있다.

　그리고 한국과의 관계에도 주목해야 합니다. 교오다의 이나리야마 고분 아주 가까이에 사카마키고분군이란 것이 있습니다. 몇 년 전인가 그 곳 작은 원형 분묘에서 말모양 하니와가 나왔습니다. 꼬리에 깃발을 세운 것입니다. 이것이 고구려 고분벽화에 있는 말 꼬리에 깃발을 세운 장치와 같은 것으로 밝혀졌습니다. 현재로서는 일본에서 유일한 예입니다. 그렇다면 무사시로와 고구려와의 관계에 대해 생각하지 않을 수 없습니다. 한국의 문화가 바다를 건너 정면으로 들어온 것입니다.

‖ 역주 ‖

1) 하니와 : 고분 위 또는 주변에서 세운 흙으로 만든 인형. 원통 하니와와 형상 (形像) 하니와가 있고 형상 하니와는 인물, 동물, 기구, 가옥 등을 본떠 만듦.

2) 하치만궁 : 하치만(八幡)은 하치만신(八幡神), 하치만궁의 약자로 조금도 거짓이 없는 경우에 쓰는 말이며 하치만궁과 하치만신을 제신으로 하는 신사의 총칭임.

3) 풍토기(후도기) : 겐메이(元明)천황의 명에 의해 군향명(郡鄕名)의 유래와 지형, 산물, 전설 등을 기록해서 올린 지리서. 헤이안·에도시대에 만들어진 것과 구별하기 위해 「古風土記」라고 함.

4) 킨키 : 키나이(畿內)와 그 일대의 땅. 킨키 지방이란 쿄토오·오사카·시가(滋賀)·효오고·나라·와카야마·미에(三重)의 2부 5현(二府五縣)을 포함한 지역.

5) 스사노오노미코토 : 일본 신화에 나오는 아마테라스 오오미카미의 동생으로 흉포해서 아마이와토(天岩戶) 사건을 일으킨 결과 타카마가하라에서 쫓겨났다는 신. 신라에 건너가 배를 만드는 나무를 가지고 돌아와 식림(植林)의 도(道)를 가르쳤다고 함.

6) 소시모리 : 고대 한국어로 금이 있는 부락이라는 뜻으로 스사노오노미코토가 다녀왔다는 신라를 가리킴.

7) 무쯔 : 오오슈우(奧州)라고도 불리며 지금의 일본 북부지방인 후쿠시마(福島), 미야기(宮城), 이와테(岩手), 아오모리(青森)현 및 아키타(秋田)현의 일부.

8) 센고쿠다이묘오 : 센고쿠시대(1477~1573년)에 각지에 할거한 대영주(大領主)

9) 아마이와토의 변 : 일본 신화에 나오는 최고신이며 태양신인 아마테라스 오오미카미(天照大神)가 아마이와토에 들어가 버려 밤낮없이 어두워졌을 때 거울 만드는 여신 이시고리도메가 금으로 거울을 만들어 아마이와토를 열었다. 그때 히보코도 만들었다고 함.

10) 미야쯔코 : 고대 성씨의 하나로 백성을 다스린 지방관(伴造)을 일컬음.

11) 큐우가나 : 옛 가나 사용법(假名遣). 1946년 11월에 고시된 겐다이가나즈카이 이전의 가나(일본 문자) 사용법.

12) 고분시대(코훈지다이) : 일본에서 특히 큰 규모의 고분이 만들어진 시대로 야요이시대 다음인 3세기 말에서 7세기까지.

13) 야요이시대 : 죠오몬(繩文)시대 이후 고분시대 이전의 시대. 야요이시대의 시작을 야요이식 토기의 출현으로 보는 견해와 벼농사의 시작으로 보는 견해가 있다. 기원전 5~4세기경부터 서기 3세기까지로 추정.

14) 칸토오지방 : 옛 관동 8주(關東八州) 지역. 현재 행정상으로는 토오쿄오도(東京都)와 카나가와(神奈川)·사이타마(埼玉)·군마(群馬) 토치기(栃木)·이바라키(茨城)·치바(千葉)의 6현.

제 3 부 · 다시 아스카로

◆◆◆◆◆◆◆◆◆◆◆◆◆◆◆◆◆◆◆◆◆◆◆◆

「아스카의 원류전」을 보고

키이에는 아직도 살펴보고 싶은 곳이 많이 남아 있으나 이쯤 해서 야마토의 아스카로 돌아가려고 한다. 아스카에서 아직 보지 못한 곳이 있기도 하지만 그 이유만은 아니다.

내가 이 원고를 쓰기 위해 키이를 찾았던 1991년 10월, 나라현 국립 문화재연구소의 아스카자료관에서 「아스카의 원류(源流)전」이 열리고

아스카자료관 입구의 한국 석인상

있었기 때문이다.

오랜만에 찾은 아스카촌 깊은 산속에 있는 아스카자료관의 본관 입구를 보고 무의식중에 "허어" 하는 감탄사가 나왔다. 입구 좌우에는 그때까지 보지 못했던 고대 한국의 석인(石人·武人)상이 서 있었기 때문이다. 물론 실물이 아니긴 했으나 그렇다 해도 상당히 잘 만들어진 것이었다.

먼저 그 석인상을 카메라에 담고(관내가 아니어서 가능했다) 전시실을 한번 둘러보았다. 아스카의 원류, 백제의 여러 유적에서 나온 출토품이 잘 수집되어 있어서 앞서 소개한 「한국에서 무사시로/바다를 건너온 문화」전과 더불어 최근에 보기 드물게 볼거리가 많은 전시회였다.

특히 흥미로웠던 것은 한국의 여러 박물관을 둘러본 나조차도 처음 보는 백제의 마지막 수도 부여의 군수리에서 1959년(여성용)과 1979

「아스카의 원류전」 앞표지와 뒷표지

년(남성용)에 출토한 남녀의 변기였다. 백제에서는 6, 7세기경에 이미 이런 것을 쓰고 있었구나 하고 생각했다.

남녀용 모두 꽤 기능적인 것으로 손잡이가 달려 있었고 남성용은 재미있게 생기기도 했거니와 과연 그렇구나 하고 느낄 만큼 생활 감각도 있는 물건이었다. 아스카자료관 도록 제5집 『아스카의 원류』는 매우 흥미로운 것으로 표지 앞면과 뒷면에 백제에서 온 도래인을 표현한 원색 사진이 인쇄되어 있었다. 앞표지의 배경은 앞서 본 카시하라시 니이자와천총 고분, 뒷표지는 아스카촌의 이타부키궁(板蓋宮) 터였다.

사진은 재일한국인 청년 남녀를 모델로 한 듯한데 그들의 의상과 들고 있는 악기 등을 보니 고증하느라 상당히 노력한 흔적이 보였다. 그런데 여기서 말한 도래인에 대해서는 앞서 말한 도록 『아스카의 원류』 「공주(公州)와 아스카」의 항목에 다음과 같이 씌어 있다.

아스카로 건너온 최초의 도래인은 유우랴쿠(雄略) 2년(475) 무사

군수리 출토 변기(왼쪽 ; 남성용,
위 ; 여성용)

노스구리아오(车佐村主靑)와 히노쿠마타미노하카토코(檜隈民博德)이
다. 기록에 보면 그 이전에 아치노오미의 이름이 보이나 이는 훗날
그 자손인 사카노우에노카리타마로(坂上苅田麻呂)가 가문의 내력에
관해 쓰고 있는 것처럼 많은 도래계 씨족이 가와치노후미(河內文)씨
에 대항하기 위해 대동 단결했을 때에 만들어진 공통의 조상일 것이
리라.

무사(车佐)씨와 히노쿠마(檜隈)씨는 먼저 키이에 상륙해서 키노카
와를 거슬러 올라가 야마토로 향했다. 키노카와 연안에는 철제 말갑
옷으로 유명한 오오타니고분을 비롯하여 로쿠쥬우타니(六十谷) 유
적, 이와세천총, 쿠스미 유적 등 백제, 가야의 유물이 곳곳에서 나와
도래인들이 이동한 발자취를 볼 수 있다. 소노다 코오유우(薗田香
融) 씨에 의해 이와세천총에 인접한 히노쿠마라는 지명의 존재가 지
적되고 있다.(……)

키노카와에서 올라오는 곳에 이마키(今來)라는 지명이 남아 있다.
도래인은 히노쿠마에서 출발해서 아스카의 히노쿠마(檜隈)에 도착했
다. 두 곳은 모두 히노쿠마로 남아 있는 도래인에게 기념이 될 만한
지명이 되었다.

이것만 보아도 이제까지 보아 온 키이의 키노카와 유역과 야마토의
아스카가 어떠한 관계에 있었는지 알 수 있지만 조금 더 읽어 가면 다
음과 같은 내용도 볼 수 있다.

475년 10월 백제에서는 문주왕(文周王)이 즉위하고 수도를 공주
(웅진)로 천도한다. 백제가 아스카로 최초의 도래인을 파견한 것은
초기 백제가 멸망한 해였다. 이미 13년 전에 개로왕의 동생인 곤지
(昆支)는 왜(倭)로 건너가, 그의 아들 무녕왕(武寧王)은 쯔쿠시〔(筑
紫：쿠우슈우(九州)의 옛이름〕에서 태어났다. 한성(漢城)에서 탈출하

여 문주왕과 행동을 같이한 목리만지의 소식은 끊겼다. 왜에 머물던 백제 왕족에 의지해서 목리만지가 바다를 건넜을 가능성도 생각할 수 있다. 카도와키 테이지 씨는 목리만지가 바다를 건너와 아스카의 소가노마치(蘇我滿知)가 되었다고 한다.

만지와 같은 해에 갑자기 등장하는 무사노스구리아오와 히노쿠마타미노하카토코는 그 후의 행적으로 보아 예사로운 도래인은 아니다. 다른 도래인과 달리 이름에 지명을 쓰고 있어 본명이 아님이 분명하다. 목만지와 관계 있는 인물 또는 만지와 같이 행동했던 인물일 것이다.

이것은 또한 앞의 「아스카ㆍ히노쿠마」에서 본 아치노오미를 따라 도래한 17현의 사람들로 야마토노아야(東漢)씨족 집단과는 다른 집단의 사람들이었던 것이다. 어찌 되었든 백제계 사람이었던 것에는 변함이 없다.『아스카의 원류』에는 계속해서 다음과 같이 씌어 있다.

1963년 8월 우네비산의 서쪽 니이자와천총 고분군의 한구석을 파자 전면에 순금을 뿌린 금속 파편이 나타났다. 유적의 흔적은 없었지만 양쪽 귀의 위치에 금제 장식귀걸이, 양 손목에 팔찌, 반지 그리고 머리 위에 붉은 색으로 사신(四神)이 그려진 칠쟁반(漆盆), 거울, 투각용문(透彫龍文)금관, 그 밖에 다리미, 반투명한 여러면(切子)유리잔, 쪽빛 접시 등이 있었다. 조사를 하고 있던 사람들은 누구나 할 것 없이 5세기 후반에 이국땅에 묻힌 백제인을 떠올릴 수밖에 없었을 것이다.

히노쿠마와 무사(牟佐)에서 서북쪽으로 조금 떨어진 이곳의 126호분이라 불리는 장방형의 분묘는 도래한 왕족의 무덤일 것이리라. 피장자가 누구인지 알기는 어려우나 묘의 주인은 환상 속의 아치노오미일까 소가노마치일까.

나는 이것을 읽고 "음, 역시 이노쿠마(猪熊) 씨로군"하며 고개를 끄덕였다. 이노쿠마 씨는 전부터 알고 지냈던 아스카자료관 학예실장 이노쿠마 카네카쯔(猪熊兼勝) 씨로 고대 일본과 한국의 관계사에 정통한 고고학자이다. 아마도「아스카의 원류」전 역시 이노쿠마 씨가 기획한 것임에 틀림없을게다.

전시장을 두세 번 돌아본 나는 이노쿠마 씨를 잠깐 만날까 했으나 일에 방해가 될까 염려되어 그대로 돌아가려다가 때마침 자료관으로 돌아오는 이노쿠마 씨를 만나게 되었다. 그분의 권유도 있고 해서 학예실장실로 안내되어 오랜만에 이런저런 이야기를 주고받게 되었다.

"한국에서 백제의 출토 유물을 용케도 많이 갖고 오셨네요"하고 노고를 치하하자 "이번엔 어떻게 해서든 신라의 유물들을……"하고 그는 말했다. 그렇게 된다면 전시회가 더욱더 흥미로워질 뿐만 아니라 아스카자료관에서 눈을 뗄 수 없게 되겠구나 하는 생각이 들었다.

만요오시대의 의복

아스카자료관에서 주최한 「아스카의 원류전」보다 먼저 「만요오의 의식주」라는 전시회도 열렸는데 이것 역시 매우 흥미로운 전시회로 주목할 만했다.

'만요오(万葉)'라는 말은 『만엽집』의 노래가 읊어진 시대(8세기가 중심)라는 뜻으로, 나는 그 전시회를 보지는 못했으나 자료관 입구 매점에 놓여 있던 「재현·만요오의 식사」라는 엽서가 재미있게 보여서 3장 정도 샀다. 한쪽 무릎을 꿇고 앉은 두 여인의 의복이 한국 여인의 의복과 거의 그대로 닮은꼴이었던 것이다.

"이것 참 재미있네요" 하고 내가 이노쿠마 학예실장에게 엽서를 꺼내 보이자 "그렇군요, 투피스에다 한국에서처럼 한쪽 무릎을 세웠군요"라고 말하고는 잠깐 일어서더니 포스터 2장을 갖고 왔다. 한 장은 앞에서 보았던 도록 『아스카의 원류』의 표지에 나왔던 것이고, 나머지 포스터는 「춘계특별전시 만요오의 의식주」라는 제목이 있는 것으로 내가 샀던 엽서의 사진이 인쇄되어 있었다.

포스터의 내용으로 보아 전시회만 있었던 것이 아니고 그 기간에 나라국립문화재연구소가 주최한 강연회도 같이 열리고 있었다. 「만요오시대의 의복」 아스카자료관 학예실장 이노쿠마 카네카쯔, 「만요오시대

만요오의 식사 모습 재현

의 주거」 건조물연구실장 미야모토 쵸오지로(宮本長二郎), 「만요오시대의 식사」 매장문화재센터 연구지도부장 사하라 마코토(佐原眞).

강연 전부가 꼭 듣고 싶은 내용이었는데, 다행히 그중에서 이노쿠마 씨의 강연은 접할 기회가 있었다. 오오사카에서 발행되는 1991년 11월 7일자 토오와(東和)신문에 "아스카 패션의 뿌리를 찾아서"라는 제목으로 오오사카 혹은 쿄오토에서 열린 듯한 「국제학술대회 쇼오토쿠 태자와 그 시대」에서 강연한 내용을 정리한 기사가 그의 서명과 함께 실려 있었기 때문이다.

고구려의 고분벽화와 아스카의 타카마쯔총 벽화 등도 함께 실려 2회로 연재한 소논문으로 다음과 같은 내용이었다.

한국에서 구체적인 인물상의 출현은 고구려 고분벽화이다. 4세기의 무용총에서는 몇 명의 무희가 그려져 있는데 투피스와 원피스의 옷을 입고 있다. 투피스는 통소매가 길고 소매와 옷깃의 천이 다르며 바지 자락을 묶고 있다. 원피스는 옷자락이 터져 있고 다리 밑부분에 고쟁이로 생각되는 것이 보인다. 모두 옷 전체에 반점이 있고 일본에서 나온 새끼 사슴모양의 하니와에도 같은 모양의 반점이 그려진 것으로 보아 무용총의 의복은 사슴가죽이었으리라.

5세기경의 고구려 덕흥리고분에는 많은 인물상이 그려져 있다. 남성은 바지, 여성은 치마를 입고 있다. 5세기 후반 수산리고분에서는 치마는 통이 커지고 옷자락이 땅에 닿는다. 이 벽화 이후로는 치마저고리 밑에 바지가 나타나지 않는다. 이 남녀용 투피스가 일본에 전해진다.

하니와의 의복은 상의가 통소매로 좌우에 끝단이 있다. 남성 바지는 가랑이 부분을 부풀려 아에이(足結)라는 끈으로 묶는다. 여성은 허리 밑에 바지를 입었는데 바지와 치마저고리인 것이 분명하다.

한국에서는 백제 고이왕 27년(260)에 1품에서 16품까지 신분을 세분화했다. 6품 이상은 복장이 자색(紫色)이고 은화(銀花)로 관을 장식했다. 11품 이상은 감색(紺色), 16품 이상은 청색(靑色)으로 했다. 신라에서도 법흥왕 7년(520)의 율령에 의해 관리의 정식 복장은 주색(朱色)과 자색 등으로 구별되고 있다. 10년 뒤인 당(唐) 정관(貞觀) 4년(630)에 3품 이상은 자색, 5품 이상은 비색(緋色), 6·7품은 녹색, 8·9품은 청색 의복을 착용하고 부인은 남편의 신분에 따랐다. 이러한 중국이나 고대 한국 삼국시대의 의복 제도가 도래인들에 의해서 아스카 조정에도 전해졌다. 바로 이것이 스이코 11년(603) 쇼오토쿠태자에 의해 관위 13계제(冠位十三階制)로 된 것이다.

아스카자료관에서 열린 이노쿠마 씨의 강연은 아마도 이 글과 같은 내용이었음에 틀림없다. 앞서 본 「재현·만요오의 식사」라는 엽서에 실린 복장 사진을 보아도 알 수 있다.

수산리고분(고구려·
5세기 ; 왼쪽)
덕흥리고분(고구려·
5세기 ; 가운데)
무용총(고구려·4세
기 ; 오른쪽)

타카마쯔총(아스카·
7세기)

새깃털로 장식한 옷
을 입은 여인(아스
카·8세기 ; 왼쪽)
용강동고분(통일신
라·8세기 ; 오른쪽)

 일단 여기서 아스카자료관을 떠나려고 하나 모처럼 아스카까지 왔으
므로 한 가지 더 보고 싶은 곳이 있다. 실은 앞서 아스카촌을 방문했을
때는 잊고 있었으나 1986년 9월 1일자 나라신문에 "아스카의 히라타
(平田) 키타가와 유적/아스카시대 대규모 돌무더기 구조/수수께끼의
유구(遺構)를 추리한다"는 머릿기사로 글이 실려 있었으며 첫머리에
다음과 같이 씌어 있었다.

 현립 카시하라고고학연구소는 타케치군 아스카 히라타의 키타가와
유적에서 아스카 발굴 사상 전례가 없는 대규모 돌무더기 구조(높이
1.6m, 전체 길이 알 수 없음)를 발견하여 발굴조사를 하고 있었는데 31
일까지의 조사로 굽다리접시(高杯) 등 토기를 검출해서 아스카시대의
축조물인 것을 밝혀냈다.
 또한 유구의 전체 규모가 1300년 만에 땅속에서 그 모습을 나타냈다.
연못의 가장자리 석축으로 보이지만 성벽을 연상시킬 정도의 견고한 축
조로 지표면과 밑바닥까지도 돌로 포장한 철저한 공사였다.
 검출된 유구는 극히 일부분인 듯 호안(護岸)이 끝없이 이어질 듯하고

전체 모습이 어느 정도의 규모인지 연구소에서도 측정하기 어렵다고 한다. 도대체 이곳에 무엇이 있었던 것일까. 어째서 이런 큰 구조물이 『일본서기』에 기재되어 있지 않았을까. 돌 구조물을 추리해 보았다.〔마에다 료오이치(前田良一) 논설위원〕

이 글에 이어 다시 작은 머릿기사가 몇 개 나와 있었다. 아스카 히라타라고 하는 곳은 백제·아야계 도래인 집단인 야마토노아야씨족의 중심 근거지 히노쿠마에 있다.

작은 머릿기사는 "가설(1) 사이메이(齋明)천황의 영빈관, 가설(2) 한국에 있었던 방형지(方形池), 도래인의 우수성 증명, 가설(3) 어째서 『일본서기』가 무시" 등인데, 이중에서 '한국에 있었던 방형지'라고 한 가설(2)만을 살펴보기로 하자.

고대의 선진 기술은 대륙이나 한국에서 건너온 도래인들에 의해 전해진 것이다. 이번에 출토된 호안은 일직선으로 뻗어 단면은 수직으로 구축되어 있다. 휘어 구부러진 연못은 있어도 방형의 수영장과 같은 연못은 일본 전통 양식에는 없다고 한다. 그 선례로는 소가노우마코의 집터로 알려진 시마노미야의 연못이 있다. 한 변이 42m나 되는 정방형을 이루고 있는 것이 발굴조사에 의해 판명되었다.

소가씨의 내력에는 수수께끼가 많고 백제 왕족 출신이라고 주장하는 학자도 있다. 그렇게 보면 일본 전통 양식에 없는 방형지의 구조도 이상할 것이 없다. 사이메이천황 시대에 일본은 백제와 우호 관계에 있었고 동맹국으로 당·신라군과 싸우기까지 했다. 그렇다면 원형은 백제에 없는 것일까.

나는 마침 한국 충남대학교 박물관에서 최근에 2개의 방형지를 연달아 발굴하였다는 사실을 알았다. 발굴을 담당한 윤무병 관장에게 국제 전화를 걸었다.

"부여의 관북리에 있는 백제왕궁 터를 파 보니 동서 6.3m, 남북 6.25m의 연못이 출토되고 깊이는 1.1m였습니다. 작년(1985년)에 발굴한 것입니다."

그리고 1984년에는 정림사(定林寺)에서도 동서 12m, 남북 11m, 깊이 60㎝의 연못을 확인했다고 한다.

이런 식으로 살펴 가면 아스카 지역만 해도 볼 곳이 너무 많지만 언제까지 아스카에만 머물러 있을 수 없으므로 이번엔 아스카의 서쪽에 있는 타카토리정(高取町)으로부터 고세시(御所市)와 신죠오정(新庄町) 쪽으로 눈을 돌려 보기로 하자.

고세에서 본 유적과 유물

　먼저 타카토리정(高取町)에 관해서는 1986년 5월 24일자 나라신문에 "횡혈식 석실 고분 2기 발견/타카토리/미니 취반구(밥솥) 세트 출토/도래인 '야마토노아야씨(倭漢氏)'와 관련?"이란 머릿기사가 나와 있었다. 나라현립 카시하라고고학연구소가 발굴한 고분으로 타카토리정 요라쿠(與樂) 오기타라는 지명을 따서 오기타 1호분·2호분으로 이름지었다. 그중 2호분을 보면 다음과 같이 씌어 있다.

고세시 서부

타카토리정 · 오기타고
분 석실 내부에서 발
견된 축소 모형 취사
도구 세트

　1호분에서 약 30m 동쪽에 있는 2호분은 보존 상태가 비교적 좋은
20m의 원형 분묘이다. 이것 역시 널길이 붕괴되어 있어서 정확한 수치
는 알 수 없지만 널방은 4m 이상 되고 폭은 2.3m, 높이 2.2m이다.
　널방에서 편암계 석재를 사용한 조립식 석관이, 뚜껑이 비스듬히 열
린 상태로 출토되었다. 도굴로 천정석이 없어지고 유물도 사라져 버렸
으나 석실 북동부를 중심으로 스에키 20점이 완전한 상태로 남아 있고
그 밖에 말안장 장식의 일부로 보이는 것이 출토되었다. 널길에 가까운
석실 남동쪽에서는 밥솥을 축소한 모양으로 귀엽게 생긴 물건이 나왔
다. 솥, 화덕, 시루의 3가지 세트로 3가지 모두 지름 10㎝ 정도의 것이
다. 쌀을 찌는 시루에는 증기를 통하게 하는 작은 구멍을 뚫어 사실적으
로 표현하였고 길이 3㎝의 작은 뿔모양의 손잡이도 붙어 있었다.

　• 현(縣)에서 열두 번째 예
　축소한 취사 용기가 출토된 예는 전국에 40곳 정도로 도래인이 거주
했던 지역에서 출토되는 것이 특징이다. 현에서는 열두 번째이다.
　현장에서 동쪽으로 약 1㎞ 떨어진 곳에 야마토노아야씨의 근거지였
던 히노쿠마사가 있으며 가까운 나미야마(波山)고분(카시하라시)과 이
나무라(稻村)고분 타카토리정에서도 같은 모양으로 축소한 취사 도구

세트가 출토되고 있다. 이즈미모리 조사부장은 "죽은 자가 저 세상에 갈 때도 식사를 거르지 않도록 바라는 뜻에서 매장되었다고 생각되며 고대 한국에서 성행하는 일로 중국 고분에는 석실 내부에 방 하나를 만들어 일부러 부엌을 만든 예도 있다"고 한다.

조사를 담당했던 우라베 유키히로(卜部行弘) 연구원은 "발굴지는 카이후키산(具吹山) 남쪽 산기슭이며 주변에는 100기 정도의 고분이 있으나 이 고분이 최초의 조사로, 출토 유물이나 석실의 형태로 보아 공통 요소를 갖는 고분군일 것"이라고 말하였다.

타카토리정 지역도 원래는 앞서 보았던 니이자와천총이 있는 카시하라시와 같이 백제·아야계 도래 집단이었던 아야씨족이 "아치왕께 아뢰어 이마키군을 세우다. 훗날 새롭게 타케치군이라 부른다"(『坂上系圖』)고 해서 생겨난 곳이기 때문에 '도래인의 풍습'이라는 축소 취사 용기 세트'(나라신문)가 출토된 고분도 있었던 것이다.

동시에 전투용 말의 말갖춤도 출토되었다는 것에는 큰 의미가 있으며 또한 '100기 정도'나 있다고 하니 그 곳에서 무엇이 나올지 자못 기다려진다.

이번에는 타카토리정 옆에 있는 고세시를 방문해 보자.

우선 고세시 교육위원회로 가서 사회교육과의 후지타 카즈타카(藤田和尊) 씨를 만나서 시교육위원회가 펴낸 『옛 고세를 찾아서』와 함께 책을 몇 권 받았다.

어째서 '어소(御所)'라 쓰고 '고세'(보통은 '고쇼'라 읽음)로 부르는 것일까. 그것은 같은 시 지역인 코세(巨勢)·코세(古瀬)와 더불어 일본 신사의 사(社)〔코소, 흔히 사(社)를 '야시'로 라고 읽으나 원래는 야시로(屋代)였다〕가 신라 제1대왕인 혁거세(赫居世)의 존칭 '거세(居世)'에서 전해진〔瀧川政次郎, 『히메코소(比賣許曾)의 신에 대해서』 외〕 것이 아

니겠는가 생각된다.

　그것은 그렇다치고 지난번에 이곳을 방문했을 때 소가씨계 씨사의 하나였다고 알려진 고세시 코세(古瀨)의 코세사(巨勢寺) 터는 둘러보았으나 그 밖에는 거의 보지 못했다. 더욱이 그때는 아직 『옛 고세를 찾아서』라는 책도 나와 있지 않았었다. 이번에 받아 본 책은 1976년 초판, 87년 개정판으로 그 책을 보면 고세시의 면적은 3만 6,660㎡, 인구 6만 정도임에도 불구하고 실로 유적과 고분이 많은 곳이었다. 팔백수십 기나 되는 코세야마(巨勢山)고분군을 비롯해서 100여 기의 세키코오잔(石光山)고분군, 70기 정도의 이시카와(石川)고분군, 한다비라(叮田平)고분군, 쿠지라(櫛羅)고분군 등과 그 밖에 '금동투조띠고리 장식과 드리개장식' 등이 출토된 칸스즈카(鑵子塚)고분 등 이것만으로도 열 손가락이 모자랄 정도였다.

　그중에는 고분시대보다 더 오래 된 것이 출토된 유적도 있었다. '나가라(名柄)의 동탁, 청동거울이 묻힌 곳' 등이 그것으로 『옛 고세를 찾아서』에는 이렇게 씌어 있다.

　나라현에서 야요이(彌生)시대의 유적을 찾으면 상당수에 이른다. 그것들은 토기, 석기, 목기 등 실생활을 보여 주는 유물과 동탁이 출토된 유적, 석기의 원석을 채취했던 유적 등이 있다. 1918년 옛 한다향(吐田鄕) 나가라자(名柄字) 오타나카(小田中)에 있는 나가라지(名柄池)에서 청동거울과 동탁이 출토되었다. 청동거울은 쌍뉴(雙紐)가 있는 다뉴세문경이라 불리는 한국제이다.

동탁은 작은 것으로 유수문(流水紋)과 가사거문(袈裟襷紋)을 양면에 튀어나오게 주조한 것으로 주위에 11개의 돌기가 붙어 있다. 일본에서 거울과 동탁이 함께 발견된 예는 드물어 야요이문화를 규명하는 데 귀중한 자료가 되는 유적이다.

여기서 말하는 나가라지의 다뉴세문경과 동탁에 관해서는 미즈노 세이이치(水野淸一)·고바야시 유키오(小林行雄)의 『고고학사전』에도 나와 있으나 이러한 야요이시대 유물이 이곳에서 나왔다는 것은 야마토에도 진작부터 고대 한국에서 온 도래인이 있었다는 것을 의미한다. 그들은 철기를 이용해 벼농사를 짓는 법과 함께 이러한 것들을 가지고 왔던 것이다.

고분시대의 가장 크고 대표적인 코세야마고분군에 대해서 앞의 책 『옛 고세를 찾아서』에는 다음과 같이 설명되어 있다.

오타나카 나가라지(名柄池)에서 출토된 청동거울과 동탁

코세산(巨勢山) 구릉은 동으로는 소가천(曾我川)구조곡을, 서로는 카쯔라기천(葛城川)곡으로 나눠 북으로 50㎞에 걸친 거의 독립구릉 형태이다. 이 구릉 전역이 코세야마고분군 유적지로 생각되며 서북부에 707기의 고분 및 고분 모양 언덕이 확인되고 동남부에도 상당수가 있을 것으로 여겨진다. 코세야마고분군은 백수십여 기로 구성된 일본 최대의 군집분묘로 전방후원분 4개와 직경이 십여 미터 전후의 원형 고분·방형 고분으로 이루어진다.

설명은 계속 이어지고 있으나 무슨 이유에선지 발굴할 때의 사진까지 나와 있음에도 불구하고 그 곳에서 어떠한 것이 출토되었는가에 대해서는 단 한마디도 씌어 있지 않았다. 고분은 어떠한 형상을 하고 있든 무슨 부장품이 나왔냐 하는 것이 중요하다. 다행히도 이에 관해서는 1985년 12월 22일자 아사히신문(오오사카)에 "톱니바퀴모양의 은제 반지/나라에서 출토/귀걸이, 금구슬도/고분시대 한국제인가"라는 머릿기사로 다음과 같은 기사가 사진과 함께 실렸다.

나라현 고세시에 있는 코세야마고분군(5~7세기)의 발굴조사에서 한국제로 생각되는 톱니바퀴 형태의 반지로 보이는 은제품과 속이 빈 금옥과 같은 것이 출토되었음이 21일 현립 카시하라고고학연구소에 의해 확인되었다. 이들 유물은 일본 전역에서 볼 수 없는 예이다. 당시 일본에서는 손가락에 장식하는 습관이 거의 없었다고 여겨지므로, 연구소에서는 "전혀 실태를 알 수 없는 고분군의 피장자상을 연구하는 데 대단히 귀중하다"고 말하고 있다.
반지는 2개로 모두 직경 2㎝, 두께 3㎜, 무게 2g 정도이다. 보통 어른 손에 쏙 들어가는 크기로 순은제로 보인다. 겉부분은 기계 톱니바퀴와 닮아 27~28개의 굴곡이 새겨져 있다. 또한 금구슬은 찌부러져 있었으나 복원하면 직경 1㎝ 정도이다. 몸체 중앙에 역시 톱니바퀴 같은 굴곡

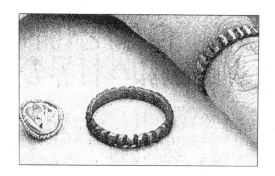

코세야마고분군 출토 톱
니바퀴모양 은제 반지와
속이 빈 금제 구슬

이 새겨진 띠가 둘러져 있고 둥근 윗부분 한쪽에 작은 구멍이 2개 뚫려
있다. 이 구멍에 끈을 끼워 늘어뜨린 듯하며 호화스런 금제 귀걸이장식
의 일부로 보인다.

고대 장신구에는 여러 종류가 있으나 그중에서도 금제 고리(金環 ; 금
도금한 귀걸이) 등은 흔히 다른 고분에서도 나오는 것이다. 그러나 반지
는 매우 희귀한 예로 타나카(田中) 기사(技師)의 조사에 따르면, 반지의
바깥쪽에 반구형의 정교한 세공이 있는 나라현 니이자와천총 126호분
에서 나온 금제 반지를 포함해서, 해상안전을 기원한 국가적인 제사가
행해졌던 곳인 후쿠오카현 오키노시마(沖之島) 유적 등 다섯 군데 지역
에서 금 · 은 · 동제 반지가 출토되는 정도라 한다. 하지만 이 고분에서
처럼 기하학적 입체감이 있는 예는 없었다.

이즈미모리 씨는 "일본에서는 그 예가 없는 유물로 한국제로 보인다.
반지일 가능성이 크지만 고리에 잘린 자국이 없는 특이한 것으로 귀걸
이의 일부로 생각할 수도 있다. 코세야마 지역과 한국과의 연관성을 생
각케 하는 흥미로운 유물이다"라고 말한다.

상당히 긴 인용이 되어 버렸으나 요컨대 코세에도 야요이시대부터
고분시대에 걸쳐서 고대 한국에서 온 도래인이 일본 구석구석까지 들
어왔음을 알 수 있다. 더욱이 그들은 다뉴세문경 등의 청동거울과 금
동제 장신구를 몸에 지니고 있던 상당히 유력한 집단이었던 것 같다.

제 **4** 부

카쯔라기 왕조의 땅 I

－고세시, 신죠오정, 타이마정－

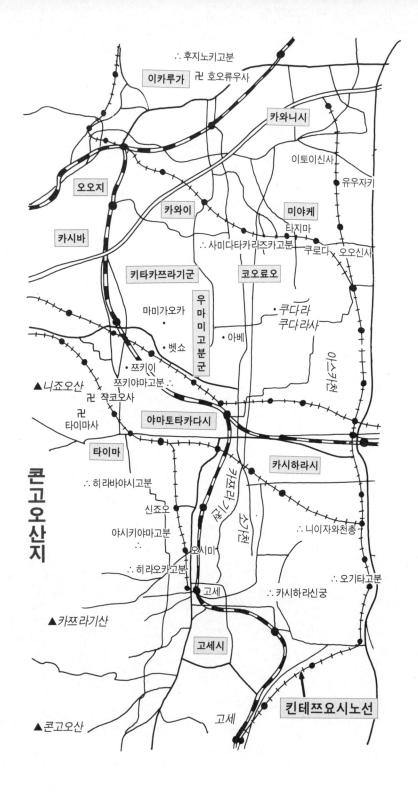

카쯔라기 왕조

  이제 고세시 북쪽에 위치한 신죠오정(新庄町)을 살펴보기로 한다. 이 원고를 쓸 때가 1992년 2월 중순으로, 이보다 앞서 1월 31일경에 취재를 위해서 칸사이(關西)[1]로 들어갔다. 그날 아사히신문 조간에 토오쿄오판의 신문에서는 볼 수 없었던 내용인 "키슈우(紀州)의 곱은옥/ 신라로부터?/목걸이의 중심 장신구일지도"라는 머릿기사가 사진과 함께 실려 있었다. 키슈우란 물론 키이[紀伊·木國(和歌縣)]를 일컫는 것으로 다음과 같은 글이 실려 있었다.

  와카야마시 키노모토(木之本)에 있는 5세기 중엽의 샤카노코시(車駕 之古址)고분에서 1990년 12월에 발굴된 일본 최초의 금제 곱은옥은 고 대 한국의 신라에서 가지고 왔을 가능성이 크다고 30일 와카야마시 교 육위원회가 발표했다. 고분시대 키슈우와 한국과의 교류를 뒷받침하는 귀중한 자료라 한다.
  곱은옥은 길이 1.8cm로 머리 윗부분은 직경 8mm. 나라국립문화재연구 소 매장문화재센터의 분석에 따르면 성분은 순금이 아닌 10~15%의 은이 섞여 있다고 한다. 머리 부분에 있는 돌기모양은 가는 지금(地金) 을 납땜한 것이다. 카시하라고고학연구소 아즈마 우시오(東潮) 주임연

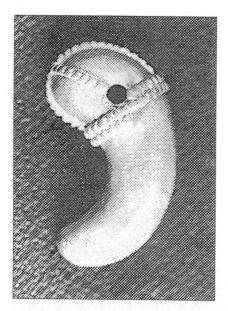

와카야마시 키노모토 샤카노코시
고분 출토 곱은옥

철공 집단과의 관계가 주
목되는 쇠집게와 쇠망치

구원에 의하면, 금제 곱은옥은 일본의 다른 곳에서는 출토되고 있지 않
으나 한국에서는 5세기 중엽부터 6세기 초엽의 3군데 고분에서 4개가
출토되었다고 한다. 신라에서 만들어졌을 가능성이 크고 모양으로 보아
목걸이의 중심 장식구였을 가능성이 있다. 샤카노코시고분은 전방후원
분으로 전체 길이 80m이고 곱은옥은 후원부(後圓部)에서 출토했다.

"일본 최초의 금제 곱은옥"이라 해서 소개했지만 그렇다 해도 "신라에서 가지고 왔을 가능성이 크다"는 것은 도대체 무엇을 의미하는 것일까. 5세기 중엽에 누군가 잠깐 신라를 여행해서 가지고 왔다는 것은 아닐 것이다. "모양으로 보아 목걸이의 중심 장신구였을 가능성이 있다"면 그것은 일반 서민의 소유가 아니었음에 틀림없다. 곱은옥과 같은 것이 여럿 달려 있는 신라의 목걸이를 보면 왕족 이외 사람의 것으로는 생각할 수 없다. 요컨대 야마토로 가는 통로의 하나였던 키노카와 유역의 와카야마시에는 그처럼 높은 지위의 사람들도 도래했다는 것이다.

여기서 앞서 말한 고세시 북쪽의 신죠오정을 살펴보겠으나 그 전에 잠깐 고세 유적에 대해 조금 더 덧붙이기로 한다. 앞의 「고세에서 본 유적과 유물」에서는 언급하지 않았으나 고세시와 신죠오정은 지금은 모두 콘고오(金剛)산지라고도 불리는 카쯔라기(葛城) 산기슭에 있다. 유적·고분 등이 많은 중요한 땅으로, 이곳을 어떤 역사학자들은 이른바 야마토 조정 이전에 있었던 '카쯔라기 왕조'의 땅이라고 말하고 있다. 오오사카교육대학 시마코시 켄자부로(島越憲三郎) 씨도 그중 한 사람으로 그가 쓴 『신들과 천황의 사이』「제1장 카쯔라기 왕조의 실재」에는 다음과 같은 글이 있다.

야마토평야 서남쪽에는 카쯔라기, 콘고오산맥이 솟아 있다. 해발 960m의 카쯔라기산 정상에 서면 야마토의 아름다운 들판이 한눈에 내려다보인다. 산 바로 밑으로는 고세시의 나란히 놓인 집들이 파란 논들 사이로 뚜렷이 보인다. 이 고세시로부터 남쪽에 걸쳐 넓은 골짜기가 있다. 실은 이 골짜기야말로 야마토 조정이 성립되기 이전 일본의 옛 수도였던 곳이며 신화의 고향이기도 하다.

진무(神武)천황은 야마토를 평정한 뒤 카시하라궁에서 즉위했다. 『일본서기』를 보면 "생각컨대 우네비산 동남쪽 카시하라 땅은 나라의 중심

으로 수도를 만들어야 할 곳이다. 그래서 관리에게 명하여 미야코(帝宅
; 수도)를 만들기 시작하다"라고 씌어 있고, 『고사기(古事記)』에도 "우
네비의 카시하라(白橿原)궁에 좌(坐)해서 천하를 다스리다"라고 씌어
있다. 이 때문에 우네비산 동남쪽 산기슭에 카시하라신궁이 세워졌지만
『일본서기』가 동남쪽이라고 쓴 것은 서남쪽을 잘못 지칭한 듯하다. 실
제 카시하라의 땅은 우네비산에서 약 4㎞ 서남쪽에 있는 카시하라촌(柏
原村)인 것 같다.

　카시하라(柏原)는 지금의 카시하라시 지역이 아니고 고세시에 속한
곳으로 옛날에는 카시하라향이라고 불렸다. 텐표오 10년(738)의 『토오
다이사노비장(東大寺奴婢帳)』에 '오오야마토국(大倭國) 카시하라향(柏
原鄕)'으로 나와 있고 또한 카시하라미야쯔코(柏原造)라는 이름까지 보
인다. 더욱이 『속일본기』 와도우 6년(713) 11월조에도 카시하라스구리
라는 이름이 보이기 때문에 카시하라라는 지명은 오래 된 것임을 알 수
있다.

　이 카시하라촌을 『화한3재도회(和漢三才圖會)』(1713년)에는 "柏原。
高市葛上郡界也"라 기록하고(……)쿄오호오(亨保) 21년(1736)의 『야마
토지(大和志)』에는 이미 "柏原宮。在柏原村"이라고 씌어 있다. 그래서
이후의 『야마토명소도회(大和名所圖會)』나 『서국명소도회(西國名所圖
會)』 등도 모두 카시하라설을 답습하고 있다. 이런 이유로 이 땅이 카시
하라의 궁터로 생각되는데 언제쯤 세워졌는지는 알 수 없으나 마을에
진무천황사(神武天皇社)라고 하는 작은 신사도 남아 있다. 신사 앞에는
진무천황의 이름을 나타내는 '제신(祭神) 칸야마토이와레비코노미코토
(神倭伊波禮毘古命)'라고 새긴 돌기둥이 세워져 있으나 정말로 볼품없
는 작은 신사이다.

　'정말로 볼품없는 작은 신사'라는 말에는 지금의 카시하라신궁의 성
대함과 비교한 시마코시(島越) 씨의 숨은 항의의 뜻도 포함되어 있는

고세시 카시하라의 진무천황사

듯하다. 이제까지 살펴본 고세시 카시하라 땅이야말로 '카쯔라기 왕조'가 있었던 곳이라고 시마코시 씨는 말하고 있는 것이다. 이 '작은 신사(小祀)'에 대해서는 나중에 다루기로 하자.

오늘날 역사학의 추세는 카시하라에서 즉위했다는 진무천황 이후의 9대는 결사(欠史)의 천황으로 실존하지 않았다고 한다. 그러나 어쨌든 지금 살펴본 것 가운데 '카시하라스구리(柏原村主)'라는 것이 있었으니 이 '스구리(村主)'란 대체 어떠한 사람이었을까. 타카야나기 미쯔토시(高柳光壽)·타케우치 토시미쯔(竹內理三) 편 『일본사사전』에는 이렇게 나와 있다.

스구리 ― 촌주(村主). 고대 성씨의 하나. 어원은 촌락의 장(長)이라는 의미로 고대 한국어에 있다고 한다. 흔히 도래인계의 소호족을 가리키는 말이었으나 648년(天武 13) 8색(八色)의 성(姓)으로 제도상은 폐지.

그리고 마쯔모토 세이쵸오(松本淸張)[2] 씨의 『야마토의 조상』을 보면 야마토국 헤구리군(平群郡)의 호족이었던 헤구리씨의 '헤구리' 역시 고대 한국어의 스구리(村主)에서 온 것으로 되어 있다. '카쯔라기 왕조'에서 연상되는 카쯔라기 지방의 호족이었던 카쯔라기씨의 카쯔라기(葛城)라는 것도 '카라쯔키(韓津城)'가 와전된 것이 아닐까 하는 생각이 든다.

또 "津은 일본어 の(~의)라는 조사(助詞)이고 城은 한국어에서도 '기' 또는 '챠시'이다"라고 하였다. 그래서인지 카쯔라기씨족에서 나온 유우랴쿠(雄略)천황의 부인이 된 사람도 카라히메(韓媛)였다.

카쯔라기 산기슭말고도 넓은 지역에 걸쳐 있는 카시바시(香芝市)의 우마미(馬見)고분군은 카쯔라기씨족이 남긴 것으로 알려져 있다.

앞서 본 진무천황사가 있는 카시하라는, 고세시 교육위원회에서 받은 『옛 고세를 찾아서』에, "제신은 칸야마토이와레비코노미코토이다. 카쯔라기 왕조의 초대 진무천황이 즉위한 장소라고 한다"고 씌어 있다. 또한 카시하라에는 칸스즈카(鑵子塚)고분이 있어 다음과 같이 설명되어 있다.

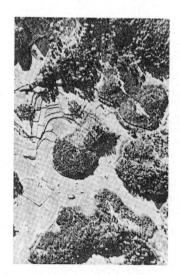

고세시 카시하라 칸스즈카고분(왼쪽)

가야 기법으로 만든 거울 붙은 재갈(위)

전체 길이 160m, 전방부의 폭은 약 90m, 후원부는 지름 약 103m. 주변에 도랑이 있던 터와 2기의 딸린무덤을 가지며 후원부는 3단, 전방부는 2단으로 되어 있는 전방후원분이다. 이 고분은 200여 년 전부터 도굴되어 출토품은 흩어져 버렸으나 1928년에 출토한 물새모양 하니와는 상반부가 소실되고 꼬리 부분은 선각으로 표현되어 있다. 동시에 모자모양 하니와가 출토되었는데 모부(帽部)와 기부(基部)로 나뉘어져 있어서 고대의 예관(禮冠)일 것이라 추정하고 있다. 그 밖에 금주형석제품(琴柱形石製品)과 금동투조띠장식 및 드리개장식 · 비늘 등의 부장품도 남아 있다.

이 고분은 예부터 능묘로 생각되어 칸세이(寬政) 9년(1779)의 『능묘지(陵墓誌)』에는 코오안(孝安)천황의 소릉(小陵)이라 하고 가모오쿤페이(蒲生君平)의 『산릉지(山陵誌)』에는 타케우치노스쿠네(武內宿禰)[3]의 묘라 하며, 더 이전의 쇼오토쿠(正德) 3년(1713)의 『화한3재도회』나 케이오(慶應) 원년(1865)의 『성적도지(聖跡圖志)』에는 야마토타케루노미코토(日本武尊)[4]의 시라토리릉(白鳥陵)이라고도 하고 있으나 5세기 중엽에 축조된 것으로 앞의 설과는 모순이 생긴다.

이러한 문헌에 있는 내용은 의문 나는 점도 있지만 부장품으로 보아 호족 수준의 고분인 것은 틀림없는 듯하다. 20여 년 전에 씌어진 토오쿄오대학 명예교수 사이토오 타다시(齋藤忠) 씨의 「일본에서의 귀화인 문화의 흔적」을 보면 금동투조띠장식은 귀걸이 등과 더불어 '귀화인 문화 흔적'의 징표가 되고 있는 것이다.

그렇다면 이 고분은 "카시하라 미야쯔코(柏原造)나 카시하라 스구리의 분묘가 아니겠는가" 짐작된다. 물론 확실한 것은 알 수 없다. 또한 카시하라에는 카네가야(金久谷)고분이나 가쿠온사고분도 있으나 무한정 고세만 살필 수 없으므로 이제 신죠오(新庄)로 가려고 한다.

도래계 철공집단 오시미씨족

킨키전철 미나미오오사카선(南大阪線)에 뭔가 내력이 있을 듯한 샤쿠도(尺土)라는 역이 있는데 그 곳에서 고세선(御所線)이 갈라지고 있다. 고세에서 거꾸로 샤쿠도로 거슬러 올라가면서 오시미(忍海), 신죠오, 그 다음이 샤쿠도역이다.

이 사이에 있는 두 역은 모두 키타카쯔라기군(北葛城郡) 신죠오정에 속하는 곳으로 나는 그 곳의 카키모토(柿本)에 있는 신죠오정사무소의 교육위원회를 찾아가 지도주사 스기모토 쿠니히코(杉本恭彦) 씨와 요시무라 이쿠하루(吉村幾溫) 씨를 만나 『신죠오(新庄)』라는 고대 문화유적 안내책 등을 받았다.

그 책을 보고 나중에 다룰 신죠오정사 입구에 위치한 고분군의 중심이 되고 있는 국가 지정사적인 후타쯔카(二塚)고분이나 야시키야마(屋敷山)고분 외에도 인구 17,400여 명 정도의 마을로서는 상당히 많은 절과 신사가 있다는 것을 알았다. 더욱이 "절과 신사의 수만큼의 많은 이야기가 있다"는 말이 전하는 이곳에 중요문화재 십일면관음입상이 있는 교오키(行基)[5]가 창건한 치온사(置恩寺)가 있어 문득 반갑다는 느낌이 들었다. 왜냐하면 나는 『교오키의 시대』(아사히신문사 출판)라는 교오키의 생애에 관한 작품을 쓴 적이 있기 때문이다.

후타쯔카고분과 출토된 토기

교오키는 나라시대에 일본 최초로 대승정(大僧正)이 된 사람으로 콘고오산 중턱에 있던 타카미야사(高宮寺)에서 수업을 쌓고 대승정에 이른 사람이다. 그에 관해서는 나중에 그의 생가였던 에바라사(家原寺) 등이 있었던 카와치(河內)·이즈미(和泉·大阪府)를 찾을 때 자세히 살펴보겠다. 그보다 여기서는 지코오사(地光寺) 터가 흥미로웠다. 앞에서 든 『신죠오』에는 다음과 같이 씌어 있다.

특이한 귀면문 막새기와와 포도당초문 평기와가 출토된 것으로 유명한 후에후키코아자(笛吹小字)의 지코오사에 있는 서(西)유적과 와키다(脇田)신사 부근에 동서 양탑의 심초가 남아 있는 동(東)유적이 있습니다. 부근에서 철찌꺼기(鐵滓), 풀무 파편 등이 나오고 취락터도 나왔습니다. 오시미군의 유일한 고대사원 터인 지코오사와 도래계 철기 생산 공인 집단이었던 오시미씨와의 관계를 이해하는 데 매우 흥미로운 사실입니다.

포도당초문 평기와

귀면문 막새기와

인용문에 '오시미군'이 보이나 이 오시미군은 1896년에 인접한 카쯔라우에(葛上)·카쯔라게군(葛下郡)과 함께 미나미카쯔라기군(南葛城郡)이 되었지만, 현재는 미나미카쯔라기군도 고세시 등으로 편입되고 키타카쯔라기군만이 남아 있다. 이 오시미군에 나카무라향(中村鄉)이라는 곳이 있다. 그 곳은 나라 토오다이사 대불의「노사나조불장관(盧舍那造佛長官)」(『東大寺文書』)으로 불상을 만든 쿠니나카노키미마로(國中公麻呂)의 거주지였다. 요시다토오고(吉田東伍) 씨의『대일본지명사전』「야마토 미나미카쯔라기군」항에 다음과 같이 씌어 있다.

와묘오쇼오(和名抄) 오시미군 나카무라향. 지금의 오시미촌(뒤에 신죠오정에 합병) 오시미이다.『속일본기』에 카쯔라게군 쿠니나카촌(國中村)이라 되어 있는 것도 같다. 호오키(寶龜) 5년(774) 쿠니나카노키미마로가 죽었다. 그는 원래 백제국 사람이다.(『대일본 지명사전』)

  텐표오년간에 쇼오무(聖武)천황이 노사나불상을 만들게 하였다. 크기
는 5척이었다. 당시 감히 만들겠다고 나서는 주공(鑄工)이 없었다. 키미
마로(公麻呂)는 그 솜씨가 대단해서 결국 불상을 완성했다. 그 공로로 4
급품(四位)을 수여받아 관조토오다이사차관겸단마(官造東大寺次官兼但
馬)라는 벼슬에 올랐다. 호오지(寶字) 2년에 야마토국 카쯔라게군 나카
무라(中村)에 살아 그 지명을 따서 이름을 지었다.(『속일본기』)

  쿠니나카노키미마로에 대해서는 나라시에 있는 토오다이사를 찾을
때 다시 보기로 하겠지만 키미마로가 있던 곳이 오시미이고, 그가 솜
씨가 대단한 '주공(鑄工)'이었다는 점이 매우 흥미롭다. 왜냐하면 앞
서 보았던『신죠오』에 "오시미군의 유일한 고대 절터인 지코오사 터"
"부근에서 철찌꺼기, 풀무 파편이 출토" "도래인계 철기 생산 공인 집
단인 오시미씨와의 관계를 이해하는 데 있어서" 운운하였으니, 특이한
귀면문 막새기와 등이 출토된 지코오사는 오시미씨족의 씨사였음에
틀림이 없을 것이다.

  쿠니나카노키미마로 역시 오시미씨족과 밀접한 관계가 있었다고 생
각된다. 사실을 말하면 내가 신죠오정을 찾은 이유 가운데 하나는 바
로 '철기 생산 공인 집단인 오시미씨'의 유적이 있었기 때문이었다.

  『신죠오』에는 그 이상의 내용은 나와 있지 않았다. 그런데 이 유적은
단지 지코오사 터만은 아니었다. 1986년 5월 24일자 나라신문을 보면
"신죠오의 히라오카(平岡) 서쪽 고분군/현의 네 번째 고분군/170기 이
상이나/한국계 말갖춤 등도 출토/오시미노카누치베(忍海鍛治部) 철공
집단을 뒷받침"이라는 머릿기사와 아울러 몇 장의 사진과 함께 다음과
같은 기사가 나왔다.

  키타카쯔라기군 신죠오정사 입구의 히라오카 서쪽 고분군을 발굴조

히라오카 서쪽 고분 발굴 현장

사하고 있는 신죠오정 교육위원회와 현립 카시하라고고학연구소는 22
일 이 고분군은 니이자와천총, 류우오오잔(龍王山)·코세야마(巨勢山)
고분군에 이어 현에서 네 번째로 큰 규모의 고분군이라고 발표했다. 그
간 출토된 예가 적은 고대 한국의 영향을 받은 철제 말갖춤과 철도끼 등
도 출토돼 피장자로 보이는 기능 집단인 오시미노카누치베(忍海鍛治部)
가 철공 집단으로서 여러 가지 용구를 생산했었다는 사실을 뒷받침해
준다.

이 조사는 신죠오정이 1989년 완공을 목표로 12.1㏊에 이르는 묘지
와 화장터가 있는 산록공원을 건설하기 위해 실시되었다. 히라오카 서
쪽 고분군 중심부에 해당하는 카쯔라기 산기슭에 묘지로 조성할 예정인
1만 5,000㎡에 대해 발굴조사한 바 5세기 후반에서 6세기 말 사이에
축조된 횡혈식 석실 원형분 46기가 확인되었다.

농지 개간으로 인해 천정석 등은 파괴되었지만 유물의 보존 상태는

양호한 편이다. 5세기 말경에 축조된 것으로 보이는 H12호분에서는 큰 칼과 철을 다루는 기구, 금제 귀걸이장식 등과 함께 고대 가야의 기법인 진귀한 경판(鏡板)이 붙은 재갈(轡)이 출토되었다. 경판은 8cm×13cm 크기이며 붙어 있던 손잡이(15cm)는 두 개의 철막대를 꼬아 만들었다.

또한 H6호분에서는 가야에서 제작되어 일본으로 들어온 주조 철도끼가 출토됐다. 그 밖에 H3호분에서는 철제 물레가락(紡錘)이 나왔다. 직경 4cm의 북에 17cm의 철제 축이 붙어 있다. 그간 석제 물레가락이 출토된 예는 종종 있었으나 철제는 극히 드물었다. 철공을 주된 일로 삼던 오시미씨답게 쟁기·낫 등의 철제품도 많이 출토되었다.

이 고분군에는 적어도 총 170기의 고분이 있는 것으로 추정되며 이는 텐리시(天理市) 니이자와천총 고분군 다음으로 큰 규모이다. 묘지 지역에는 46기의 고분이 확인되었고 이 가운데 6기에 관해서는 이미 보존이 결정되어 나머지 40기의 보존 문제가 주목된다.

꽤 긴 인용이 되어 버렸으나 기사는 더 계속되고 있었다. 대단한 고분군이 발견되었기 때문에 5월 25일자 나라신문에도 "신죠오·히라오카 서쪽고분군/마을이 보존에 적극적 자세/카시하라연구소의 의견 존중/조사 예산 추가 계상(計上)/현지 설명회에 400명"이란 머릿기사와 함께 글이 실려, 그 이전 5월 3일자에도 "신죠오의 카쯔라기 산기슭에 고분 집단/철·쇠망치 등 출토/오시미노카누치베의 무덤인가/기록과 전설을 뒷받침/기능 집단의 근거지/카시하라연구소"라는 긴 기사가 나왔으나 뒷부분만을 인용하면 다음과 같다.

신죠오정사 입구에는 코아자오시미(小字忍海)라는 지명이 남아 있는데, 이 카쯔라기 산기슭은 오시미노 카누치베(鍛冶部)라는 야금(冶金)·철공(鐵工)에 종사했던 고대 기능 집단의 근거지였던 곳이다.
인근의 세키코오잔(石光山)고분에서는 고대 한국의 가야에서 나오는 사철(沙鐵)을 정련한 철제 칼이 출토. 또한 지코오사 터에서는 철부스러기가 발견되는 등 철공에 관계되는 유물이 출토되고 있다.(……)

카쯔라기 산기슭에는 많은 고분군이 있으나 세키코오잔고분군을 제외하면 이런 규모의 본격적인 조사는 없었다. 횡혈식 석실의 출현 시기부터 일찍이 이런 형식을 도입했고, 더구나 1세기에 걸쳐 전통을 지키고 있는 점들로 보아 5세기에서 6세기에 걸친 정치사와 철을 다루는 집단의 변천사를 알아보는 데 매우 귀중한 발굴이었다.

가야에서 건너온 철제품

앞장의 맨 마지막에 인용했던 나라신문의 기사에 "인근의 세키코오 잔고분에서는 고대 한국의 가야에서 나오는 사철(沙鐵)을 정련해서 만든 철제 칼이 출토"라는 말이 있었는데 이 내용이 무엇을 의미하는가 조금 더 살펴보기로 하자.

1980년대 초엽에 나는 야마토(大和·나라현)를 다룬 『일본 속의 한국 문화』 제3권 문고판 「고분에서 출토한 철제품은」이란 항에선 다음

니죠오산

과 같이 쓰고 있다. 약간 길지만 앞서 보았던 「고죠오의 네코즈카고분에서 키이로」에서는 언급하지 않았던 고죠오고분 등에 대해서도 추가되는데 이것은 고분에서 출토한 철제품을 살피는 데 기본이 되는 것이어서 참고로 인용하고 싶다.

이상은 이른바 문헌에 의한 것으로, 물론 야마토에서도 새로운 고고학적 발견이 적지 않았다. 1979년 9월 22일자 마이니치신문에 "가장 오래 된 당초문양 나타나다/또 X선 촬영의 위력/긴 칼의 둥근 머리 부분에 상감(象嵌)/6세기의 오카미네(岡峯)고분(나라현) 출토"라는 머릿기사가 나왔다.
그리고 "환두대도에 당초문양과 삼각무늬가 그려져 있는 것은 일본에서는 처음"이라고 한다. 이에 대해서 나라현립 카시하라고고학연구소 이시노 히로노부(石野博信) 조사부장(현재는 부소장)의 다음과 같은 담화가 실려 있다.

이 긴 칼과 오카미네고분의 구조 등을 합쳐서 규명해 가면 고대 한반도 — 키타큐우슈우 — 세토나이카이 — 키슈우(紀州) — 야마토로 전래했다고 보이는 당초문양의 전래 모습이 분명해질 것으로 생각한다.

또한 1982년 10월 5일자 마이니치신문에는 "고대의 장신구/나라현 고세시의 고분/떨잠이 붙은 어깨장식/금동제 2점 출토"라는 머릿기사와 함께 "한국 등에서는 발견되고 있으나 일본에서는 처음"이라는 기사를 전하고 있다.
또한 1983년 8월 7일자 나라신문에는 "대륙 전래의 유력 호족/철제 칼이 완전한 형태로/5세기 후반 곱은옥·금제 고리 등 다수/고죠오 이마이(今井) 1호분"이라는 머릿기사가 나와 기사 앞머리에 다음과 같이 쓰고 있다.

고죠오 시내에 현존하는 얼마 안 되는 전방후원분인 고죠오시 이마이정(今井町) 이마이 1호분을 발굴조사하고 있던 현립 카시하라고고학연구소는 6일 이 고분이 축조된 시기는 수혈식 석실과 출토품으로 보아 5세기 전반으로, 피장자는 대륙·한반도로부터의 문화를 야마토 조정에 전한 유력한 호족이었다고 발표했다. 또한 후원부 석실 밑부분에서 칼 2자루와 금제 귀걸이장식이, 전방부에서는 삼각판병유단갑(三角板鋲留短甲), 하니와, 어깨갑옷 등의 부장품이 여러 점 출토됐다.

5세기 전반의 그와 같은 고분이 고죠오시에서 발견되었다는 것은 처음 듣는 일로 더구나 그것이 1983년이 되어서야 조사되었다는 점은 더 흥미롭다. 왜냐하면 이 일과 직접 관련은 없으나 이 해를 전후해서 나라현립 카시하라고고학연구소는 두 가지 매우 의미있는 실험을 했기 때문이다.

그 첫째는 1983년 11월 이른바 첨단 장비인 화이바스코프를 사용해서 타카마쯔총 벽화고분이 있는 아스카의 히노쿠마에서 또 사신도 벽화(龜虎壁畵·四神圖)고분을 발견한 일이고, 두 번째는 1982년 4월 야마토 지방 고분에서 출토한 철제품의 원산지를 확실히 밝힌 일이다.

후자의 철제품에 대해서는 1982년 4월 10일자 아사히신문 나라판에 "한국산 사철(砂鐵)인가/야마토 지방에서 출토한 고분시대 칼과 화살촉/분석 결과 비슷한 데이터/카시하라고고학연구소/이즈모 지방산과 다름"이라는 머릿기사와 함께 다음과 같이 보도하였다.

야마토 지방에서 출토한 고분시대의 칼·화살촉 등 철제품의 원료는 사철이 사용되고 그것도 국내산이 아니라 어쩌면 한국에서 가져왔을 가능성이 더 커졌다. 비밀에 싸인 고대의 철 생산과 유통 과정을 규명하기 위해서, 현립 카시하라고고학연구소의 고대도검연구회 기술연구반 반장 카쯔베 아키오(勝部明生) 씨가 시마네(島根)현 야스기시(安來市)에 있는 히타치 금속 야스기공장 야금연구소에 협력을 의뢰하여, 고분시대 전기에서 후기에 걸친 철제품을 조사한 결과 한반도 남부 가야 지방의 것과 매우 흡사하다고 한다.

분석 시료로 현내의 4세기부터 6세기에 걸친 고분인 메스리야마고분 과 니이자와천총 고분군, 세키코오잔고분군 등 60기에서 출토한 칼을 중심으로 화살촉과 말갖춤, 못, 갑옷 등의 철제품 106점을 조사했다.

말갖춤의 출토 상태(세키코오잔 8호분)

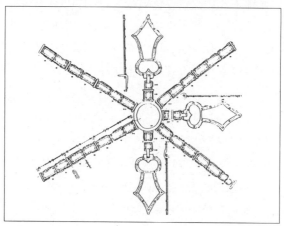

원자흡광분석법 등에 의해 녹과 유물의 조각에서 철, 탄소, 티탄 등 13종류의 원소 비율을 확인했다. 우선 긴 세월 동안 흙에 묻혀 있었거나 천 등의 유기물에 쌓여 있었어도 변화가 적은 크롬 등의 양을 근거로 원료가 사철인지 철광석인지를 추정했다.

요컨대 그때까지 이즈모(出雲·島根縣) 근방의 철로 알려져 있었으나 "다수의 철제품 분석으로 이즈모의 철이 아닌 유물이 나타난 것은 흥미롭다"라는 모리 코오이치 교수의 말처럼 된 것이다.

그로부터 5년이 지난 1988년 10월 5일자 토오쿄오신문은 "고고학/'파고 생각한다'에서 '과학의 눈'의 도입으로/후지노키(藤 ノ 木)고분에서 내시경의 위력/카시하라고고학연구소 50주년/카쯔베 아키오 차장에게 들음"이라는 특집을 보도하고 있는데, 카쯔베 씨는 기사에서 지금 본 철제 출토품에 대해 다음과 같이 말하고 있다.

나라현 고분시대의 철제품에 포함된 파나지움을 정밀히 분석한 결과 한국 가야 지방의 출토품과 같은 철광석을 사용한 것이 밝혀져 당시 고대 한국과의 문화 교류가 드러나게 되었습니다.

이것을 '문화 교류'라고 해야 하는지는 따로 생각하더라도 나라신문의 기사에서 본 "세키코오잔고분에서는 고대 한국의 가야 지방에서 산출한 사철을 정련해서 만든 철제 칼이 출토"라는 것은 카쯔베 씨가 말한 내용으로 알게 된 것이다. 물론 세키코오잔고분만은 아니다. 세키코오잔고분에서도 철제 칼만이 아니라 말갖춤도 출토되고 있지만 '분석 시료'가 된 것은 나라현의 4세기부터 6세기에 걸친 고분 60기에서 출토한 철제품 106점 즉 '나라현의 고분시대 철제품' 모두가 그와 같았다는 것이다.

어떤 학자들은 이같은 사실에 대해서 그 철제품은 가야에서 수입한

환두병두

복천동고분군 출토 몽고발모양 투구

것이 아니겠는가 하는 사람도 있으나 고대 한국의 가야에는 그러한 것
을 만들어 수출하는 회사는 없었을 뿐더러 고대 일본에도 그것을 수입
하는 상사 등이 없었을 것이다. 따라서 고분시대의 철제품이 "가야 지
방의 출토품과 같은 철광석을 사용했다"는 것은 그와 같은 철제품을
가진 사람들이 가야에서 도래했다는 것임에 틀림없다.

이 글을 쓸 무렵(1992년 초), 한국에서는 가야 고분의 발굴조사가
진행중으로 일본 각 신문에서도 그 조사에 대해 크게 보도하였다. 3월
7일자 아사히신문의 석간에도 "철의 왕국 유물은 말한다/한국과 일본
을 연결하는 고대 가야"라는 머릿기사 아래 '복천동고분군 출토의 몽
고발모양투구(蒙古鉢形胄)와 어깨갑옷' '대성동고분군 출토 타원형의
경판이 붙은 재갈' '양동리고분군 162호분에서 출토한 방제경(仿製
鏡)'이라는 설명을 단 사진과 함께 다음과 같은 기사가 실려 있었다.

'가야'가 지금 주목받고 있다. 4, 5세기를 중심으로 한국 남부에 번영

양동리고분군 출토
방제경

대성동고분군 출토 타원형 경판이 붙은 재갈

했던 환상의 왕국이 모습을 드러냈다. 부산대학교 박물관의 복천동고분
군의 유물이 놓인 선반 앞에서 그 곳 연구원이 설명해 주었다. "이것은
출토품의 극히 일부분입니다." 가늘고 긴 판을 이어 만든 '몽고발모양
투구' 등 가야의 갑옷은 30점 이상 출토되었다. 무기가 부장되는 비율
이 일본보다 훨씬 높다고 한다. 기마 풍습을 나타내는 말갖춤이 많이 출
토된 것은 가야의 특징이다. 중국의 사서(史書)에 '철의 왕국'으로 표현
될 만큼의 질과 양을 자랑한다.

일본과 관계가 깊은 유물도 눈에 띈다. 양동리고분군에서는 일본제로
보이는 청동거울 8점이 출토됐다. 큐우슈우대학의 니시타니 타다시(西
谷正) 교수는 "일본과 교류중 철에 대한 담보로 건너간 것이 아닐까"라
고 말한다.

가야가 일본을 포함한 동아시아 무역 거점의 하나였음을 짐작케 한
다. 이처럼 번영했던 가야의 여러 나라였으나 532년 가장 컸던 금관가
야국이 신라에 멸망하면서 순식간에 역사에서 지워져 버렸다.

왜 가야는 멸망했는가. "5세기에 들어와 일본에서도 철 생산이 시작
되어 그때까지 유력한 철 수입국이었던 곳을 잃었기 때문"이라고 한국
국립박물관 한병삼 전 관장은 말한다.

경제력이 쇠퇴한 가야는 멸망의 길을 걷는다. 고대 왕국 흥망의 역사는 현대에도 교훈을 던지고 있다.

얼핏 보면 재미있는 기사 같으나 "일본과 교류중 철에 대한 담보로 건너간 것이 아닐까"라고 하는 니시타니 씨나 "5세기에 들어와 일본에서도 철 생산이 시작되어 그때까지 유력한 철 수입국이었던 곳을 잃었기 때문"이라고 한 한병삼 씨의 말은 이상하다는 생각이 든다. 두 분은 나와 안면이 있는 저명한 고고학자지만, 그 같은 현대에서나 통용될 법한 '무역론'에는 동의할 수 없다.

일본 고분에서 출토된 철제품이 가야에서 온 것이기 때문에 가야 고분에서 나온 철제품이 일본 것과 같다는 것은 당연한 일이 아닌가. 4, 5세기에 그 반대의 경우는 생각할 수 없는 일이다.

더욱이 금관가야가 쉽게 멸망한 것은 그와 같은 '무역 적자' 등에 의한 것이 아니라 사학자 천관우 씨의 의견처럼 "그 중심부가 일찍부터 일본 열도로 이동했다"(『가야사를 복원한다』)라고 보는 것이 진실이 아니겠는가. 5세기 일본에서는 아직 철 생산이 없었던 것이다. 이것은 일본 전국의 고분이나 유적을 실제로 돌아다녀 보면 알 수 있다.

고대 한국에서 도래하기 시작한 야요이시대부터의 유적과 고분은 고구려계, 백제계, 신라계 등이 구석구석까지 연관되어 있으나 그 기층을 이루고 있는 것은 거의 전부가 가야와 관계되어 있는 것이다.

타이마사를 방문하다

이번에는 신죠오정과 같은 키타 카쯔라기군 타이마정(當麻町)을 살펴보자. 키타카쯔라기군 타이마정은 츄우죠오히메(中將姬)[6] 전설로 알려진 타이마사(當麻寺)로 유명하다. 게다가 1991년 5월에 타이마사에서 가까운 쟈코오사(石光寺)에서 하쿠호오(白鳳)시대[7]의 석불이 발굴되어 더욱 유명해졌다.

내가 타이마사를 처음으로 방문한 때는 1949년 봄, 아직 20대의 젊은 시절이었다. 킨키전철 타이마사역 앞의 구부러진 길 등이 옛 모습 그대로여서 매우 친숙한 느낌이 들었다.

웅악(雄岳)·자악(雌岳)과 나란히 서 있는 니죠오산(二上山)을 앞으로 올려다보면서 철길을 잠시 걸어가면 오른쪽에 스모오(相撲 : 일본 씨름)관이 있고 그 옆에 '스모오(相撲) 개조(開祖) 타이마노케하야(當麻蹴速)의 무덤(塚)'이 있다. 괴력을 자랑하던 타이마노케하야는 이즈모의 노미노스쿠네(野見宿禰)에게 져서 죽게 되었지만 이곳에서는 '개조'로 되었다. 그 무덤 옆 훌륭한 게시판의 마지막 구절은 매우 인상적이었다.

승자가 반드시 이기는 것은 아니다. 때로는 승기(勝機)와 시운(時運)

타이마노케하야의 무덤

을 못 만나 패자가 되기도 한다.

승자에게 박수를 보내는 것은 좋다. 그러나 패자에게도 약간의 눈물을 흘려야 하는 게 아닐까.

고대 스모오가 어디서 왔는지에 대해서는 앞서의 「하니와가 뜻하는 것」에서 보았다. 타이마노케하야의 무덤을 지나면 정면이 바로 타이마사의 문이다. 지금 내가 타이마정은 타이마사가 있어 유명하다고 썼으나 타이마라는 곳에는 주목할 만한 대고분도 있다. 1992년 2월 22일자 토오쿄오신문에 "20m의 횡혈석실/나라 · 히라바야시(平林)고분/국내 최대급"이라는 기사가 사진과 함께 실렸다.

나라현 키타카쯔라기군 타이마정 효오게(兵家)의 히라바야시고분(6세기 후반)을 조사하고 있던 타이마정 교육위원회와 카시하라고고학연구소는 21일, 이 고분의 횡혈석실이 킨메이천황릉이라는 설이 있는 일본 최대의 미세마루야마(見瀨丸山)고분 다음으로 큰 규모라고 발표했다. 이것은 후기 고분과 고대 야마토의 호족 분포도를 연구하는 데 의미 있는 발견이다.

이 고분은 전체 길이 55m의 전방후원분으로 석실의 규모는 관을 안치하는 널방이 길이 5.7m, 폭 3.7m, 높이 3.8m이다. 널방으로 통하는 널길은 길이 8.8m, 폭 1.9m, 높이 2m로 널길 입구에 길이 5.6m의 돌담 모양의 전정부(前庭部)를 갖고 있고, 20m나 되는 널방은 큰 것이 40t이나 되는 큰돌을 4,5단 쌓아서 축조되어 있다.

1958년에 널방 부분이 조사되어 말갖춤, 철칼, 철화살촉 등이 출토됐었고 이번에 중국 거울을 흉내내어 만든 화문대사불사수경(畵文帶四佛四獸鏡)이 하나 발견되었다.

석실의 크기로는 미세마루야마고분(6세기 후반)의 33m, 나라 아스카촌의 이시부타이고분의 약 19m, 또한 후쿠오카현 미야지타케(宮地嶽)

히라바야시고분에서 발견된 횡혈식 석실(나라현 키타카쯔라기군 타이마정)

고분의 전체 길이 21.8m가 있으나 히라바야시고분은 전국적으로 보아도 장대(長大) 석실들과 어깨를 나란히 하게 되었다. 이 연구소에서는 "장대한 석실 구조가 상세히 밝혀졌다. 피장자가 누군지 씨족 이름을 포함해서 뭐라 말할 수 없지만 이 지방에 세력을 갖고 있던 대호족의 무덤이었을 것"이라고 한다.

타이마정에 이처럼 큰 횡혈석실 고분이 있다는 사실은 처음 알았다. 바로 이 고분에서 앞서 보았던 '한국 가야 지방의 출토품과 같은 철광석'으로 만들어진 말갖춤, 철칼, 철화살촉 등이 출토되고 있는 점에 주목하고 싶다. 그것뿐이 아니다. 우선 횡혈석실 고분이라는 묘제(墓制)부터 주목할 점이 있다. 나라현립 카시하라고고학연구소 설립 50주년 기념으로 만들어진 『발굴, 야마토의 고분전』에 있는 「횡혈석실」이란 항을 보면 다음과 같이 씌어 있다.

분구(墳丘) 옆에 입구를 갖는 새로운 매장법의 횡혈석실은 그때까지의 수혈식 계통의 매장 시설과는 다르게 같은 석실을 몇 번이고 사용할 수 있다는 특징이 있습니다. 또한 스에키를 많이 부장하는 풍습도 동시에 전해진 듯합니다.
　이것들은 고대 한반도의 영향이 강한 것이나 한국과 지리적으로 가장 가까운 북부 큐우슈우에서는 4세기 후반의 수혈식 석실에 옆문을 단 석실이 확인되고 있습니다.
　야마토에서 횡혈식 석실이 만들어진 것은 5세기 후반부터로 야마토 분지 남부의 고분에 최초로 도입되었습니다. 그리고 6세기가 되면 거의 모든 주요 고분이 횡혈석실로 바뀝니다.

"스에키를 많이 부장하는 풍습도 동시에 전해진 듯하다"고 하면서 "고대 한반도의 영향이 강한 것이나"라고 한 것은 이상하다. 더욱이

「야마토의 후기 고분」이라는 항을 보면 다음과 같이 씌어 있다.

　후기 고분의 특징으로는 먼저 분구 옆쪽에 입구를 단 횡혈석실이 일반화된 것을 들 수 있습니다. 또한 그와 동시에 석실 안과 관 주변에 스에키를 중심으로 토기가 대량으로 부장되어 있으며 그외 부장품으로는 말갖춤과 금·금동제 장신구와 장식이 붙은 긴 칼 등도 있습니다.
　이것들은 모두 고대 한반도의 영향을 받은 것으로 매장 시설의 구조만이 아니라 그에 수반되는 의례나 사상 등도 전해졌습니다. 유명한 이자나기[8]·이자나미[9] 신화도 이러한 배경에서 성립된 것입니다.

　여기서 또 "고대 한반도의 영향을 받은 것으로"라고 하면서 "매장 시설의 구조만이 아니라 그에 수반되는 의례나 사상 등도 전해졌습니다"라고 했는데 어째서 이런 어색한 표현을 쓰고 있는 것일까. '영향'이라는 말과 그것이 '전해져'라는 말은 다른 의미일 터이다.
　그것은 일단 접어두기로 하자. 그런데 앞서 본 '국내 최대급'의 횡혈석실인 히라바야시고분에 대해 보도한 기사의 말미에 "피장자가 누군지 씨족명을 포함해서 뭐라고 말할 수 없지만 이 지방에 세력을 갖고 있던 대호족의 무덤일 것"이라고 했으나 물론 6세기의 그것을 확실히 추정할 수는 없을 것이다. 그러나 '이 지방에 세력을 갖고 있던 대호족'이었다고 한다면 그것은 타이마씨족이 아닌 다른 씨족이었을 리는 만무하지 않은가.
　타이마사의 누문(樓門)을 몸을 구부려 들어가 국보로 지정되어 있는 동쪽탑에서 오른쪽으로 눈을 돌리니 그 곳에 '타이마사'라 쓴 안내판에 다음과 같이 씌어 있다.

　타이마라는 지명을 알려 주는 명찰로 니죠오산의 울창한 나무 그림자를 배경으로 조용한 분위기가 감돌고 있습니다. 요오메이(用明)천황의

타이마사 동쪽탑

왕자 마로코(麻呂子)왕이 스이코 20년(612)에 세운 만장원(万蔵院)으로 시작해서 그 뒤 텐무천황 하쿠호오 11년(681)에 마로코왕의 후손인 타이마노쿠니미(當麻國見)가 현재의 땅으로 옮겨 이 지방의 호족 타이마씨의 씨사로서 정비했다고 전해지고 있습니다.

그렇다면 히라바야시고분의 피장자는 이 타이마씨족의 조상이 된 사람이 아니었을까 생각된다. 타이마씨는 대단한 호족이었던 모양으로 『일본고대인명사전』을 보면 타이마노마히토쿠니미(當麻眞人國見) 등 그 씨족의 이름이 49명이나 나와 있다.

신라계 미륵 신앙

키타카쯔라기군으로 부르기보다는 콘고오 · 카쯔라기산(金剛 · 葛城山) 줄기의 북쪽 끝 니죠오(二上) 산기슭이라 부르는 편이 나은 타이마정에서 먼저 장대한 횡혈석실인 히라바야시고분을 살펴보았으나 그러한 고분은 또 있다. 쿠누기야마(櫟山)고분이 그것이다. 앞에서 살펴본 『발굴 · 야마토의 고분전』에는 그 곳에서 출토한 훌륭한 석관 사진과 함께 다음과 같은 설명이 있다.

타이마정 쿠누기야마고분에서 석관이 발견된 것은 1954년의 일입니다. 지름이 10m 정도인 원형분에 석관이 직접 안치되어 있었습니다. 석관은 응회암제(凝灰岩製)로 13개로 된 조립식입니다. 덮개에는 퇴화된 밧줄 거는 부분(繩掛突起)이 붙어 있습니다.

관 중앙에는 북쪽에 머리를 둔 어린아이의 뼈가 있고 동쪽과 서쪽에는 남쪽에 머리를 둔 여성을 포함한 장년층 어른의 뼈가 매장되어 있었습니다. 관에서 그릇, 대추옥, 금제 고리 등의 부장품이 나왔습니다. 시기는 후기입니다.

아마도 후기 고분에 많은 가족묘의 하나가 아닌가 생각된다. 여기서

집모양 석관(쿠누기야마고분군)

잠깐 '대추옥·금환 등'의 장신구에 관해서 살펴보고자 한다.

이 책에는 계속해서 사진과 함께 「중기의 장신구」라는 다음과 같은
글이 나온다.

중기가 되면 한국계의 금·옥·동제 장신구가 눈에 띕니다. 관, 귀걸
이, 팔찌, 반지, 띠장식, 신발 등이 그것입니다. 동시에 금은 세공이나
도금(금도금) 기술도 전해져 그중에는 일본에서 만들어진 것도 포함되
어 있습니다.

니이자와 109호 고분에서 출토되고 있는 드리개귀걸이장식(垂飾付耳
飾)은 금고리 부분에서 밑부분의 장식까지 가는 사슬로 연결되어 있는
것이 큰 특색으로 그와 같은 귀걸이장식은 일본에서도 널리 알려져 있
습니다.

허리띠를 장식하는 대금구는 고세시 와키가미칸스즈카(掖上鑵子塚)
고분에서 보듯이 심엽형(心葉形)의 드리개장식에 당초문이 투조되어 있
는 것이 일반적입니다. 이들은 모두 고대 한국 남부 지역과 관계 깊은
유물입니다.

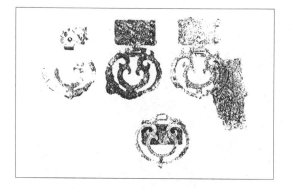

허리띠장식

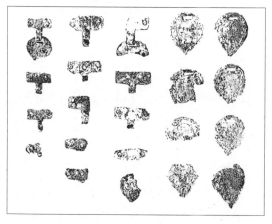

드리개장식(와키가미
칸스즈카고분)

"동시에 금은 세공이나 도금(금도금) 기술도 전해져"라고 한 것은 그러한 기술을 가진 도래인도 있었다는 것이다. 또한 띠장식으로 유명한 것에는 오카야마현(岡山縣) 사카키야마(榊山)고분에서 출토된 동제 말모양띠고리가 있다. 오오사카시립박물관에서 간행한『고분문화 키비(吉備)·치쿠고(筑後)·이즈모(出雲)』에는 이 유물에 대해 다음과 같이 씌어 있다.

사카키야마고분은 키비군 타카마쯔신죠오(高松新庄)의 쯔쿠리야마

(造山)고분 앞에 있는 직경 40m의 원형 고분이다. 쯔쿠리야마고분에 딸린무덤으로 생각되며 피장자는 점토곽에 코오야마키(高野槇)[10]로 만든 대나무마디형 목관에 모셔져 있다. 거울, 벽옥제품, 말모양띠고리, 석기 등 부장품 가운데 동제 말모양띠장식과 비슷한 것이 한국 경상북도 영주군의 토장묘나 경주시 등 한국 남부 여러 지역에서 발견되고 있어 그 지역으로부터의 수입품으로 생각해도 좋다. 카나쿠라야마(金藏山)고분의 철도끼와 함께 이 땅의 호족이 일찍부터 한국과 교섭했던 것을 말해 주는 귀중한 자료이다.

또한 5세기 중기 것이라는 카나쿠라야마고분에서는 곱돌로 만든 곱은옥과 함께 무기, 공구, 농기구 등 철제품이 출토되었는데 앞에서 인용한 책에는 다음과 같이 서술되어 있다.

철기류 중에는 주물로 만든 철도끼 같은 유물도 포함되어 있다. 이 도끼와 같은 것이 한국 고분에서도 발견되고 있어 수입품일 것으로 추측된다. 이처럼 많은 철기와 한국제로 생각되는 철제품의 매장을 통해 키

동제 말모양 허리띠고리
(사카키야마고분)

타이마사 본당

비의 우세한 경제적 기반을 알 수 있다.

이런 식으로 살펴 가면 끝이 없으므로 이 정도에서 그만두기로 하나 그래도 '수입품'이란 단어가 마음에 걸린다.

한편 니죠오 산기슭에 위치한 타이마사에 관해 나라현 역사학회가 편찬한『나라현의 역사 산보』(下)를 보면 다음과 같이 되어 있다.

타이마사는 니죠오산 젠린사(禪林寺)라고도 한다. 창건 당시에는 삼론종(三論宗)이었으나 코오보오대사(弘法大師)[11]가 머문 이래 진언종(眞言宗)으로 바뀌었고, 카마쿠라시대 이후에는 정토 신앙도 받아들여 현재는 진언·정토 양종에 속하는 절이다. 절에는 금당(후지와라[12] 말기)·강당(카마쿠라 중기)·만다라당(曼茶羅堂, 헤이안시대) 등의 건축과 많은 탑들이 늘어서 있고 텐표오시대[13] 초기의 것으로 알려진 범종을 비롯해서 각 당에는 수많은 국보급의 불상이 있어 일일이 열거할 수 없을 정도로 많다.

종루의 동종은 파손되기는 하였으나 용두, 상대의 톱니무늬, 하대의 인동당초문, 당좌의 연화문 등 모두 다 텐표오기의 특색을 잘 나타내고 있다. 동탑의 쭉 뻗은 부목, 처마가 깊은 각종 지붕 등도 마찬가지이다. 청동으로 만든 탑의 정상부 장식인 수연(水煙)은 생선가시 모양이며 9륜(九輪)도 8륜인 점이 흥미롭다.

　서탑은 동탑보다 높고 층단식이어서 텐표오 말기에 만들어진 것으로 간주되고 있다. 이것 역시 8륜이다. 수연은 당초문이 그려진 방형의 꼭대기에 보주형 불꽃이 배치된 훌륭한 의장이다. 금당의 본존 미륵여래 좌상은 소조에 옻칠을 한 것인데 제작 연대는 8세기 초라 생각된다. 전하는 말에 따르면 이 불상의 내부에 공작명왕소상(孔雀明王小像)이 수납되어 있었다고 한다. 수많은 만다라가 있으나 그중에서도 만다라당에 있는 타이마만다라는 후지와라노토요나리(藤原豊成)의 딸 츄우죠오히메가 연사(蓮糸)로 짜서 만든 것이라 전하며, 이 전설은 노오(能)[14], 죠루리(淨瑠璃)[15]의 소재로 다루어지고 있다. 최근의 조사를 통해 견사(絹糸)로 된 철직(綴織)이라고 밝혀졌다. 만다라당은 매년 5월 3일부터 15일까지가 개장일로 정해져 있다.

타이마사 본당 미륵좌상(국보)

타이마사는 뒤에 다루게 될 호오류우사만큼은 아니지만 상당수의 국보와 중요문화재를 갖고 있는 사원으로 당탑만 해도 하루에 다 볼 수 없을 정도였다. 그래서 본당에 있는 매점에서 본존인 미륵여래좌상 등의 그림엽서를 사는 정도로 둘러보는 것을 마치고 경내 북문에서 쟈코오사로 향했다.

타이마사는 츄우죠오히메 전설과 관계 있는 만다라가 유명하지만 내가 흥미를 느끼는 것은 그 본존이 미륵여래불상이라는 점이다. 미륵이라면 쿄오토의 코오류우사(廣隆寺)에 있는 미륵보살반가사유상이 유명하다. 코오류우사의 미륵여래좌상 역시 미륵 신앙에서 온 것임에 틀림없다.

미륵 신앙은 고대 한국의 신라에서 성행했던 것으로, 야마토에는 불교를 일본에 전했던 백제계 사원이 많은 데 비해 타이마사는 신라계인 점이 흥미로웠다. 무슨 이유에서일까? 그것에 대해서는 이제부터 방문하는 타이마사의 자매절이라고도 할 만한 쟈코오사에서 발굴된 석불을 통해 살펴보기로 한다.

토오쿄오신문 1991년 5월 27일자 기사에 "창건은 7세기 중엽부터/ 금당 유적 밑에 총주(總柱) 건물 터"라는 머릿기사로 다음과 같은 글이 실렸다.

하쿠호오시대의 석불이 출토되어 화제를 부른 나라현 키타카쯔라기군 타이마정의 쟈코오사에서 26일까지의 조사로, 석불을 안치했을 것으로 보이는 금당 터(7세기 말)에서 7세기 중엽의 건물 터가 발견되었다. 이 절은 타이마만다라의 기원(13세기 중엽)으로 알려진 텐지(天智) 천황 시기(668~671년) 또는 그보다 조금 이른 시기에 창건했을 가능성이 높다. 석불과 함께 이 절의 창건을 둘러싼 수수께끼에 관심이 집중되고 있다.

이번에 발견된 것은 사방 3칸 이상 되는 총주(전체 건물 평면에 기둥이 선) 건물 터이다. 금당 수미단을 들춰 보니 7세기 중엽의 기와 파편 과 함께 초석 2개가 출토되었다.

나라현립 카시하라고고학연구소의 카와카미 쿠니히코(河上邦彦) 총 괄연구원은 "금당이 이 건물의 초석을 이용해서 세워진 것 등으로 보아 쟈코오사 창건은 7세기 중엽이며 이후 타이마 주변에서 미륵 신앙이 퍼 지기 시작해서 쟈코오사에서도 새롭게 미륵 석상을 만들었을 것이다. 절의 경장(經藏; 불경을 넣어두는 곳)과 같은 기둥이 많이 선 건물을 개 축하였고, 석상 때문에 미륵당이라 불러야 할 이런 금당풍의 건물을 만 들지 않았을까"라고 추측하고 있다.

미륵 신앙은 6~7세기 신라에서 성행하여 일본에서는 타이마 주변 등 특이한 지역에서만 흔적을 남기고 있다.

교오토교육대학의 와다(和田萃) 교수는 "텐무 10년(681) 타이마 일 족의 타이마노키미타테(當麻公楯)라는 사람이 신라소사(小使)로 신라 에 건너갔다가 2개월 뒤에 귀국하였다. 그가 신라의 진귀한 문물을 보 고 듣고 돌아온 것과 같은 시기에 타이마 주변에 미륵 신앙이 퍼진 것은 무관하지 않을 것이다. 타이마사 본존(하쿠호오시대 · 소조 미륵상)과 쟈 코오사 석불은 자그마한 크기의 신라풍으로 매우 닮아 있어 미륵상이라 한다면 매우 흥미롭다"고 말하고 있어 주목을 받을 듯하다.

여기서 말하는 '타이마 일족'에 대해서는 앞의 장에서 보았던 『일본 고대인명사전』에 의하면 '견 신라소사(遣 新羅小使)'가 된 타이마노키미 타테라고 나온다. 672년 '진신노란(壬申亂)[16]' 이후의 텐무 왕조와 신라는 수차례에 걸쳐 사절이 왕래하는 밀접한 관계에 있었던 것이다.

쟉코오사 출토 석불

소메사(染寺)로도 불리는 쟉코오사는 타이마사 북문에서 북쪽으로 걸어서 20분 정도 거리에 있다. 이곳에서는 낙타등을 연상시키는 니죠오산이 더 가까이 보이고 이와 관련해서 킨키전철역 이름도 '니죠오신사 입구'로 되어 있다. 니죠오 산기슭의 완만한 골짜기에서는 오른쪽인가 사이에 있는 야마토평야를 한눈에 볼 수 있다. 봄날 아지랑이가 핀 평야에 떠 있는 듯한 야마토산산(大和三山)의 미미나리산(耳成山)과 코오구산(香久山) 등도 또렷이 보인다.

쟉코오사는 타이마사에 비하면 정제되고 조용한 사원이었다. 문앞에는 '일본에서 가장 오래 된 하쿠호오시대 미륵석불의 절 쟉코오사[日本最古/白鳳彌勒石佛寺(淨土宗慈悲山)石光寺]' '츄우죠오히메가 실을 염색한 옛 우물의 유적[中將姬系掛櫻染井舊跡]'이라 쓴 새로운 비석이 세워져 있었다. '일본 최고'라는 것은 '미륵석불의 절'로서는 일본에서 가장 으뜸이라는 뜻으로, 그 곳 쪽문을 밀고 들어가면 미륵보살이 본존으로 모셔진 미륵당이 있다. 나는 그 앞에 있는 사무소에서 이 절에서 간행한 『쟉코오사·소메사와 그 주변』 등의 책을 샀다.

지금 내가 둘러보고 있는 이른바 키나이(畿內)[17]에서는 고분만 해도 나라현 이카루가정(斑鳩町)의 후지노키고분과 오오사카 하비키노시

작코오사

(羽曳野市)의 미네가즈카(峯久塚)고분 등의 발굴조사로 중요한 발견이 이어지고 있다. 모두 대왕(천황)급 분묘의 부장품을 갖고 있어 신문의 여러 면을 장식하는 큰 뉴스거리가 되었다. 또 한편에서는 불교 유적과 유물 조사에서도 그에 비길 만한 발견이 이어졌다.

특히 1991년은 지금까지 묻혀 있었던 석불이 유난히 많이 발굴·발견된 해로 기억될 것임에 틀림없다. 이것 역시 큰 뉴스거리가 된 것들이나 제일 큰 기사는 호오키(伯耆·鳥取縣) 요도에정(淀江町)의 카미요도 폐사(上淀廢寺)에서의 발굴이다. 1991년 5월 16일자 요미우리 조간 신문의 머릿기사만을 보아도 다음과 같은 식이다.

"하쿠호오시대의 채색 벽화 발견/톳토리(鳥取)·카미요도 폐사/호오류우사와 그림 모양이 닮음/타카마쯔총 벽화의 안료/설법도(說法圖)에 비천(飛天), 신장(神將)"

1면 머릿기사로 이에 관한 기사가 15, 26, 27면에 계속 이어지고 있다. 각 면의 머릿기사는 다음과 같다. "부상한 동해문화권/톳토리·카

쟈코오사 미륵당

미요도 폐사의 벽화 발견/일찍부터 불교 매우 융성/율령체제하에서 꽃
피다"(15면) "오오산(大山) 기슭 1300년의 수면/'한국' 문화를 흡수/
도래화공의 작품?/호오류우사 금당의 설법도와 똑같음"(26면) "하쿠
호오시대 벽면 퍼즐/카미요도 폐사에서 출토/400여 개 파편을 붙임/
신장과 비천의 옷/되묻기 직전에 발견/다행히도 남았다"(27면)

  그리고 또 며칠 뒤 "카미요도 폐사는 도래인계? 채색 벽화 출토/당
탑 기단에 공통점"(18일자) 등의 기사로 신문마다 이런 식이었다. 그
뒤 일주일이 지난 5월 23일자 요미우리 조간 신문에 역시 1면 기사로
"일본에서 가장 오래 된 석불 출토/나라·쟈코오사/하쿠호오시대 미
륵좌상/7세기 말/『일본서기』를 뒷받침"이라 하면서 다음과 같은 글이
실렸다.

  7세기 말 하쿠호오시대에 만들어진 일본에서 가장 오래 된 석조물(미
  륵여래좌상)이 22일까지의 조사로 나라현 타이마정 쟈코오사 경내에서
  거의 완전한 상태로 출토되었다. 가장 오래 된 입체 석불로 알려진 나가
  사키현(長崎縣) 이키(壹岐)의 하치가타미네즈카(鉢形嶺塚) 출토 불상

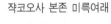
쟈코오사 본존 미륵여래

(1071년명)보다 400년이나 앞서 불교 전래기에 한국에서 석불도 건너왔다는 『일본서기』의 기록이 뒷받침된다. 발굴조사한 현립 카시하라고고학연구소는 "불교 미술사를 바꾼 코오후쿠사(興福寺)의 국보인 야마다사(山田寺) 불상 머리 부분의 발견(1937년)과 맞먹는다"라고 평가하고 있다.

이 기사는 15, 26, 27면에도 계속되나 앞서 석불에 관해 보았으므로 생략하고 다만 석불 이외의 것들도 발견되고 있기 때문에 마지막에 있는 그 기사만을 살펴보기로 한다.

쟈코오사는 정토종계 사원으로 본존은 미륵보살이다. 타이마사를 거쳐 카나가와현(神奈川縣) 카마쿠라시(鎌倉市)의 코오묘오사(光明寺)에 남아 있는 카마쿠라시대의 타이마사 두루마리 만다라에는 빛을 발하는 석불이 그려져 있어 이번 발견은 이 전승도 뒷받침되었다.

카시하라고고학연구소에서는 미륵당의 개축에 따라 4월 25일까지 금당으로 추정되는 지역 약 60㎡를 발굴했다. 하쿠호오시대의 기와, 전불(塼佛)과 함께 창건 때의 기단이 발견되었다. 북동쪽을 60~70㎝ 정도파 내려간 곳에서 석불이 출토되었다. 헤이안시대에 금당이 무너지고 카마쿠라시대에 땅에 묻힌 듯하다.

• 불교 사상 이해에 큰 성과

큐우슈우대학의 타무라 엔쵸오(田村圓澄) 명예교수(불교사상사)의 말, "하쿠호오 불상이 완전한 상태로 발견된 것은 믿기 어려울 정도로 대단한 발견이다. 미륵보살 신앙을 뒷받침하는 자료로 한국과의 교류, 불교 사상의 이해, 미술사 연구에 큰 성과를 가져올 것이다."

그 석불이 안치되었던 미륵당 앞의 금당 터로 추정되는 곳은 지금은 발굴이 끝나 빈터로 남아 있다. 그 오른쪽 낮은 구릉 위를 보면 요사노 텍칸[18] · 마사코(謝野鐵幹 · 昌子)[19] 부부의 시비(詩碑)와 노래비가 있었다. 그중 마사코 부인의 글을 보면 다음과 같이 새겨져 있다.

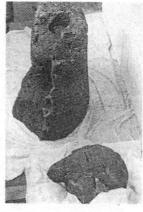

발굴 석불 복원도(나라현립 카시하라 고고학연구소 작성, 왼쪽)

발굴 석불의 얼굴과 동체 (오른쪽)

초봄에 타이마사에 편지를 쓰니

나라의 미야코(수도)에 사는 듯한 기분이 든다.

'타이마사'란 쟈코오사를 가리키는 것으로 마사코 부인이 만년에 이즈(伊豆)에서 요양했을 때 쟈코오사의 린카이시(麟海師 · 전 주지)에게 보낸 연하장에 적은 글이라고 한다. 또한 그 연하장에는 "신록의 계절(若葉頃)이 오면 찾아가고 싶으나 내일 일을 알 수 없는 목숨인 탓으로 분명히 약속할 수 없다"라고 쓴 추신이 있었다고 한다(金本朝, 『太子町 · 當麻로의 道』).

마사코가 말하는 '신록의 계절'에 이것들이 포함되어 있었는지는 알 수 없으나 쟈코오사 경내 어디에나 모란과 작약 등의 꽃밭이 있어 마침 그 꽃들이 일제히 꽃을 피려는 때였다. 경내의 그 꽃들은 4월 하순에서 5월 중순까지 만발한다고 한다.

쟈코오사에서는 석불 외에 전불 등도 출토되었기 때문에 1992년 2월 5일자 토오쿄오신문에 "쟈코오사는 오오쯔(大津)황자의 보리사(菩堤寺)?/작년 봄 출토한 전불 2종류/미에(三重)의 나쯔미 폐사(夏見廢寺)와 같은 형"이라는 기사가 실렸다.

일본에서 가장 오래 된 석불이 발견되어 유명해진 나라현 키타카쯔라기군 타이마정 소메노(染野)의 쟈코오사에서 석불을 안치했던 것으로 보이는 불당 터(7세기 후반)에서 발견된 전불이 미에현, 나쯔미 폐사(7세기 후반)에서 출토한 전불과 같은 형태인 것이 5일 나라현 카시하라 고고학연구소의 조사로 밝혀졌다.

나쯔미 폐사는 반역죄로 사형당한 오오쯔황자(663~686년)의 누나인 이세신궁(伊勢神宮)의 초대 제궁(齋宮) 오오쿠황녀(大伯皇女, 661~701년)가 세웠다고 알려져 왔다. 조사를 담당했던 카시하라고고학연구소 카와카미 쿠니히코(河上邦彦) 총괄연구원은 "쟈코오사가 오오

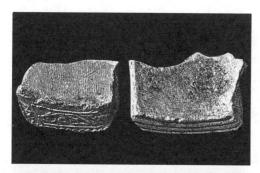

쟉코오사 출토품

쯔황자와 깊은 관련이 있다는 중요한 단서이다. 창건 시기 등을 감안한
다면 이곳이 죽음에 쫓기던 왕자의 보리사였을 가능성이 높다"고 추측
하였다.

쟉코오사에서 바로 보이는 니죠오산에 그 분묘가 있다고 전하는 오
오쯔황자는 672년의 진신노란 때에 승리했던 텐무천황의 셋째 아들로
주위의 신망이 두터웠으며 텐무의 후계자로 주목받고 있었다. 그러나
텐무황제 사후에 지토오천황이 된 배다른 황비에 의해 모반을 했다는
이유로 스승이었던 신라승 행심(行心)과 함께 처형되고 말았다.
　이후 신라와 밀접한 관계에 있었던 텐무 왕조와는 달리, 지토오 왕조
는 급속히 백제와 밀접한 관계를 맺게 된다.

‖ 역주 ‖

1) 칸사이 : 토오쿄오 지방을 칸토오라고 부르는 데 대해 쿄오토 · 오오사카 · 코
오베 지방을 일컫는 말.

2) 마쯔모토 세이쵸오(松本淸張 ; 1909~1993년): 소설가. 본명 키요하루(淸張). 고
등학교 졸업 후 인쇄 공장에 근무하면서 독학으로 아사히신문 입사. 『어떤 小倉日記
傳』으로 아쿠다가와상(芥川賞) 수상. 추리소설로 대성해서 수많은 작품을 남김.

3) 타케우치노스쿠네 : 야마토 정권 초기에 활약했다고 전해지는 인물. 코오겐(孝
元)천황의 증손으로 다섯 왕을 섬겼으며 세이무(成務)천황 때 대신이 됨. 츄우아이
(仲哀)천황을 따라 쿠나소(熊襲)를 정벌하고 천황이 죽은 뒤에 진구우(神功)황후를
도와 신라에 원정했다고 함.

4) 야마토타케루노미코토(日本武尊) : 고대 전설상의 영웅. 케이코오(景行)천황의
왕자로 본명은 오우스노미코토(小碓命).

5) 교오키(668~749) : 나라시대의 승. 도오쇼오(道昭)에게 사사해서 키나이를
중심으로 여러 지방을 돌아다니며 민중의 교화 및 사원, 연못, 교량 등을 만드는 사
회사업도 벌여 '교오키보살'로 추앙받음. 승니령(僧尼令) 위반으로 최초로 구금되었
으나 대불조영(大佛造營)의 권진(勸進)에 기용되어 대승정위(大僧正位)에 이름.

6) 츄우죠오히메 : 전설상의 인물. 후지와라노토요나리(藤原豊成)의 딸로 타이마
사에 출가해서 연사(蓮糸)로 관무량수경(觀無量壽經)의 내용을 나타내는 만다라를
짰다고 함.

7) 하쿠호오 : 일본문화사 특히 미술사의 시대 구분의 하나로 아스카시대와 텐표
오시대의 중간. 7세기 후반에서 8세기 초까지.

8) 이자나기노미코토 : 일본 신화에서 아마쯔카미(天神)의 명을 받아 이자나미노
미코토와 함께 처음으로 일본의 국토와 신(神)을 만들고 산과 바다, 초목을 관장했
던 남신. 아마테라스 오오미카미의 아버지 신.

9) 이자나미노미코토 : 이자나기노미코토의 배우자인 여신(配偶女神), 화신(火神)을 낳았기 때문에 아마쯔카미와 헤어져 황천국(黃泉國)에 살게 되었다고 함.

10) 코오야마키 : 일본 특산인 스기(杉)나무과에 속한 상록고목(常綠高木). 키소(木曾) 지방부터 서쪽으로 넓게 자생함. 높이 약 40m에 달하며 배, 교량 등의 목재로 쓰이고 정원수로도 사용함.

11) 코오보오대사(774~835년) : 헤이안시대 초기의 승. 진언종의 개조(開祖)인 쿠우카이(空海)를 일컬음. 그는 804년 당에 들어가 혜과(惠果)에게 사사하고 806년에 귀국해서 진언밀교(眞言密敎)를 국가 불교로 정착시킴.

12) 후지와라시대 : 일본사 특히 미술사 구분의 하나. 코오닌(弘仁)·테이칸(貞觀)시대에 이은 헤이안시대 중기·후기에 해당함. 후지와라(藤原)씨가 섭정. 칸파쿠(關白)로서 정권을 장악해서 문화의 여러 분야에서 당의 영향을 탈피, 이른바 코쿠후우(國風) 문화를 전개한 시대.

13) 텐표오시대 : 나라시대 후기 즉 헤이죠오(平城·京都)에 수도가 있었던 710년부터 헤이안(平安·京都)으로 천도한 794년까지의 시대. 문화사, 특히 미술사에서 이 시기가 가장 찬란한 문화를 꽃피운 시대로 알려짐.

14) 노오 : 노오가쿠(能樂). 일본 예술의 하나로 노오(能)와 쿄오겐(狂言)의 총칭. 헤이안시대 이래의 사루가쿠(猿樂)에서 카마쿠라시대에 가무극이 생겨나 노오(能)라 불렀다. 이에 대하여 사루가쿠 본래의 웃음을 자아내는 연기를 쿄오겐이라 했음.

15) 죠루리 : 헤이쿄쿠(平曲), 요오쿄쿠(謠曲) 등을 원류로 한 문학작품의 하나. 또한 거기서 발달 파생된 음악, 연극을 말함.

16) 진신노란 : 텐지(天智)천황이 죽은 후 오오토모노미코(大友皇子·弘文天皇)를 모시고 있던 오우미(近江) 조정에 대해 요시노(吉野)에 들어가 있던 동생 오오아마노미코(大海人皇子·天武天皇)가 672년(壬申年) 여름에 일으킨 반란. 1개월이 넘는 격전 끝에 오오토모는 자살. 오오아마는 아스카 키요미하라궁(淨御原宮)에서 즉위, 율령제가 확립되는 계기가 되었다.

17) 키나이 : 왕성(帝都) 부근의 땅. 중국의 옛 제도로, 왕성을 중심으로 사방 500리 이내의 특별행정구. 일본에서는 역대 황거(皇居)가 있었던 야마토(大和)·야마시

로(山城)·카와치(河內)·이즈미(和泉) 셋쯔(攝津)의 5개국을 가르킴.

18) 요사노텍칸(1873~1935) : 잡지 묘오죠오(明星)를 주재하고 남성적인 시를 썼으며 낭만파시대를 열었음. 「亡國의 곱」 「東西南北」 등 작품 다수.

19) 요사노마사코(1878~1942) : 묘오죠오파(明星派)의 낭만적인 작품을 대표하는 정열가인(情熱歌人). 작품에 「舞姬」 등이 있으며 요사노텍칸의 부인.

제 **5** 부

카쯔라기 왕조의 땅 Ⅱ

-야마토타카다시, 카시바시, 코오료오정-

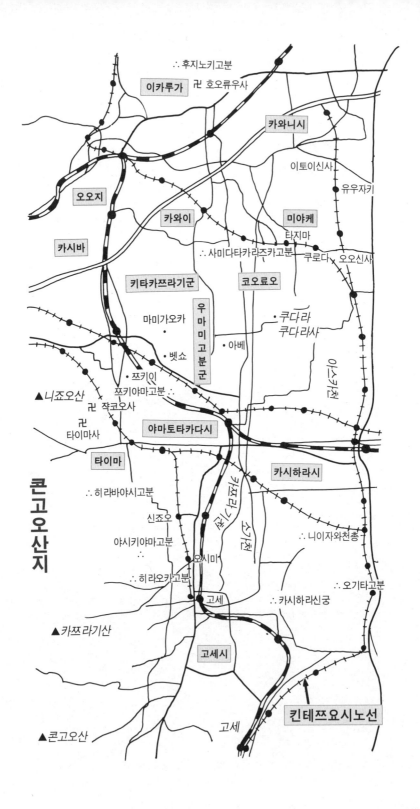

관은 역시 왕의 상징이다

타케치군 아스카촌에서 카시하라시 타카토리정을 거쳐 원래 카쯔카미, 오시미, 카쯔게, 히로세군으로 이루어졌던 콘고오(金剛)·카쯔라기(葛城) 산기슭 일대에 펼쳐진 키타카쯔라기군은 상당히 광대한 땅이었다.

지금의 고세시, 신죠오정, 타이마정, 야마토타카다시(大和高田市), 카시바시(香芝市), 고오료오정(廣陵町), 카미마키정(上牧町), 카와이정(川合町), 오오지정(王寺町) 등도 역시 키타카쯔라기군에 있었다.

그 가운데 지금까지 바삐 돌아본 곳은 고세시, 신죠오정, 타이마정뿐이다. 이 정도 속도로는 다 돌아보지 못할 것 같아 좀더 서둘러서 우선 타이마정 북동부에 있는 야마토타카다시(大和高田市)부터 찾아보기로 했다.

오오사카의 텐노오사(天王寺)에서 종종 킨테쯔 오오사카선을 타고 지나치기만 했던 야마토타카다역에서 내렸다. 처음 찾는 곳이라 겨우 택시를 잡아 시교육위원회까지 가 달라고 했다. 택시는 강을 끼고 벚꽃나무가 늘어선 타카다천(高田川)을 따라 달렸다. 봄이 끝날 무렵이어선지 벚꽃잎이 강물 위에 가득 떨어져 있었다.

다른 곳에서처럼 시교육위원회 사회교육과의 카키사코 히로시(柿迫

콘피라야마고분

寛) 씨를 만나 『야마토타카다시 사적 안내』와 『콘피라야마고분』 등의
자료를 받았다. 야마토타카다시에는 5세기경에 축조된 부레쓰(武烈)
천황릉이라고도 알려진 길이 210m의 전방후원분인 쓰키야마(築山)고
분과 진귀한 닭머리 하니와 등이 발견된 료오케잔(領家山)고분 등, 카
쓰라기 왕조의 땅이어선지 유서 깊은 고분이 많았다. 『콘피라야마고
분』을 보면 도입부에 이렇게 적혀 있다.

   야마토타카다시는 나라분지 남서쪽 니죠오산(二上山, 후타카미야마라
   고도 함)을 바라보는 평야에 위치해 있습니다. 예부터 교통이 편리한 지
   역으로 현재 중앙의 중심 도시로 발전해 왔습니다. 시의 북쪽 킨테쓰 오
   오사카선 쓰키야마역 남쪽에는 쓰키야마고분과 콘피라야마고분 등이
   인가에 둘러싸인 채 조용히 자리잡고 있습니다. 이 주변은 카와이정, 카
   미마키정, 코오료오정에 걸쳐 있는 우마미(馬見)구릉의 최남단입니다.
   완만한 구릉의 동쪽에는 대형 전방후원분을 포함한 많은 고분이 있는데

우마미고분군이라 불립니다. 쯔키야마, 콘피라야마고분 남쪽에 위치하고 있으므로 남군(南群)이라 불리는 분묘군에 속해 있습니다.

쯔키야마고분은 길이 약 210m의 규모를 자랑하는 전방후원분으로 고분 둘레는 물을 채웠던 약 30m 폭의 해자로 둘러싸여 있습니다. 쯔키야마고분의 북쪽에는 지도오코오엔(兒童公園)고분이, 남쪽으로는 원형고분인 챠우스야마(茶臼山)고분과 전방후원분인 키쯔이즈카(狐井塚)고분 등 비교적 작은 규모의 고분이 에워싸고 있습니다. 콘피라야마고분도 그 가운데 하나로 쯔키야마고분 앞부분 동쪽에 위치하고 있습니다.

또한 이들 고분의 북쪽에는 후루야시키(古屋敷)고분, 오오타니 이마이케(大谷今池) 2호분 등 6세기 후반의 고분이 있습니다. 오오타니 이마이케 2호분은 피장자가 매장된 목관이 2기 있었고, 여기서 금동제 관을 비롯 금동제 구슬, 유리제 작은 구슬옥, 흙으로 만든 구슬, 비튼 환두대도, 토기 등 귀중한 부장품이 출토되었습니다. 그러나 개발로 인해 그 모습은 현재 볼 수 없습니다.

"개발로 인해 그 모습은 현재 볼 수 없다"는 것은 안타까운 일이나 고분에서 나온 금동제 관, 비튼 환두대도 등 출토품은 매우 귀중한 부장품임에 틀림없다. 비튼 환두대도는 뒤에서 살펴볼 1992년 3월에 발굴된 카와치(河內·大阪府) 하비키노시(羽曳野市)의 미네가즈카고분과 야마토 이카루가(斑鳩)정의 후지노키고분에서도 발견되고 있다. 금동제 관은 여기저기서 발견되었는데 예를 들면 칸토오 지방의 코오즈케(上野·群馬縣)의 고분에서는 네 번이나 발견되었다. 거기에 비하여 고대 통일 왕조의 발상지인 야마토에서는 그다지 많이 발견되지 않은 셈이다.

이 원고를 쓰기 전날 마침 사이토오 타다시(齊藤忠) 씨와 만날 기회가 있어서 사이토오 씨에게 "어찌 된 일인지 야마토에서는 왕관이라 할까 관모의 출토가 적은 것 같군요" 하자 그는 잠시 생각한 뒤 "말씀을

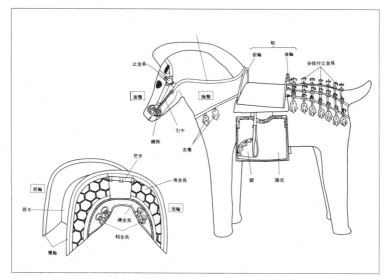

말갖춤의 각부 명칭

들으니 그렇군요" 하고 고개를 끄덕였다. 더 이상 묻지 않았다. 왜냐하
면 20년 전 것이기는 하나 일본 전국의 유적·고분을 개관한 「일본에
서의 귀화인 문화의 흔적」이라는 사이토오 씨의 논고가 있는데 그 내
용 중 '야마토'에 관한 것이 다음과 같이 나와 있기 때문이었다(=의
오른편은 그 문화, 즉 한국으로부터 도래한 것으로 보이는 출토품).

야마토국(大和國)
　奈良縣天理市上之庄星塚=垂飾付耳飾/天理市柳本町=皮袋形提瓶/疆原
市川西町千塚一二六號墳=垂飾付耳飾·帶金具等/五條市西河內描塚=帶
金具/御所市今住古墳=비녀/櫻井市外山=異形須惠器/磯城郡大三輪町珠城
山古墳=冠帽·帶金具/磯城郡川西村島根山古墳=垂飾付耳飾/北葛城郡新
庄町柳辻古墳=비녀/北葛城郡廣陵町新山古墳=帶金具/南葛城郡忍海村山
口千塚=動物付/眹南葛城郡大正村=子持高杯/高市郡高取町稻村山古墳=
銀釧

후지노키고분 출토 관

이것이 전부는 아니지만 한 가지 분명히 알 수 있는 것은 '관모'는 시키군(磯城郡)의 타마키야마(珠城山)고분에서만 출토되었다는 점이다. 그 뒤 최근에 와서 후지노키고분에서 또 한 예가 발견되었으나 그렇다 해도 코오즈케보다 적은 셈이다. 그렇기 때문에 '정말로 귀중한 부장품'이라고 하였던 것이다. 이제 비튼 환두대도에 대해 살펴보기 전에 오오타니 이마이케 2호분에서 출토한 금동제 관은 어떠한 것이었는가를 잠시 살펴보기로 하겠다.

이것에 관해서는 1989년 6월 23일자 요미우리신문(오오사카)에 "관은 왕의 상징?/나라·야마토타카다고분에서 파편/후지노키보다 정교/그렇지만 중소 호족(中小豪族)"이라는 머릿기사로 다음과 같은 기사가 나왔다.

나라현립 카시하라고고학연구소는 22일 야마토타카다시(大和高田

市) 오오타니의 오오타니 이마이케 2호분(6세기 후반) 발굴조사로 금동제 관 파편 약 50점이 출토되었다고 발표했다.

고분은 직경 25미터의 원형분으로 2기의 목관 터가 확인되었으며 관의 파편은 성인 남자로 보이는 피장자의 머리뼈 주위에서 발견되었다. 머리뼈에 녹청(綠靑)이 남아 있는 것으로 보아 매장 당시 관을 쓰고 있었을 것으로 보인다. 파편은 약 2센티미터의 모난 모양으로 거의 녹청으로 덮여 있었고 일부는 황금색의 광채도 띠고 있었다.

파편을 이어 맞추자 일본의 독자적인 양식이라고 하는 낙타의 등과 같은 이산식(二山式) 관대(冠帶)가 되었다. 관대에는 거북등무늬가 도드라져 있고 물고기형과 원형 등의 떨잠도 발견되었다. 후지노키고분 것과 비슷하나 입식(立飾)에 투조도 보이는 등 전체적으로 후지노키고분 것보다 정교하고 호화롭게 만들어져 있다. 고분의 규모가 작은 것으로 보아 피장자는 이 땅의 중소 호족일 가능성이 높아 '관은 왕의 상징'이라는 이제까지의 이미지를 새롭게 하는 자료가 될 듯하다.

• 일본의 독자적인 양식

나라현립 카시하라고고학연구소의 카쯔베 아키오(勝部明生) 연구부장에 의하면 근년에 와서 관이 신분을 상징하는 것은 아니라는 학설이 유력해졌는데 이를 뒷받침하는 자료이다. 도래 문화의 영향을 받으면서 일본의 독자적인 것으로 발전한 관의 양식일 것이라고 한다.

이상 전문을 인용했으나 기사의 내용 중에서 전혀 이해할 수 없는 부분이 있었다. 첫째로 이카루가정에 있는 후지노키고분의 피장자는 스순천황이라고 알려져 있는 점이다. 뒤에 나오겠지만 나는 이카루가정 남쪽의 오오지정(王寺町)이라는 지명도 그 곳에서 일어나고 거기서 살았던 쿠다라노코사키〔百濟王. 훗날 오오하라씨(大原氏)〕가 아니었겠는가 하고 생각한다.

무인벽화(고구려 안악 3호분)   무인 하니와(타카쯔키시
                                          이마시로즈카고분)

  입식에 투조가 보일 만큼 전체적으로 후지노키고분 것보다 정교하고 호화롭게 만들어졌다고 하면서 이쪽의 피장자는 어째서 "이 땅의 중소호족일 가능성이 강하다"고 했을까.

  고분의 규모가 작기 때문이라고 하였는데 직접 가보니 후지노키고분 역시 작은 규모였다. 또한 에도시대 말기까지 몬무천황릉이라 했던 아스카의 타카마쯔총 벽화고분도 작은 규모에 지나지 않았다.

  그리고 오오타니 이마이케 2호분에서 출토된 관이 도래 문화의 영향을 받으면서 일본이 독자적으로 발전시킨 관의 양식인지 아닌지는 확실히 알 수 없으나 "근년에 와서 관이 신분을 상징하는 것은 아니라는 학설이 유력해졌는데 이를 뒷받침하는 자료"라고 한 것도 이해가 가지 않는다.

  이 관을 쓰고 있던 사람은 적어도 이 지역의 왕권을 가진 왕이 아니었을 리가 없다. 요컨대 일찍이 야마토타카다에는 그러한 왕도 있었다는 것이다.

콘피라야마고분은 3년 계획으로 발굴조사가 진행되고 있어 지금은 그 모습을 볼 수 없다. 하지만 고분에서 나온 하니와 등에 의해서 지금까지 알 수 있는 것은 부레쯔천황릉으로 추정하고 있는 쯔키야마고분과 마찬가지로 5세기 전반에 축조되었다는 것과 직경 약 9m, 높이 약 12.7m로 나라현에서는 가장 크고 전국에서도 가장 큰 원형분이라는 것이다. 그러나 개발로 인해서 그 모습을 볼 수 없는 오오타니 이마이케 2호분과 달리 출토품에 대해서는 아직 잘 알 수 없다.

니죠오산박물관

  야마토타카다 시내를 여기저기 돌아본 나는 JR선[1] 타카다역(高田
驛)에서 택시를 타고 북쪽의 코오료오정(廣陵町)으로 향했다. 예전
에 그 곳 쿠다라촌(百濟村)에 있는 쿠다라사(百濟寺)3층탑은 몇 번 찾
아갔으나 코오료오정 교육위원회는 처음 방문하는 것이다.

  그러나 교육위원회를 방문하기 전에 먼저 다른 곳을 가보기로 했다.
왜냐하면 큐우슈우의 유쿠하시시(行橋市)에서 강연을 마치고 이 원고
를 쓰기 위해 자주 들렀던 오오사카에서 하룻밤을 자고 나서 신문을
보았더니 코오료오정 서쪽의 카시바(香芝)시에 있는 니죠오산박물관
에서 1992년 4월 29일부터 개관기념특별전으로 「바다를 건너온 무인
(武人)전」이 열리고 있다는 것이다. 그래서 그 곳부터 찾아가기로 했
다. '바다를 건너온 무인전'이라 해도 무인에 관한 것만은 아닐 테고
이제까지 방문했던 곳이나 앞으로 방문할 곳에서는 볼 수 없는 실물을
대할 수 있으리라고 생각한 때문이었다.

  카시바시는 인구 약 5만 정도의 시였다가 오오사카의 위성도시로 발
전한 듯 오오사카 텐노오사에서 킨테쯔 오오사카선을 타고 카시바의
니죠오역까지 가는데 약 30~40분 거리로 야마토타카다보다 몇 정거
장 앞에 있었다. 니죠오산박물관은 약간 높은 곳에 위치해 시청 건물

을 마주보고 있는 멋진 현대식 건물이었다.

먼저 박물관 입구에서 『개관기념특별전/바다를 건너온 무인전』이라 쓴 도록을 받아 손에 쥐고 전시실을 두 번 돌아보았다. 여러 고분에서 나온 출토품과 사진 등이 아주 흥미로웠다.

카시바에 있는 것말고도 무인이 그려진 고구려 안악(安岳) 3호분 벽화와 타카쯔키시(高槻市) 이마시로즈카(今城塚)고분의 무인 하니와 등도 전시되어 있었고, 텐리시 아라마키(荒蒔)고분과 카시하라시 요조오(四條)고분의 말모양 하니와가 나란히 놓여 인상적이었다. 앞서 살펴본 타이마정 효오게(兵家) 12호분에서 출토한 판갑옷과 미비부주(眉庇付冑) 등도 처음 보는 것들이었다.

모처럼 박물관에 왔으므로 상설전시실까지 둘러보고 안내인에게 시교육위원회 사회교육과를 물어 보니 짐작했던 대로 박물관 안에 있었다. 그것도 안내실 바로 뒤에 위치하고 있었다. 즉시 그 곳을 찾아가 사회교육과의 타나카 후미오(田中史生) 씨를 만났고 그에게서 『카시바의 문화재(1)』을 받았다. 또한 때마침 밖에서 돌아온 박물관 학예원 사토오 료오지(佐藤良二) 씨를 만나 얘기를 나눌 수 있었다. 카시바 시내에는 30개 정도의 고분이 있다는 것이다. 그 대부분이 도록에 나와 있었는데 「1. 대륙 문화의 전래」라 하고 다음과 같이 쓰여 있었다.

(1) 중국

중국 문헌에 의하면 기원전부터 왜(倭)가 중국 왕조에 사신을 보냈다고 한다. 그중에서도 239년 야마타이코쿠(邪馬台國)[2]의 여왕 히미코(卑彌乎)가 위(魏)에 사신을 보낸 일과 5세기에 왜오왕(倭五王)이 자주 송(宋) 왕조에게 한국 등의 군사적 지배권의 승인을 요청했다는 것은 잘 알려져 있다. 또한 우마미(馬見)고분군에 있는 신야마(新山)고분에서는 서진(西晉. 265~316년)제로 생각되는 띠장식이 출토되었다.

말모양 하니와
(카시하라시 요
죠오고분)

말모양 하니와
(텐리시 아라마
키고분)

단갑, 미비부주
(타이마정 효오
게 12호분)

토오쿄오대학 에가미 나미오(江上波夫) 명예교수(고고학)의 이른바 '기마민족정복왕조'설을 가지고 설명한다면 별개의 문제이나 그렇다고 하더라도 신야마고분에서 출토한 띠장식을 서진제로 보는 데는 문제가 있다. 그러나 이것은 뒤에서 다루기로 하고 도록을 계속 보기로 한다.

(2) 한국

한국에는 북부에 고구려, 남부에 백제, 신라, 가야가 있었다. 그중 일본과 백제의 관계를 나타내는 사료로서 타이와(泰和) 4년(369)이란 기년명(紀年銘)이 있는 칠지도(七支刀)가 텐리시의 이소노가미(石上)신궁에 전해오고 있다.(……)또한 고구려의 광개토왕비에 의하면 왜가 신묘년(391)부터 자주 한국에 출병해서 백제와 고구려가 힘을 합쳐 싸웠음을 알 수 있다. 이때에 고분에서 출토되는 철제 못, 농공구, 귀걸이와 관 등의 금동제 장신구 및 도질토기(스에키)·말갖춤 등 여러 가지 문화가 한국으로부터 전해졌다.

관 등의 '금동제 장신구'는 앞에서도 보았으나 '이때에'라는 것이 문제이다. 토오호쿠(東北)대학 명예교수인 이노우에 히데오(井上秀雄, 고대 한일 관계사) 씨가 근래에 쓴 『왜(倭), 왜인(倭人), 왜국(倭國)』에 의하면, 여기서 말하는 '왜'란 고대 한국의 가야 남단에 있던 '왜'를 말한다. 이에 관하여 나 역시 이노우에 씨의 저서가 나온 뒤 최근에 「왜인(倭人)이란 무엇인가」라는 글을 썼다.(계간 『동아시아의 고대 문화』 제2호 1992년 4월 간행)

다음은 앞의 도록의 내용 중 「2. 대륙 문화의 발전」이다.

(1) 고분시대 전기

이 시대에 만들어진 여러 고분에서 삼각연신수경(三角緣神獸鏡)이 출

철 화살촉(카시하라시 난잔 4호분)

토되고 있다. 그 중에는 야마타이코쿠(邪馬台國)의 여왕 히미코(卑彌乎)가 위나라에 사신을 보냈을 때 받았다는 케이쇼(景初) 3년(239)의 기년명이 있는 거울도 포함되어 있다. 이 거울에는 중국에서 직접 전해진 박제경(舶載鏡)과 이것을 본떠 일본에서 주조된 방제경(倣製鏡)이 있다. 이것을 야마토 정권이 복속시킨 각지의 수장에게 나누어 주었다는 설이 있다.〔고바야시 유키오(小林行雄) 씨의 이 설도 최근에 와서 평가되고 있다─필자 주〕

(2) 고분시대 중기 · 후기

4세기 말에서 5세기경 한국으로부터 많은 문화가 전해졌다. 먼저 큐우슈우 북부 고분의 매장 시설에 횡혈석실이 도입되었다. 이 석실은 백제에서 성립된 묘제이다. 또한 단단한 도질토기(스에키)도 전해져 오오사카의 스에무라요(陶邑窯) 등 각지에서 스에키의 생산이 시작되었다. 그리고 기마 풍습이 신라 · 가야로부터 전해지고 말을 장식하는 말갗춤도 함께 전해졌다. 5세기 후반에서 6세기 초의 것으로 큐우슈우·세토 나이·킨키·호쿠리쿠(北陸) 지방 고분에서 귀걸이 등 금동제 장신구가 출토되었다. 그중에서 5세기 후반에 축조되었다고 하는 쿠마모토현(熊本縣)의 에타후나야마(江田船山)고분에서는 금동제 관과 신발, 귀걸이, 띠장식 등이 나왔고 와카야마현 오오타니고분에서는 귀걸이와 띠장식 외에 말에 걸치는 갑옷과 투구도 나왔다.

또한 나라현에서는 카시하라시 니이자와천총 126호분에서 지중해 연안이나 중동 지방에서 제작되었다고 추정되는 유리로 만든 공기(碗)와 접시, 중국에서 많이 출토되는 청동제 다리미, 금제 귀걸이와 반지들이 출토되고 있어 백제계 도래인이 매장되었을 가능성이 지적되고 있다. 6 세기 후반의 후지노키고분과 칸토오 지방의 고분에서도 한국으로부터 전해진 것으로 생각되는 금동제 장신구와 말갖춤이 출토되고 있다.

이 도록에서도 '중국에서 많이 출토되는 청동제 다리미'라고 쓴 것은 무슨 까닭일까. 이것은 니이자와천총 고분의 출토품에 관해 살필 때 백제에서 온 것으로 보았었다. 그것이 중국에서도 많이 출토되는 것인지는 몰라도 한국 어디를 가도, 오늘날에 이르기까지, 나의 어머니 역시 철로 된 다리미를 사용했었을 뿐만 아니라 '백제계 도래인' 역시 일본에 가지고 와서 사용하고 있었던 것이다.

우마미고분군이 있는 땅

　지금까지 니죠오산박물관에서 펴낸 도록 『개관기념특별전/바다를 건너온 무인』을 통하여 고분에 관한 객관적인 것은 보았으나 카시바 시내에 있는 고분의 내용에 대해서는 구체적으로 살펴보지 못했다.
　그 내용에 관해서는 앞서 본 「1. 대륙문화의 전래」「2. 대륙문화의

우마미고분군 경관

발전」에 이어 「3. 마미가오카(眞美久丘)의 고분」에 다음과 같이 씌어 있다. 조금 긴 내용이기는 하지만 바로 뒤에 살피게 될 코오료오정과 관련하여 문제점이 있기 때문에 전문을 인용하기로 하겠다.

(1) 카시바 시내의 고분

카시바 시내에는 현재까지 30여 기의 고분이 있는 것으로 알려져 있다. 그 분포를 보면 우마미구릉 남단부, 후지야마(藤山)구릉, 시즈미(志都見)구릉, 키쯔이(狐井)대지 등으로 나누어진다. 우마미구릉 남단부에는 4세기 후반의 벳쇼시로야마(別所城山) 2호분과 5세기 전방후원분으로 전체 길이 약 100m의 벳쇼이시즈카(別所石塚)고분 등이 축조되어 있다.

후지야마(藤山)구릉에는 6세기 이후에 축조되었을 것으로 생각되는 횡혈석실 고분과 석관을 직접 매장한 고분이 있다. 시즈미(志都見)구릉에는 히라노구루마즈카(平野車塚)고분과 히라노쯔카아나야마(平野塚穴山)고분 등 7세기 이후에 축조된 고분이 몇 기 있다. 키쯔이대지에는 키쯔이야마(狐井山)고분이 단 하나 축조되어 있다. 또한 이 고분의 주변에서 효오고현(兵庫縣) 타쯔야마(龍山)에서 나는 돌로 만든 석관과 집모양 석관 덮개가 서너 개 발견되어 주위에 고분이 존재했었다는 것을 알 수 있다.

벳쇼시로야마 2호분은 지름 약 20m인 원형 분묘로 1970년에 발굴조사되었다. 그 결과 분구 중앙 부분에서 목관을 점토로 덮은 점토곽(粘土槨)이라 불리는 매장 시설이 발견되었다. 관 중앙 부분은 도굴되었으나 관의 양 옆을 덮은 점토 밑에서 많은 유물이 출토되었다. 그중 작은 비늘을 가죽끈으로 꿰어 만든 비늘갑옷은 중국제라 생각되고 일본에서는 출토된 적이 없다.

키쯔이시로야마(狐井城山)고분은 전체 길이 약 140m의 전방후원분으로 카시바시에서는 최대 규모를 자랑한다. 주위에 도랑을 파고 밖으

히라노쯔카아나야마고분 석곽 입구

로 제방을 쌓았다. 매장 시설이나 부장품 등에 대해서는 명확하지 않은 부분이 많으나 이 고분에서 나온 출토품으로 고리가 있는 곱은옥이 전해오고 있다. 또한 분구에는 덮개석과 하니와 등이 있었다.

하세야마(長谷山)고분은 지름 약 10m의 원형분으로 목관 2기가 발견되었다. 관 속에서 철칼, 철단검, 거울(殊文鏡), 벽옥, 제옥(製玉)이 나왔다. 4세기 말에서 5세기 초에 축조된 것으로 생각된다.

히라노쯔카아나야마고분은 한 변의 길이가 약 21m 되는 방형분으로 횡구식(橫口式) 석곽이 남쪽으로 열려 있었다. 석관 안에서 금제 고리, 빈구슬, 옻칠한 관의 파편 등이 출토되었다. 석곽의 형태는 백제의 영향을 받은 것으로 보이며 7세기 후반의 말엽에 축조된 귀인묘(貴人墓)라고 생각된다. 또한 이것은 에도 막부 말기까지 켄슈우(顯宗)천황릉으로 취급되어 왔다.

빈구슬(히라노쯔카아나야마고분)　　　　　　금제 고리(히라노쯔카아나야마고분)

우마미고분에 관해서는, "위 내용 중 비늘을 가죽끈으로 꿰어맨 비늘갑옷은 중국제라 생각되고"라는 문제 내용과 함께 뒤에 다룰 코오료오정에서 살펴보려 한다. '우마미고분군'에는 아베야마(安部山)고분 외에 코오료오정의 고분도 사진과 함께 실려 있으므로 일단 그 내용만 보아두기로 한다.

코오료오정 아베(安部)에는 전체 길이 42m의 전방후원분인 아베야마 1호분을 비롯하여 7기의 고분이 있는데 이들을 아베야마고분군이라 부르고 있다. 그중 아베야마 4호분은 직경 15~20m의 원형분으로 석관을 직접 매장한 시설이 2기 검출되었다. 도굴되어 엉망이 되어 버린 흙 속에서 단봉문(單鳳文)의 환두병두(環頭柄頭)가 출토되었다.

또한 코오료오정 오오쯔카(大塚)의 우에노(於)고분은 6세기 전반에서 중반 사이에 축조된 전체 길이 37m의 범립패식(帆立貝式 ; 가리비조개모양) 고분이다. 후원부에서 두 개의 관이 나왔고 쌍각상(雙角狀)의 환두대도, 철화살촉, 호박과 수정옥, 스에키 등이 출토되었다.

카모야마(鴨山)고분은 6세기 후반에 축조된 작은 원형분으로 1929년에 조사되었다. 매장 시설은 키노카와 유역에서 나는 녹니편암을 사용한 조립식 석관으로 인골 7체와 함께 금박을 입힌 작은 유리구슬, 비늘모양이 있는 얇은 은판과 심엽형 모양이 비치는 금동판(긴 칼 칼집 장식)이 있는 철칼 등 한국에서 전해졌다고 생각되는 유물이 출토되었다.

환두병두(아베야마 4호분, 왼쪽)

카모야마고분 석관 검출 상태(아래)

이렇게 본다면 고분에서 출토된 유물들은 거의가 고대 한국에서 건너온 것임을 알 수 있다. 고분이 어떤 형태든 더 중요한 것은 그 부장품, 즉 그 곳에서 무엇이 출토되었는가 하는 것이다. 왜냐하면 그것에

의해서 축조 시기와 고분의 피장자를 추정해 낼 수 있기 때문이다. 예를 들면 금제 고리만 하더라도, 특히 환두대도 등은 그 땅에 살았던 호족 또는 족장의 권력과 권위를 상징하는 것이었다.

이 환두대도에도 여러 가지가 있다. 토오쿄오 『국립박물관 뉴스』 1992년 5월호를 보면 한국에서 출토한 단룡문(單龍文) 환두대도를 X 선 촬영한 바 "걱정할 것 없다. 이 칼 주인으로 하여금 부귀하게 하여 높은 지위에 올라 많은 재물을 갖게 하리라(不畏也 令此刀 富貴高遷 財物多也)"라고 쓴 명문이 발견되었다고 한다.

또한 "원래는 이것보다 2배 정도의 문자가 있었다고 추정되고……글씨체는 전체적으로 둥글둥글하고 사이타마현(埼玉縣) 이나리야마(稻荷山)고분에서 출토된 철검에 적힌 금상감(金象嵌)과 흡사해서 일본과 한국과의 관계를 생각하는 데 중요한 자료"라고 씌어 있다.

요컨대 우마미고분군에서는 그 일부를 보았을 뿐인데도 환두대도 등과 같은 것이 출토되고 있다는 것이다. 내친 김에 코오료오정의 고분을 하나 더 살펴보기로 하자. 1991년 10월 17일자 나라신문에 "범립패식으로 규모 전국 3위/코오료오정 이케가미(池上)고분/전체 길이 92미터 오토메야마(乙女山)급"이란 머릿기사와 함께 사진이 실린 다음과 같은 기사가 나왔다.

현에서도 손꼽는 대형 고분이 집중되어 있는 우마미고분군 중앙부 코오료오정 오오노(大野)의 이케가미고분이 전체 길이 92미터나 되며 전국에서 세 번째로 큰 범립패식 고분임이 현립 카시하라고고학연구소의 발굴 조사로 밝혀져 16일 발표되었다. 대규모의 바깥 제방은 근처에 있는 일본 최대의 범립패식 고분인 오토메야마고분(전체 길이 130m)에 견줄 만한 것으로 고분 연구의 귀중한 자료이다.

이케가미고분은 오래 전부터 대형 범립패식 고분으로 알려져 왔으나 본격적인 조사는 이번이 처음이다. 현립 우마미구릉공원 조성에 따라

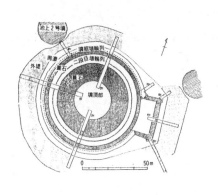

분구 전면에 돌 덮개를 설치하고 2단에 하니와를 나열한 이케가미고분

주변의 8개 장소 모두 500㎡를 발굴해서 덮개석, 원통 하니와 등이 출토되어 고분의 규모와 외형이 밝혀졌다.

밖의 제방을 포함한 전체 길이는 130m, 높이 12m, 후원부의 지름 80.6m, 전방부는 길이 11.4m이다. 분구 전면에 덮개석이 사용되었고 주위에는 최대폭이 15m에 이르는 훌륭한 제방이 있으며 그 안으로 도랑을 둘렀다.

후원부에는 직경 20㎝의 원통 하니와가 2중으로 배열되어 있었다. 분구 아래 첫째 단에는 1.4m 간격으로 듬성듬성 놓여 있었으나 두 번째 단에는 하니와가 빽빽이 놓여져 500개 이상 있었던 것 같다.

고분이 활발히 축조된 5세기 전반의 것으로 오토메야마고분 · 나가레야마고분(전체 길이 103m의 전방후원분)과 같은 시기의 고분이다.

범립패식 고분은 전방후원분의 전방부가 짧은 모양의 고분이다. 피장자가 전방후원분을 만들 만큼의 신분이 아니었으므로 전방부가 규제된 것이 아닌가 생각된다.

이 기사에는 중요한 문제가 포함되어 있어 그 문제에 대한 내 생각도 밝힐 겸 끝까지 인용했다.

먼저 범립패식의 전방부가 짧은 것은 "피장자가 전방후원분을 만들 만큼의 신분이 아니었기 때문에 전방부가 규제되었다"라고 했으나 이 내용에는 문제가 있다.

기사를 다시 한번 보자. 일본에서 세 번째로 꼽을 만한 규모를 가진 대고분이 어째서 그 '전방부의 길이만큼 규제'되었다는 것일까? 5세기 전반에 그러한 규제가 있었다고는 생각하기 어려울 뿐더러 대개 다른 고분의 예를 보아도 알 수 있듯이 전방부의 길이와 신분의 서열과는 관계가 없었을 터이다.

원래 전방후원분의 짧은 전방부는 제사를 지내는 장소로 만들어졌다. 근년에 키타큐우슈우시 코쿠라(小倉)의 야마자키야쯔가지리(山崎八ヶ尻)고분과 오오사카부(府) 유적 등의 발굴조사에 의해 그 사실이 밝혀지고 있으나 한국에서 전방부의 변천을 보아도 알 수 있는 것이다. 이 사실은 일본에서 유명한 전방후원분의 성립과도 관계되는 것이어서 구체적으로 살펴보겠지만 어쨌든 전방부의 길고 짧음은 제사에 쓰기 위해 그렇게 된 것이지 피장자의 신분과는 직접적인 관계가 없는 것이다.

이제 코오료오정을 살펴보기로 하겠다. 앞서 말했듯이 원래 쿠다라촌(百濟村)이었던 이곳의 쿠다라사3층탑까지는 몇 번 가 보았으나 쿠다라촌 주위의 우마미촌과 세난촌(瀨南村)을 합쳐서 된 코오료오정의 교육위원회를 방문한 것은 이번이 처음이었다.

코오료오정 교육위원회에서 사회교육과장인 모리카와 이사무(森川勇) 씨를 만나 이야기를 나누고 안내 책자인 『코오료오』와 『우마미구릉공원을 찾아서』 등을 받았다. 쿠다라사3층탑을 보기에 앞서 이곳에서도 역시 고분을 먼저 살펴보아야 했다. 왜냐하면 이제까지 본 것처럼 우마미고분군은 북군·중앙군·남군으로 나뉘어져 있는 광대한 고분군으로 코오료오정은 그 중앙군에 해당하는 곳이었기 때문이다.

『우마미구릉공원을 찾아서』에 「우마미구릉 주변의 주요 고분」이라는 일람표가 있었다. 29곳의 고분·고분군이 나와 있었으나 그 내용은 코오료오정이 12곳이고 나머지는 야마토타카다시(大和高田市)가 2곳, 카시바시(香芝市)가 4곳, 카와이정(河合町)이 10곳, 카와니시정(川西町)이 1곳으로 되어 있다. 그리고 우마미고분군에는 다음과 같이 씌어 있다.

우마미고분군은 나라분지 서쪽에 위치하고 있으며 북쪽의 사키타테나미(佐紀盾列)고분군·동쪽의 야나기모토(柳本)고분군과 함께 야마토의 대형 고분이 집중되어 있는 지역으로 주목받고 있습니다.

이 고분군은 분포 상황으로 보아 북군·중앙군·남군의 세 무리로 나눌 수 있습니다. 주요 고분 가운데 최초의 고분은 4세기 중반의 전방후원분인 신야마(新山)고분입니다. 이어서 중앙군의 사미다타카라즈카(佐味田寶塚)고분, 스야마(巢山)고분과 그 주변의 고분이 4세기 후반부터 5세기 전반에 축조되었습니다. 카와이오오쯔카(川合大塚)고분을 중심으로 한 북군은 5세기 중반 이후로 축조 시기가 늦어집니다. 남군은 신야마고분을 중심으로 하는 고분군과 쯔기야마고분 및 주변의 고분군으로 형성됩니다.

남군 신야마고분 주변에는 병경식(柄鏡式)의 전방후원분·전방후방분, 야요이시대의 방형대상묘(方形台狀墓) 등이 있고 우마미고분군 중에서도 일찍부터 고분이 만들어진 지역입니다.

신야마고분에서 출토된 띠장식은 중국 진대(晋代)의 것과 아주 흡사하며, 시로야마 2호분에서 출토된 비늘갑옷은 한국에서 전해진 것으로 대륙과 깊은 관련이 있다고 생각됩니다. 스야마고분과 니키야마(新木山)고분을 중심으로 한 중앙군은 범립패식 고분이 집중되어 있는 것이 특징입니다. 우마미구릉공원은 이 지역의 고분을 보존 활용해서 만들었

보쿠야고분 출토 허리띠장식

호등(보쿠야고분)

습니다.

이곳에서 떨어진 병릉(兵陵)에는 죠메이(舒明)천황의 아버지 오시사카노히코히토노오오에(押坂彦人大兄)황자의 묘라고 생각되는 대형 횡혈식 석실분인 보쿠야(牧野)고분이 있습니다. 카와이오오쯔카(川合大

塚)고분을 중심으로 한 북군에는 100m 정도 되는 전방후원분 2기와 방형분 · 원형분이 있습니다. 입지 형태가 남군 · 중앙군과 달리 낮은 평지에 있어서 계보가 다른 고분군이라 하겠습니다.

이러한 우마미구릉의 대형 고분은 야마토 정권과 직접 관계가 있는 고분군으로 해석되고 있습니다.

여기서 눈에 띄는 것은 신야마고분에서 출토된 띠장식은 중국 진대의 것과 아주 흡사하다는 것과 시로야마 2호분에서 출토된 비늘갑옷은 '한국에서 전해진 것으로' 라는 내용이다. 앞서 본 도록 『바다를 건너온 무인』에서는 "신야마고분의 띠장식도 그렇지만 특히 시로야마고분에 대해서는 비늘을 가죽끈으로 꿰어맨 비늘갑옷은 중국에서 만들어진 것으로 생각되고"라고 씌어 있었던 것이다.

문제점이 있다고 생각한 것은 이와 같은 내용 때문이다. 또한 "신야마고분에서 출토된 띠장식은 중국 진대의 것과 극히 흡사한 예가 있고"라는 내용은 타카하시 켄지(高橋健自)가 쓴 『코오료오정사』에도 나와 있다. 타카하시 씨는 일찍이 메이지시대[3] 토오쿄오박물관(현 토오쿄오국립박물관)의 학예원이었다. 나라현립 카시하라고고학연구소 주임연구원인 아즈마 우시오(東潮) 씨가 쓴 「고구려 문물에 관한 편년학적 일고찰」을 보면 "집안(集安) 152 · 159호분과 일본의 신야마고분의 용문(龍文) · 삼엽문(三葉文)계의 띠장식은 3세기 말부터 4세기 초의 것으로 생각된다"고 쓰고 있다.

동북 중국이라고 되어 있는 집안은 427년 평양 천도 이전의 고구려 수도였다. 다시 말해서 이같은 띠장식은 고구려에도 있었다는 것이다. 앞서 본 사이토오 타다시 씨의 「일본에서의 귀화인 문화의 흔적」에는 이 띠장식이 출토된 유적 · 고분이 16곳으로 나와 있다.

이것은 일단 접어두기로 하고 코오료오정 교육위원회에서 북쪽에 위치한 카와이정(河合町)의 우마미구릉공원까지 가 보았다. 매우 잘 정비된 공원이었으나 고분 주변은 그다지 손을 대지 않아 다행이라고 여겼다. 주변에 산재한 고분을 일일이 돌아볼 수는 없었으나 특별사적인 남쪽에 있는 스야마고분까지는 살펴보았다. 이 고분은 그저 수목이 울창한 큰 산이 우뚝 솟아 있는 듯한 모습을 하고 있었다.

앞에 나온『우마미구릉공원을 찾아서』에는 스야마고분에 대하여 다음과 같이 씌어 있었다.

우마미고분군(남북으로 약 4㎞)에서도 가장 거대한 분구(전체 길이 204m)로 북향의 전방후원분이며 일본의 대표적인 고분으로 자주 소개되어 왔습니다. 동쪽과 서쪽에 폭 넓은 제방을 설치, 물을 가득 채우고 있는 웅대한 모습은 고분을 찾는 사람들을 놀라게 합니다.(……)

석실에서 두부에 톱니무늬를 새긴 길이 9.5㎝나 되는 큰 곱은옥 등 옥 종류와 팔찌의 일종인 차륜석(車輪石) · 가래모양돌(鍬形石) · 돌팔

스야마고분

횡혈식 석실(보쿠야고분)

찌(石釧) 등 제사용 돌제품도 출토되었습니다.

우마미고분군에 관한 것은 이미 많이 살펴보았으므로 이쯤 해서 끝내기로 하고, 마지막으로 앞으로 보게 될 쿠다라사3층탑의 전신이었던 쿠다라대사(百濟大寺)를 궁터로 하는 죠메이천황의 아버지인 오시사카노히코히토노오오에황자의 묘라고 생각되는 코오료오정 미요시(三吉)의 보쿠야고분을 보기로 한다.

이 고분에 대해서 도록『발굴·야마토의 고분전』에는 다음과 같이 씌어 있다.

나라분지 서쪽의 우마미구릉 중앙에 있는 보쿠야고분은 지름 약 60m

의 대형 원분으로 거석을 사용한 횡혈식 석실입니다.

석실은 전체 길이 17.1m의 큰 규모이며, 출토된 석관의 파편을 통해 널방 구석벽을 따라 옆으로 집모양 석관이 놓여 있었다는 것을 알게 되었습니다.

이러한 석관은 대부분 부서져 있었으나 유물은 의외로 많이 남아 있었는데, 각종 옥과 금제 고리 그리고 호등(壺鐙)과 말다래장식을 포함한 말갖춤·은장대도·200개 이상의 철화살촉 외에도 많은 스에키가 있었습니다.

6세기 후반부터 말경의 고분으로 생각됩니다.

횡혈식 석실 고분이란 묘제뿐 아니라 장신구인 금제 고리·말갖춤 등 출토품들도 모두 고대 한국에서 도래한 것들이다. 그렇다면 그 피장자가 어디서 온 사람이었겠는가.

쿠다라대사 · 쿠다라대궁

─ 백제의 향기 ─

 내가 쓴『일본 속의 한국 문화』에는 코오료오정 쿠다라(百濟)에 있는
쿠다라대사 터였던 쿠다라사에 대해서는 다음과 같이 약간 언급했을
뿐이다. 그 내용을 조금 인용하기로 한다.

 옛 쿠다라천(百濟川), 즉 지금의 소가천(曾我川)과 카쯔라기천(葛城
川)을 사이에 낀 평야였던 쿠다라노(百濟野)를 가 보기로 한다. 야마토

쿠다라사
입구
안내판

땅에 아주 잘 어울리는 조용하고 한적한 곳으로 "쿠다라노(百濟野)의 싸리나무 마른 가지에 봄 기다리는 휘파람새 우네"라는 『만엽집』에 있는 야마베노아카히토(山部赤人)의 노래도 이 땅의 봄을 노래한 것이었다.

현재 코오료오정 쿠다라로 길 한편에 '쿠다라촌북방(百濟村北方)'이라 쓴 오래 된 돌 표시가 남아 있는 이곳에는 쿠다라사가 있고 중요문화재로 되어 있는 3층탑이 있다. 쿠다라사는 원래 이렇게 조용하고 쓸쓸한 절이 아니었다. 이 땅은 죠메이천황과 코오교쿠(皇極)천황의 쿠다라대궁이었던 곳으로 쿠다라사 역시 쿠다라대사라는 거대한 절이었다.

"추칠월(秋七月) 금년 대궁 및 대사 만들 것을 명하다. 곧 쿠다라천 옆을 궁터로 삼다. 이제부터 서쪽 백성은 궁을 만들고 동쪽 백성은 절을 만든다. 그때 후미노아타이아가타(書直縣)를 대장(大匠)으로 삼다. 12월 이요(伊予)의 온천에 가시다. 그 달에 쿠다라천 옆에 9층탑을 세우다"

『일본서기』 죠메이 11년조(639)에 이와 같이 써 있는데 카도와키 테이지(門脇禎二) 씨가 쓴 『아스카』에는 그 일에 대해 다음과 같이 기술하고 있다.

사업은 상당히 큰 규모로 서국(西國)의 백성들은 쿠다라대궁의 조영에, 동국(東國)의 백성들은 쿠다라대사의 조영에 동원되었다고 한다. 절에는 당시 사람들의 이목을 놀라게 한 망새를 올린 금당 9층탑이 섰다고 한다.(舒明紀 11年 12月是月條, 大安寺伽藍緣起並流記資財帳)

아스카사의 탑이 몇 층이었는지는 알 수 없다. 아스카사 가람배치의 근거가 될 가능성이 있는 고구려 청암리 폐사(淸岩里廢寺)가 육각9층탑이었다고 한다. 『일본서기』에는 아스카사의 탑에 관한 기록이 없다. 때문에 『일본서기』에 쿠다라대사9층탑에 대하여 특별히 기록한 내용이

타이칸대사 터

타이칸대사 출토
막새기와

   사실이라면 일본에서는 아마도 최초의 9층탑이었을지도 모르겠다.

   그러나 이 쿠다라대사는 뒤에 진신노란을 거쳐 텐무천황 때에 아스카로 옮겨져 타케치대사(高市大寺)·타이칸대사(大官大寺)가 되었다. 다시 수도를 아스카의 후지와라쿄오(藤原京)[4]에서 나라의 헤이안쿄오(平安京)[5]로 옮김에 따라 이 절 역시 나라로 옮겨 가 타이안사(大安寺)가 되었다.

현재의 쿠다라사3층탑은 카마쿠라시대에 건립된 것으로 주변 경관
과 잘 어울려져 있다. 경내에는 '백제7촌(百濟七村)'이라는 글이 있는
헌등(獻燈)이 보인다. 탑 뒤로 돌아가 보면 한적하고 넓은 들이 펼쳐져
있고 오른쪽에는 검은색 기와지붕을 맞대고 있는 아늑한 느낌이 감도
는 마을이 보인다.

근처 밭에서 일하는 노인에게 몇 마디 말을 건네 보았다.

"이곳은 쿠다라노·쿠다라촌이라 부르던 곳이라더군요."

"아 그래요. 지금도 쿠다라요."라고 노인은 그렇게 묻는 것이 이상한
듯 나를 쳐다보았다.

위의 내용이 담긴 『일본 속의 한국 문화』 제3권이 나온 것은 1972년
이므로 꼭 20년 전의 일이다. 꽤 긴 세월이었으나 쿠다라사3층탑은 변
함없이 그 곳에 있었다.

쿠다라사3층탑

좀더 확실히 하기 위해 1991년판 『지도본(2) 나라 야마토』를 보면 「쿠다라사」에 대해 다음과 같이 씌어 있다.

카쯔라기천과 소가천 사이에 있는 쿠다라 마을에 3층탑이 우뚝 솟아 있다. 죠메이천황 11년(639)에 쿠다라로 궁을 옮기면서 쇼오토쿠태자가 창건한 쿠마고리정사(熊凝精舍)를 옮겨 쿠다라대사라고 이름붙인 것에서 비롯된다. 훗날 천도와 함께 옮겨진 뒤 건축되어 타이칸대사 · 타이안사로 되었다. 현재 쿠다라사는 카스가와카미야(春日若宮)신사와 같이 있으며 카마쿠라시대의 3층탑과 타이쇼칸(大職官)[6]이라 부르는 본당이 겨우 옛 영화를 짐작케 한다.

"카스가와카미야신사와 같이 있으며"라는 것은 알겠으나 비사문천상(毘沙門天像)을 본존으로 하는 본당이 왜 '타이쇼칸'이라고 불렸는지는 모르겠다. 타이쇼칸은 고대의 최고 관리로 그 직위에 오른 이는 후지와라노카마타리(藤原鎌足)[7] 단 한 사람뿐이었다. 또한 죠메이천황의 궁터가 어째서 한국의 고대 삼국 가운데 하나의 이름을 좇아 '쿠다라대궁'이라고 했는가 하는 점 역시 깊이 생각할 필요가 있을 것이다. '쿠다라(백제)'라는 지명은 오오사카를 비롯해 일본 각지에 아직도 남아 있으나 그것이 다름아닌 야마토 후지와라쿄오(藤原京) 안에도 있었던 것이다.

이노우에 미쯔사다(井上光貞) 외 편, 『연표 일본역사』를 보면 '쿠다라궁과 쿠다라천'에 대한 해설이 이렇게 나온다.

쿠다라천은 지금의 소가천이고 쿠다라궁은 나라현 카시하라시 히다카정(飯高町)에, 쿠다라사는 나라현 키타카쯔라기군 코오료오정 쿠다라에 있었다는 것이 통설이다. 단 전자에서도 뚜렷한 유구가 보이지 않으며 후자인 쿠다라사도 고대까지 거슬러 올라갈 수 있는지의 여부가 의

문이다. 한편, 후지와라쿄오 안에도 쿠다라천이라 불리는 작은 하천이 있고 '히가시쿠다라(東百濟)' '니시쿠다라(西百濟)'라는 지명이 남아 있는 점도 주목된다.

모두 귀화인의 기술을 이용한 상당한 규모의 조영 사업이었던 것 같다. 대궁은 죠메이천황이 죽은 뒤 방치되었으나 대사는 다음 코오교쿠 천황 때에도 공사가 계속되었으며 텐무천황에 의해서 카구산(香具山) 남쪽으로 옮겨져 타케치대사(高市大寺)라 하였고, 뒤에 타이칸대사(大官大寺)로 개명되었다. 헤이죠오쿄오(平城京)[8]로 옮겨진 뒤에는 타이안 사로 불려졌고, 토오다이사(東大寺)가 완성될 때까지 일본에서 가장 큰 절이었다. 소가씨의 아스카사에 대항하려는 의도로 황실에 의해 조영된 최초의 사원이다.

"고대까지 거슬러 올라갈 수 있는지의 여부가 의문"이라고 하면서 "대궁은 죠메이천황이 죽은 뒤 방치되었으나 대사는 다음 코오교쿠천 황 때에도 공사가 계속되어"라고 쓴 것은 모순이 있다(코오교쿠천황 시 대 역시 고대가 아닌가).

어째서 그렇게 썼는지 모르겠으나 어찌 되었든 나는 이 글을 통해 후 지와라쿄오 내에도 쿠다라천이라 불리는 하천이 있고 히가시쿠다라· 니시쿠다라라는 지명이 남아 있다는 것을 처음으로 알게 되었다.

어떤 연유에서인지 궁과 절이 모두 귀화인의 기술을 이용한 상당한 규모의 조영 사업이었던 듯하나 후지와라쿄오 안에 있는 '쿠다라천, 히 가시쿠다라·니시쿠다라'라는 지명은 그들 '귀화인 기술자'가 명명한 것은 아니었을 터이다.

금조전설과 신라의 계명전설

지금까지 코오료오정을 살펴보았으나 야마토 키타카쯔라기군 우마미고분군이 있는 땅을 전부 살펴본 것은 아니다. 아직 키타카쯔라기군의 카미마키정(上牧町), 카와이정(河合町)·오오지정(王寺町)이 남아 있다.

그러나 오오지정은 긴 지면을 할애해야 하는 유명한 호오류우사가 위치한 이카루가정과 인접하고 있다. 이카루가정에는 수년 전에 발굴되어 많은 유물이 출토된 후지노키고분이 있다. 오오지정은 이카루가정과 함께 여러 가지 문제점을 갖고 있으므로 나중에 함께 살펴보기로 하고 키타카쯔라기군에 대해서는 여기서 일단 마무리하기로 한다.

카와이정은 우마미고분군 중에서 열 개 이상의 고분군과 고분이 있는 곳이기 때문에 그중 대표적인 것으로 사미다타카라즈카(佐味田寶塚)고분만을 잠시 살펴보기로 한다. 카와이정 교육위원회에서 펴낸 『고대사 산책의 길/역사 탐방』을 보면 다음과 같이 씌어 있다.

우마미구릉 중앙부에 위치한 구릉 위에 만들어진 전방후원분인 전체 길이 약 111m의 고분으로, 주위에 도랑은 없고 분구에는 기부(鰭付) 원통 하니와를 두르고 있습니다.

사미다타카라즈카고분

가옥문경

1881년에 발굴되었으며 청동거울 36점을 포함해 약 140점의 부장품이 출토되어 전국적인 주목을 받게 되었습니다. 그중 '가옥문경(家屋文鏡)'이라 불리는 거울은 뒷면에 네 채의 건물이 그려져 있어 당시 일본의 주거 형태를 알려 주는 중요한 자료입니다. 4세기 후반 말엽에 축조된 것으로 우마미고분군 가운데 가장 오래 된 전방후원분으로 생각되고 있습니다.

1881년 당시는 아직 고고학이 일반화되지 못하였기 때문에 당시의 중요 출토품 대부분이 궁내청(宮內廳)[9] 소장으로 되어 있었다. 어찌 되었든 청동거울 36점을 포함해 약 140점의 부장품이 나왔다는 것은 대단한 일이다.

뿐만 아니라 이 고분에는 '금조전설(金鳥傳說)'까지 있어 흥미롭다. 이 전설에 대해 앞서의 『고대사 산책의 길/역사 탐방』에는 다음과 같이 씌어 있다.

사적으로 지정되어 있는 사미다타카라즈카고분은 예부터 코가네산(黃金山)이라는 이름으로 친숙한 금조전설의 무대이기도 합니다.

전설에 의하면 해마다 정월이면 코가네산에 어디선가 금조가 날아와 아름다운 소리로 울었는데, 이상하게도 금조가 울고 난 뒤에는 아무리 눈이 많이 내려도 그 주변에 눈이 쌓이지 않았다고 합니다. 이상히 여긴 그 지방 사람들이 보물이라도 묻혀 있는 것이 아닐까 하고 파 보니 많은 귀중한 유물이 발견되었다고 합니다.

수많은 '귀중한 유물'이란 앞서 말한 출토품을 가리키는 것이나 이 내용은 각지에 남아 있는 금계전설(金鷄傳說)과도 뿌리가 같은 것으로 생각된다. 예를 들어 하리마(播磨 · 兵庫縣) 아카시시(明石市) 우오즈미정(魚住町) 시미즈(淸水)에 있는 누사쯔카(幣塚)고분이 그것으로, 코오베(神戶)의 고대사 연구가 마노 오사무(眞野修) 씨가 쓴『누사쯔카고분』에는 다음과 같이 씌어 있다.

단갑(우시로데 3호분).

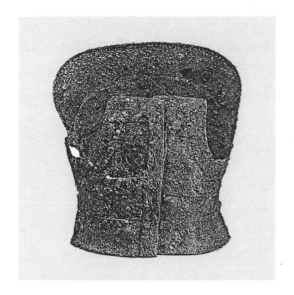

이 고분은 분카(文化) 6년(1809)의 그림에는 누카쯔카야마(糠塚山)라 씌어 있다. 그렇다면 '누사쯔카'는 '누카쯔카'에서 전화된 것일까.

시미즈촌(淸水村)은 메이지 16년(1883)에 있었던 한발과 다음해의 풍해, 메이지 18년의 수해 등 3년 연속으로 일어난 재해로 피폐되었다. 이 누사쯔카고분에 금계가 묻혀 있어 "마을이 어려울 때는 파내도 좋다"고 전해져 내려왔기 때문에 마을 사람들은 회의를 거쳐 메이지 19년에 이 고분을 파보았다.

고분 위 북쪽에서 남쪽으로 8척(약 2.5m)을 파들어 가자 한면에 빨간 칠을 한 편평한 1척 정도의 활석 모양 돌로 정교하게 석실이 만들어져 있었고 곱은옥·대롱옥·소옥 등이 100개 정도 출토되었다. 녹슨 칼이 하나 발견되었으나 금조는 나오지 않아서 도움이 되지 못했다고 한다.(『아카시사(明石史) 자료』)

계속되는 풍수해로부터 어떻게든 벗어나려고 회의를 거쳐서 1886년에 고분을 팠다고 하는 점이 재미있다. 그러나 그러한 전설이 이전부터 있었다는 것은 나름대로 사람들의 절실한 염원이 담겨 있었음에 틀림없다. 이러한 '금계전설'은 이세 시로야마정(白山町)에도 있다. '코멘도야마고분' '코멘도총'이 그것인데 『시로야마정 문화지(文化誌)』에 다음과 같이 씌어 있다.

코멘도야마고분:고죠오(御城) 지역내 히가시아사카(東阿坂)에 원형분이 있다. '코멘도'는 '코멘도리'가 변한 말로 금계전설의 잔재로 생각된다. 타이쇼오(大正)[10] 초기에 이미 발굴되어 토사가 유출되었고 석실은 파괴되어 거의 형태를 잃고 있다.

코멘도즈카고분:난케죠오(南家城) 지역에 있는 미도다니종합유적의 북쪽 헨산(片山)에 '코멘도즈카고분'이라 불리는 원형분이 있다. 히가시아사카의 원형분과 같은 금계전설(금계가 묻혀 있어 설날 아침 일찍부

터 한 번 운다. 만일 마을이 쇠퇴하든지 재해 등으로 곤란한 때에는 이 무덤을 파라. 그렇게 하면 원래대로 일어설 수 있다고 전해짐)의 잔재이다. 이 전설은 전국적으로 분포해서 50여 곳에 이른다고 한다. 봉토는 파혜쳐지고 석실은 파괴되어 천정석이 노출되어 있다.

석실마저 파괴된 것은 재해를 당한 사람들이 전설을 믿고 고분을 팠기 때문임에 틀림없다. 또한 이즈모의 마쯔에시(松江市) 오오바(大庭)에는 신라의 계명전설(鷄鳴傳說)과 관련이 있다[미즈노 유우(水野祐), 「이즈노 속의 신라 문화」]는 미발굴된 니와토리즈카(鷄塚)고분이라는 방형분이 있다. 이 고분 역시 "금계전설이 전해져 오고 금계가 묻혀 있어 좋은 일이 있을 때는 울거나 또는 그 소리를 들은 사람은 오래 산다고 한다"(안내 책자 『팔운(八雲)이 떠 있는 풍토기의 언덕』)고 씌어 있다.
와세다대학 교수 미즈노(고대사) 씨가 말한 "신라의 계명전설과 관련되어 있다"는 것이 일컫는 전설은 바로 "금궤(金櫃)가 시림(始林)의

마쯔에시 오오바의 니와토리즈카고분

나뭇가지에 걸려 있고 그 밑에서 흰닭이 울었다"고 하는 신라 김씨의 시조 전설을 말한다. 신라 김씨 시조 탄생설화를 간단히 소개하면 다음과 같다.

　서라벌(徐耶伐・徐那伐＝新羅) 탈해왕(57~80년) 9년 봄 어느 날 밤 왕궁 서쪽 시림(始林)이라 불리는 숲속에서 닭 우는 소리가 들려 이상히 여긴 왕이 날이 새기를 기다려 신하인 호공(瓠公)을 시켜 가 보게 했다. 호공이 숲에 가 보니 나무 사이에 한 마리 흰 닭이 계속해서 큰 소리로 울고 있고 그 위 나뭇가지에 금빛을 띤 궤가 하나 걸려 있었다.
　호공이 그 광경을 보고 왕궁으로 돌아가 탈해왕에게 고하여 금궤를 가져와 열어 보니 그 속에서 늠름한 남자 아기가 나왔다. 이를 본 탈해왕은 "이 아이야말로 내 후사(後嗣)다"라고 하며 크게 기뻐했다. 곧 그 아이를 왕자로 삼아 이름을 알지(閼智)라 하고 금빛 나는 궤에서 나왔다 하여 그 성을 김이라 했다. 이리하여 이 어린아이가 훗날 신라의 대보(大輔)가 되고 그 후손이 김씨 역대왕이 되었다. 이것이 신라 김씨 시조 김알지에 관한 설화이다. 또한 시림은 계림(鷄林)으로 불리게 되어 훗날 국호가 신라로 바뀔 때까지 서라벌(徐羅伐)에서는 계속 계림으로 부르게 되었다.

　신라의 전설에서는 '백계(白鷄)'였던 것이 일본에서는 '금계' 또는 '금조'로 전해진 것은 '금궤'에서 기인하는 것임에 틀림없다. 아리마(有馬) 온천 근처의 코오베시 카라토(唐櫃)에는 '노논도(布土)의 숲'이라는 곳이 있다. 그 곳에는 황금으로 만든 닭을 넣은 카라비쯔[당궤(唐櫃) 또는 한궤(韓櫃)]가 묻혀 있다고 한다.
　물론 모두 다 전설이지만 신라의 옛 수도였던 경주에는 지금도 '계림'이라는 유적이 있고 조선시대에는 계림팔도(鷄林八道)'(당시는 전국이 8도로 나누어져 있었다)라고 불리기도 하였다. 이러한 까닭으로 어느 시기까지는 닭이 신성시되었고 그 풍습이 일본 열도에 건너온 도래인 속에서도 깊이 남아 있었다. 에치고(越後·新潟縣) 니시칸바라군(西蒲原郡) 마키정(卷町)에는 토리노코(鳥の子)라는 신사가 있는데 닭이 그 곳의 제신이 되어 있었으며, 최근까지 닭이나 달걀을 먹지 않는 곳도 있었다. 예를 들면 이즈모의 미호세키정(美保關町)과 에치젠(越前·福井縣) 쯔루가(敦賀)의 시라기우라(白木浦)〔이곳에 신라(新羅;일본에서는 '시라기'로 읽음)의 시라기(白城)신사가 있다〕 등이 그러하다.

카와이정에 있는 사미다타카라즈카의 '금조전설'로 인해 긴 이야기가 되고 말았다. 키타카쯔라기군은 이쯤 해두고 다시 아스카 타케치군으로 돌아가 살펴보려고 한다. 그런 뒤에 이곳 역시 원래 타케치군이었던 카시하라시에서 출발하여 츄우와(中和) 지역이라 불리는 중앙 야마토 일대를 살펴보기로 한다. 그 전에 한 곳, 아스카 동쪽 옆의 오오우다정(大宇陀町)에 있는 우시로데(後出)고분군을 잠깐 보기로 한다.

내가 우시로데고분에 대해 알게 된 것은 나라현립 카시하라고고학연구소 설립 50주년 기념『발굴·야마토의 고분전』에서이다. 이 고분전은 1988년 11월 토오쿄오 신쥬쿠(新宿)에 있는 오다큐(小田急) 그랜드 화랑에서 열렸다. 도록에 우시로데고분에서 나온 출토품 사진과 함께 다음과 같은 글이 실려 있었다.

우시로데고분 출토 스에키

나라분지에서 동쪽으로 빠진 우다(宇陀) 지역 구릉지에 만들어진 우시로데고분군에는 22기의 원형분이 있습니다. 5세기 후반의 고분이 중심을 이루고 있습니다. 모든 고분이 분구에 목관을 직접 매장하는 방법으로 만들어져 있습니다. 부장품이 풍부한 고분이 많았는데 판갑옷이나 도검·철화살촉 등 무기, 무구가 중심을 이루었고 거울이나 말갖춤도 나오고 있습니다.

2·3·7호분에서 모두 6령(領)의 판갑옷이 출토되었으나 어느 곳에서도 투구는 출토되지 않았습니다. 또한 3호분은 초기 말갖춤인 륜등(輪鐙)과 재갈이 출토되었습니다. 거울은 3호분에서 수형경(獸形鏡) 1점, 20호분에서 수형경과 사훼문경(四虺文鏡) 2점이 나와 전체적으로 보아 무인 집단임을 알 수 있습니다.

아마도 키노카와·요시노천을 따라 올라온 '무인들의 집단' 이 아니었겠는가 여겨지나 그렇다고 해도 굉장한 출토품이었다. 모두 6령의 판갑옷이 부장되어 있는 것도 놀랍지만 더욱 흥미로웠던 것은 그 곳에서 출토된 토기였다. 전형적인 초기의 스에키, 즉 고대 한국의 가야 지

사훼문경(왼쪽)과 수형경(오른쪽)

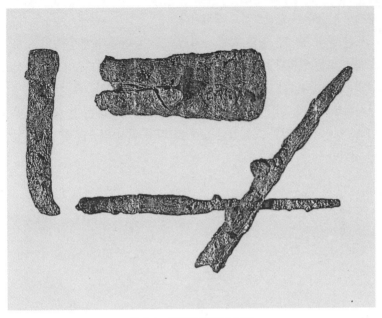

철제 농기구(우시로데 3호분)

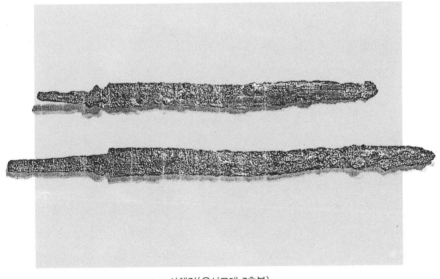

사행검(우시로데 7호분)

방에서 만들어진 도질토기로 생각된다.

　또한 철제 농기구 등과 함께 초기 말갖춤인 륜등과 재갈이 나온 것도 흥미로운 일이다. 그 중에는 사행모양 철기도 있었다. 이것은 앞서 살펴본 사이타마현 교오다시 향토박물관에서 간행한 『조선반도에서 무사시로/바다를 건너온 문화』와 앞의 「하니와가 뜻하는 것」에서 보았던 말 엉덩이에 깃발을 세웠던 도구로, 이것 역시 일종의 말갖춤이었던 것이다.

‖ 역주 ‖

1) J R(Japan Rail road) : 일본 국철이 민영화된 이름. 일본철도주식회사.

2) 야마타이코쿠 : 삼국지 「위지 왜인전(魏志倭人傳)」에 기록된 2세기 후반에서 3세기 전반 무렵 왜(倭)에 있었으며 여왕 히미코가 지배했다는 강대한 나라.

3) 메이지시대(1867~1912년) : 메이지(明治)천황이 재위한 시대.

4) 후지와라쿄오 : 지토오(持統)천황(694년)부터 겐메이(元明)천황 710년 헤이죠오쿄오(平城京)로 옮길 때까지 3대 16년의 수도.

5) 헤이안쿄오 : 칸무(桓武)천황 때 794년 나가오카쿄오(長岡京)에서 옮겨와 1868년 동경으로 옮길 때까지의 수도.

6) 타이쇼칸 : 타이카 3년(647)에 제정된 13계 관위부터 664년 26계 관위까지 그 가운데 가장 높은 위계(位階). 단 한 사람만이 후지와라노카마타리가 이 지위에 오름.

7) 후지와라노카마타리(614~669년) : 후지와라씨(藤原氏)의 조상. 원래는 나카토미씨(中臣氏). 나카노오오에황자를 도와 소가대신을 멸하고 타이카개신에 큰 공을 세워 텐지천황 때에 타이쇼칸 · 내대신(大職官 · 內大臣)에 이름.

8) 헤이죠오쿄오 : 710년 겐메이천황 때에 후지와라쿄오에서 옮겨와 784년 나가오카쿄오로 옮길 때까지의 수도.

9) 궁내청(쿠나이쵸오) : 황실 관계의 국가사무 및 천황의 국사 행위에 관한 사무를 관장하고 인장을 보관하는 행정기관. 총리부(總理府) 외국(外局).

10) 타이쇼오시대(1912~1926) : 타이쇼오(大正)천황 재위 시대.

제6부

6 야마토분지의 중심부

—타와라모토정—

카라코 · 카기 유적

　야마토분지 중앙부라는 뜻을 지닌 츄우와(中和) 지역은 원래는 시키노카미[城上(式上·시키죠오)], 시키노시모[城下(式下·시키게)], 토오이치군(十市郡)이었던 시키군(磯城郡)의 타와라모토정(田原本町), 미야케정(三宅町), 카와니시정(川西町) 등으로 이루어진 곳이다.

　나는 우선 타와라모토정으로 향했다. 그 곳은 카시하라시 킨키전철 미나미오오사카선 카시하라신궁 앞 역에서 갈려 나오는 카시하라선의 대여섯 번째 역쯤 되는 곳이었다.

　그 곳으로 가는 길은 일찍이 나카카이도오(中街道)[1]였던 국도 24호선이 쭉 뻗어 있어 택시로도 빨리 갈 수 있는 곳이었다. 그런데도 지금까지 이 지역을 거의 살펴보지 못했다.

　내가 『일본 속의 한국 문화』 제3권 「야마토」를 펴냈을 때가 1972년 10월로 그 책에 이 지역에 관해 다음과 같이 조금 언급한 일이 있다.

　호오류우사 앞에 선 나는 '이곳은 언젠가 또 들러야지' 하고 생각하며 다가온 택시를 타고 좌측 국도 24호선으로 나와서 카라코지(唐古池)에서 쿠다라노로 향했다. 쿠다라노는 타와라모토 부근에서 오른쪽으로 돌아나오는 곳이지만 카라코지는 타와라모토의 국도 24호선을 따라 왼편에 있었다.

이 카라코지는 『일본서기』 오오진(應神) 7년조에 "추구월(秋九月) 타케우치노스쿠네(武內宿禰)에게 명해서 각지의 카라히토(韓人)로 하여금 연못을 만들게 하다. 그런 연유로 연못 이름을 카라히토의 연못(韓人池)이라 부르다"라 기록되어 이 연못을 가리키는 것이었다. 남북 200m, 동서 100m의 이 연못은 1937년의 발굴에 의해 야요이시대 유물이 많이 나왔기 때문에 지금까지 카라코(唐古) 유적으로 더욱 유명하다.

타와라모토(田原本)에는 이 밖에 호오키사(法貴寺)라는 곳에 하타(秦)씨족의 씨신의 하나였던 하타오리(機織) 여신을 모신 이케니이마스아사기리키하타히메(池坐朝霧黃幡比賣)신사가 있다. 이곳은 그냥 지나치기로 하고 옛 쿠다라천, 즉 지금의 소가천과 카쯔라기천 사이의 평야를 일컫는 쿠다라노를 가 보기로 한다.

쿠다라노 및 쿠다라사3층탑에 대해선 「쿠다라대사·쿠다라대궁」에서 살펴본 바와 같다. 타와라모토 등 츄우와 지역은 나중에 알고 보니 신라·가야로부터 도래한 하타씨족의 집단 거주지였을 뿐 아니라 하타씨족과 밀접한 관계에 있던 아메노히보코(天日槍)[2] 집단계라고 칭하는 사람들도 여기저기로 퍼져 나갔다.

이제부터 이에 관한 것을 다루기로 하겠다. 우선 타와라모토라고 하면 벼농사를 짓던 야요이 유적으로 알려진 카라코·카기(唐古·鍵) 유적이다. 이곳에서 최근까지 진행된 40여 차례에 걸친 조사중에 누각을 그려 넣은 토기의 파편이 새롭게 나와 더욱더 널리 알려지게 되었다. 이에 앞서 우리는 벼농사의 야요이문화와 관련된 쿄오토대학 명예교수 하야시야 타쯔사부로(林屋辰三郎·일본사) 씨의 「아메노히보코와 진무동정 전설(神武東征傳說)」이라고 부제를 단 『고대의 타지마(但馬)』를 보아두지 않으면 안 된다. 그 내용은 다음과 같다.

진무동정[3]은 새로운 일본 역사연구에서는 사실이 아닌 것으로 되어 있다.『진무천황실재론(神武天皇實在論)』따위의 저서도 나와 있으나 본래부터 믿을 수 없는 것이고, 하물며 진무천황이 카시하라궁(橿原宮)에서 즉위했다고 하는 건국기념은 있을 수 없는 일이리라. 진무천황의 실재와 건국기념일의 제정 따위는 물론 나도 반대한다. 그러나 진무동정 전승 자체를 문학적인 창작이라고 잘라 말할 수 있을까 하는 관점에 대해서는 그 의미를 약간 음미할 필요가 있지 않을까.

요컨대 "진무동정 전설이란 것은 일본에 논농사를 전해준 농경 집단이 서에서 동으로 옮겨간 과정을 6~7세기 지식을 기초로 말하고 있다"고 하면서 하야시야 씨는 이어서 다음과 같이 쓰고 있다.

신라의 왕자라고 알려진 아메노히보코의 농경 집단은 한국에서 키타큐우슈우로 건너와 세토나이카이를 통해 하리마(播磨)의 시키와읍(宍栗邑)을 거쳐 아와지(淡路)를 지나 요도천(淀川)으로 들어가(……)나는 이것이 아메노히보코 집단 도래의 전승이라고 생각한다. 진무동정의 전승과 매우 비슷한 점이 있다. 아메노히보코라는 이름이 나타내듯이 호코(槍)는 말할 필요 없이 신을 가리키는 것으로, 이것은 타케미카즈라노카미(武甕雷神)[4]의 검(劍)처럼 천둥(雷)을 표현하고 있다. 즉 아메노히보코라는 신명(神名) 속에 진무동정 전설의 여러 가지 진수가 응축되어 있다.

이 아메노히보코에 대해 조금 더 살펴보면 "농경 집단은 한국에서 키타큐우슈우로 건너와 세토나이카이를 통해 하리마의 시키와읍을 거쳐 아와지를 지나 요도천으로 들어가……"라고 썼으나 그것은 그저 그곳을 거쳐갔다는 것이 아니고 그런 지역으로 퍼져 갔다는 것을 의미한다. 예를 들어 하리마에서의 그들의 발자취를 상세히 조사한 오오사카시립대학 명예교수 나오키 코오지로오(直木孝次郞·일본사) 씨가 집필한 『효오고현사(兵庫縣史)』 제1권을 보면 '아메노히보코'에 대해 마지막 부분에 다음과 같이 쓰고 있다.

이와 같은 아메노히보코의 전설이 성립된 사정에 관해서는 여러 가지 해석이 있으나 히보코(日槍)를 그러한 이름을 가진 한 사람의 인물로 생각해서는 안 될 것이다. 아마도 긴창과 검으로 신을 섬기는 종교를 신봉하는 집단이 고대 한국, 특히 신라로부터 도래했다고 하는 것이 이 전설의 기반이 되었다고 생각된다.

'진무천황'에 대해서는 앞의 「카쯔라기 왕조」에서 다룬 바 있지만 이것과 관계되는 전승과 유적 또한 아메노히보코라 칭하며 여기저기 퍼져 나가고 있다. 예를 들면 뒤에서 다룰 타와라모토정(田原本町)에 있는 오오(多)신사의 제신이 이와 관련있는 것으로 알려져 있다.

일본 문화의 근간이 된 벼농사의 대표적인 야요이 유적의 하나인 카라코·카기 유적이 있는 타와라모토정을 다시 찾은 것은 1992년 5월 하순이었다. 타와라모토정에서는 카라코·카기 유적 조사로 발견된 「회화토기전(繪畵土器展)」이 중앙공민관에서 열리고 있었다.

회화토기는 큐우슈우인지 키나이인지 아직 그 위치에 대한 논쟁이 계속되고 있는 야마타이코쿠(邪馬台國)의 '누각'을 그린 것이 아닌가 싶은 토기 파편을 중심으로 한 것이었다. 나는 전시회를 본 뒤 공민관에 가서 『타와라모토정 매장문화재 조사년보』 3권을 받고 또 교육위원회를 찾아가 『타와라모토정사(田原本町史)』 등을 얻었다.

『타와라모토정 매장문화재 조사년보』는 49차에 걸친 카라코·카기 유적의 발굴이 중심으로 되어 있다. 최근 새롭게 이 유적이 신문에 크게 보도되는 등 주목받게 되었는데, 누각으로 생각되는 그림이 그려진 토기 파편이 출토되었기 때문만은 아니었다. 나는 야마타이코쿠가 어

누각 그림이 새겨진 파편

카라코 · 카기 유적 출토 토기

디에 있었는지에 대해서는 별로 깊이 생각하고 싶지 않으므로 토기 파편에 관해서는 접어두고, 우선 1992년 1월 30일자 아사히신문 나라판에 "타와라모토의 카라코 · 카기 유적 전국 최대의 환호(環濠)[5]/외적에 대비한 견고한 방어/청동기 대주조소"라는 머릿기사로 다음과 같은 기사가 나와 그것을 살펴보기로 한다.

야요이시대의 큰 취락터인 시키군(磯城郡) 타와라모토정 카기의 카라코 · 카기 유적에서 29일까지의 조사로 사가현 요시노가리 유적에 견줄 만한 야요이 중기(약 2천 년 전)의 전국 최대 환호가 발견되었다. 취락은 청동기 대주조 센터를 겸비하였다고 추정되며 외적의 침입을 막기 위한 단단한 방어망을 갖고 있었던 것으로 보인다.

타와라모토정 교육위원회가 키타(北)소학교 수영장 건설로 630㎡를 발굴 조사했다. 교육위원회에 의하면 환호는 4개로 동북에서 서남 방향으로 약 5~9m간격으로 평행하게 파여 있었다고 한다. 환호는 마을이 있는 북쪽으로 갈수록 컸는데 가장 북쪽 환호가 폭이 약 10m, 깊이 약 2m, 다음이 폭 5.5m, 깊이 1.8m이고, 제일 남쪽은 일부만이 조사 구역에 해당되었으나 폭이 5m 이상, 깊이 1m였다. 환호는 밑이 평편하고 역대형(逆臺形)이다. 가장 북쪽과 그 다음의 환호부에서 교각의 일부로 보이는 나무 조각도 발견되었다. 취락의 동남 부분에 해당되므로 이곳이 마을의 남쪽 출입구였던 것 같다.

이타즈케 유우스식 논 유적

　전국 최대의 야요이시대 취락터인 요시노가리 유적 환호의 경우 외호(外濠)가 폭 6.5m, 깊이 3m의 V자형으로 수십 미터 떨어져서 그보다 작은 내호(內濠)가 축조되어 있다. 카라코·카기 유적의 환호는 요시노가리의 외호보다 얕으나 폭이 넓고 4개나 축조되어 있어서 적으로부터 방어하는 기능이 떨어지지 않는다고 교육위원회는 보고 있다.

　카라코·카기 유적에서는 1937년의 발굴로 목제 농기구 등이 발견되었다. 야요이시대에 벼농사를 지었다는 증거가 처음으로 발견된 유적으로 유명하다. 그 뒤에 조사된 취락조사에서 약 30ha로 밝혀져 요시노가리 유적이 발견되기 전까지 전국 최대였다.

　이번 조사로 동탁과 무기, 흙으로 만든 청동기틀 등도 다량으로 발견되어 이 유적이 킨키 지방의 청동 주조소였던 것으로 보인다.

　현립 카시하라고고학연구소 이시노 히로노부(石野博信) 부소장은 "요시노가리의 환호 유구의 경우, 본래는 훨씬 크지만 윗부분이 없어져 출토된 상태로 보아 카라코·카기 유적 터가 더 크고 전국 최대 규모일 것"이라고 말한다.

　청동기 주조소의 유구도 근처에 있다고 보여지므로 꼭 주변도 발굴했으면 싶다.

다시 나타난 야요이문화

　환호 취락·유구는 이미 야요이시대 전기 일본 최고의 것으로 북부 큐우슈우 이타즈케(板付) 유적이 있었다. 근년에 그것이 새삼스레 문제가 된 것은 야마타이코쿠(邪馬台國)의 중심부였을 것으로 추측되는 요시노가리(吉野ヶ里) 유적 환호 취락이 발굴되었기 때문이다. 또한 한국에서도 그와 같은 환호 취락이 발굴되어서 더욱 주목받게 되었다.

발굴된 나무울타리 기둥자리 터

조금 긴 인용이 되긴 하겠지만, 한국에서 발굴된 것에 대해 1990년 3월 30일자 아사히신문(서부)은 "중국으로부터, 그리고 일본으로 뒷받침?/한국에 있었다/환호 취락터/이타즈케 유적보다 조금 앞서는가" 라는 제목으로 다음과 같이 보도하고 있다.

일본 야요이시대에 등장하는 큰 도랑을 두른 환호 취락이 최근 한국에서도 발견되었다. 경상남도 울산(고대에 가야·신라 땅) 근처 검단리 (檢丹里)에서 처음 발굴되어 환호 취락의 기원을 연구하는 귀중한 자료로서 고고학자들의 주목을 받고 있다고 한다.

큐우슈우대학 니시타니 타다시(西谷正) 교수(고고학)가 현장을 방문하여 자료를 갖고 돌아와 이같은 사실이 알려졌다. 야요이 전기의 것은 후쿠오카시(福岡市)의 이타즈케 유적이 일본 최고의 취락터로 되어 있으나 그 전파 경로는 확실치 않았었다. 니시타니 교수는 "중국에서 한국을 경유해서 일본에 전해졌다고 하는 견해를 뒷받침하는 발견이 아니겠는가"라고 말하고 있다.

검단리 유적 발굴은 부산대학교 박물관이 골프장 확장에 따른 긴급조사로 올해 1월 말부터 시작되었다. 표고 104m에서 123m의 비탈에서 길이 120m의 도랑이 확인되었다. 도랑은 표면이 깎여 있으나 V자 모양이었고 남은 부분은 폭이 2m에서 0.5m, 깊이 0.9m에서 0.2m였다. 전체 길이는 180m, 폭 60m의 긴 타원형 환호라고 한다.

환호 안팎에서 90동의 움집터(竪穴住居)가 발견되었고 비탈 위쪽을 향해 팠던 입구도 발견되었다. 같은 구릉 위에서 고인돌(지석묘) 2기도 발견되었다. 출토품으로 민무늬토기와 붉은간토기·돌칼·주상결입돌도끼(柱狀抉入石斧)·간돌화살촉(磨製石鏃) 등이 나왔는데, 한국에서는 기원전 4세기 이전 청동기시대 전기에 해당한다고 한다. 니시타니 교수에 의하면 일본에서는 야요이시대 전기 초엽에 해당한다고 한다.

환호 취락은 중국 신석기시대 앙소(仰韶)문화의 섬서성(陝西省) 반파

한국 · 송국리 유적
출토 탄화미

(半坡) 유적 등에서 발굴되고 있다. 그러나 북부 큐우슈우의 이타즈케 유적의 시대를 뒷받침하는 유적은 발견된 적이 없었다. 이타즈케 이후 환호 취락은 사가현의 요시노가리, 나라현의 카라코 · 카기 등 전국적으로 퍼져 나갔다고 되어 있다.

니시타니 교수는 "이타즈케 유적과 거의 같은 시대이거나 조금 앞선 유적이다. 한국에서 환호 취락이 발견되리라 예상은 하고 있었다. 기원을 해명할 열쇠가 된다"고 말하고 있다.

이 기사는 검단리 유적에 대한 것이나 그 밖에도 1992년 7월 25일자 아사히신문에 "한국 최고의 나무울타리 취락터/기원전 5~4세기 초엽/요시노가리의 뿌리/송국리(松菊里) 유적에서 발굴"이란 기사가 나왔다. 전부는 인용할 수 없고 도입부와 마지막 부분만을 살펴보면 다음과 같다.

한국 남서부 충청남도 부여군 송국리(고대는 백제였던 땅) 유적을 24일까지 조사한 결과 일본의 죠오몬시대[6] 말기에 해당하며 기원전 5~4세기 초엽으로 생각되는 한국 최고의 나무울타리 취락과 환호가 발굴되었다. 농경 사회 형태를 갖춘 대규모 취락이었음이 확인되었다. 나라국립문화재연구소의 사하라 마코토(佐原眞) 매장문화재센터소장을 비롯한 야요이시대 연구가들은 "이타즈케와 요시노가리 유적 등을 포함하는 야요이문화 성립 연구에 있어서 그 구체적인 실재 모습이 처음으로 한국에서 얻어졌다"고 높이 평가하고 있다.(……)

송국리형 주거지는 지금까지의 조사를 합치면 40여 곳으로 크기는 40㎡에서 16㎡ 등 여러 가지이며, 중앙에 작업용이라 생각되는 깊이 20~30cm, 긴 지름 60cm 정도, 짧은 지름 30~50cm의 타원형 구멍을 파고 기둥을 세웠다. 이곳에서 돌로 만든 농기구 등을 만든 듯하다.

탄화된 쌀은 자포니카종으로 4곳에서 약 400g 정도 나왔다. 직경 25~30cm, 깊이 25cm의 작은 기둥구멍이 밀집된 곳이 있는데 취락과 그 위치로 보아 고상(高床) 창고이거나 망루 터였을 가능성이 높다.

일본 국내의 대규모 환호 취락으로서는 1989년에 발견된 사가현 요시노가리 유적이 있다. 전체 넓이는 약 22ha이며 야요이시대 초기에서

한국·송국리 유적 출토 토기

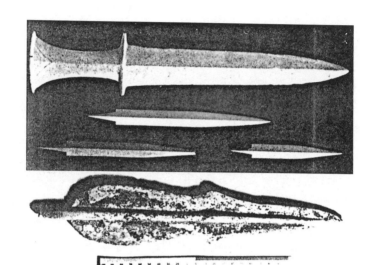

한국 · 송국리 석관묘 부장 유물

후기에 걸쳐 취락을 둘러싼 환호와 대분묘군, 대창고군, 일본 최고의 청동 공방 등이 확인되었다. 환호는 남북 1㎞, 동서로 450m이며 내호와 인접한 몇 개의 망루 터가 있다.

이건무 한국국립중앙박물관 고고학부장의 말 — 송국리형 집터의 취락은 조금 후대의 것으로 서일본 등에도 있다. 송국리 유적의 연대는 큐우슈우의 이타즈케 하층이나 나하타(菜畑) 유적보다도 오래 된 듯하다. 송국리 농경 문화가 비교적 빠른 속도로 현해탄을 건너간 것이라고 생각된다.

니시타니 교수의 말 — 벼농사가 처음 시작된 시기에 이처럼 당당히 환호를 두르고 울타리를 설치했다는 것은 놀랍다. 작은 형태의 밀집된 기둥구멍을 현지에서 보았는데 입지 조건으로 보아 망루라는 인상을 받았다. 망루는 요시노가리 망루의 원형(原形)이라 생각된다.

또한 이 기사에 이어 1992년 8월 4일자 아사히신문 석간에는 이 유적을 현지에서 본 니시타니 교수의 "야요이문화의 당시 모습 방불/한국의 환호·나무울타리 취락 발견"이라는 글이 실려 있다. 이것 역시 처음과 마지막 부분을 보면 다음과 같다.

한국에서는 처음으로 청동기 또는 민무늬토기시대의 환호 취락이라 할 수 있는 경상남도 울산 검단리 유적 발견에 관하여 본지가 처음으로 보도한 것은 2년 전 1990년 봄이었다. 올해에도 5곳의 환호 취락이 발견되어 현재 일본고고학계의 뜨거운 시선이 한국으로 향해 있다.(……)
송국리 유적은 송국리형이라 불리는 원형 집과 요녕식동검(遼寧式銅劍) 등 풍부한 부장품이 나온 석관묘 그리고 탄화된 쌀을 다량으로 저장하고 있었던 대상수혈식(袋狀竪穴式) 식량 저장고, 나아가 36~61ha에 이르는 넓은 규모 등은 한국의 청동기시대를 대표하면서 벼농사를 기반으로 하는 취락 유적으로 잘 알려져 왔다. 또한 그 문화 요소의 일부가 야요이문화 성립기에 북부 큐우슈우에까지 미치고 있는 점 때문에 지금까지 항상 주목되어 왔다. 그리고 최근에는 새로이 방어적 성격이 강한 나무울타리가 발견되기에 이르러, 벼농사를 기반으로 하는 환호 취락으로 유명한 이타즈케와 요시노가리 유적으로 상징되는 '야요이문화의 당시 모습'을 떠올리게 한다.

최근 몇 년 동안 일본과 한국의 고고학이 눈부신 발전을 하게 되었다. 그러한 까닭에 한국뿐 아니라 일본의 원시·고대에 관한 것도 심층적으로 밝혀지게 되었다. 지금 이후에도 많은 발견이 계속될 것으로 생각한다.

취락과 도로 유적

앞에서 야요이문화에 관련되는 환호 취락은 이후에도 많은 발견이 계속 될 거라고 썼다. 그런데 놀랍게도 3,4일 뒤에 신문을 보니 새로운 보도가 있었다.

1992년 8월 21일자 아사히신문 조간에 "죠오몬 말기의 이중환호/일본에서 가장 오래 됨/나카(那珂) 유적에서 출토"라는 기사가 다음과 같이 실렸다.

후쿠오카시(福岡市) 하카타구(博多區) 나카 유적에서 죠오몬 말기(기원전 4세기)에 만들어진 이중으로 된 환호 일부가 출토되었다고 시교육위원회가 발표했다. 야요이시대에 많이 보이는 환호가 죠오몬 말기로 확인된 것은 처음으로 일본에서 가장 오래 된 것이다.

시교육위원회에 의하면 환호는 바깥쪽 도랑이 폭이 약 5m, 깊이 2m로 V자형이다. 안쪽 도랑은 폭이 약 2m, 깊이 1m의 역대형이다. 지표가 깎였으므로 당시는 각각 1m 이상 더 깊었을 것이라고 교육위원회는 추정하고 있다.

발굴된 길이는 외호가 25m, 내호가 38m로 약 8.5m 떨어져 있으며 동심원을 이루듯 완만하게 휘어 있다. 환호가 원이라 가정할 경우 외호

후쿠오카시 나카 유적에서 발굴된 일본에서 가장 오래 된 이중환호

의 직경이 약 160m, 내호는 약 140m가 된다고 한다.

도랑 밑바닥에서 죠오몬 말기의 것이라는 유우스식(夜臼式) 토기 파편이 출토되어 시대를 알 수 있었다.

도랑의 안쪽은 조사 범위가 좁았을 뿐 아니라 개발로 인해 지표면이 이미 깎여 있었으므로 집터와 같은 유구는 확인할 수 없었다.

이 시기 유적으로는 이번에 발견된 환호에서 동쪽으로 약 1.5㎞ 떨어진 곳에 가장 오래 된 무논(水田) 터로 알려진 이타즈케(板付) 유적이 있다. 이타즈케의 환호는 야요이 전기 초엽의 것으로 시교위는 "나카 유적의 환호는 이타즈케보다 약 50년 앞선다"고 보고 있다.

후쿠오카대학 오다후지오(小田富士雄) 교수(고고학)는 "이 정도 물길을 만들려면 상당한 정도의 사회질서가 이루어져 있지 않으면 안 된다. 한국에서 벼농사 기술이 전해진 것과 동시에 취락의 형태도 완성도가 높은 것이 들어오지 않았겠는가"라고 말하고 있다.

역사적인 기록이 될 수 있기 때문에 전문을 인용했다. 토오쿄오신문은 이를 아사히신문보다 훨씬 크게 다루고 있다. 원색 사진과 함께 26면의 기사는 다음과 같이 되어 있었다. "도래인의 식민지?/나카 유적의 이중환호/『왜국대란(倭國大亂)』의 싹(芽)을 나타내는 전략적 유구/죠오몬 사람들과 항쟁, 나노쿠니(奴國)[7]가 세웠는가" 그리고 "나노쿠니는 중국 기록에 나타나는 가장 오래 된 왜인국으로 야마타이코쿠(邪馬台國) 태두 이전에는 왜국의 맹주적 존재"였다고 쓰고 다음과 같이 열거하고 있다.

학계의 정설은 벼농사와 환호 취락 등의 문화적 특징을 가진 대륙인들이 북부 큐우슈우로 도래하여 야요이시대가 시작되었다는 것이다. 나카 유적은 이중환호의 규모로 보아 도래인 집단의 식민지로도 생각되며, 그 자손이 토착 죠오몬 사람과 다른 도래인 집단과 항쟁을 되풀이하면서 훗날 나노쿠니를 건설해 갔다는 상상도 성립한다.

이 유적의 이중환호 유구는 수렵이나 채집 중심의 죠오몬시대에서 국가 권력을 수반하는 농경사회인 야요이시대로 가는 과도기의 사회 변혁을 연구하는 데 대단히 중요한 발견임이 틀림없다.

여기 보이는 나노쿠니의 중심부는 현재의 후쿠오카시 남쪽 카스가시(春日市) 지역으로 되어 있으나 이곳에는 30여 점의 중국 전한기의 동경, 동검, 동과(銅戈) 등이 출토된 스쿠오카모토(須玖岡本) 유적이 있다. "이 유적은 한국의 형식에 가까운 고인돌(지석묘)이라는 판단에 이르렀다. 규모의 크기와 많은 부장품 등으로 보아 이것을 나노쿠니의 왕묘로 보는 사람도 있다"(후쿠오카현 고등학교사회과연구회 역사부회 편『후쿠오카현의 역사 산보』)고 한다.

"이것을 나노쿠니의 왕묘로 보는 사람도 있다"고 한 것은 그렇다 하더라도 이 유적은 "한국의 형식에 가까운 고인돌"이라고 쓴 것은 애매

한 표현이다. 필자는 근처 쿠마노(熊野)신사 경내로 옮겨진 이 고인돌의 거석을 십여 년 전 고고학자인 하라다 다이로쿠(原田大六) 씨와 함께 가서 본 적이 있다. 이것은 큐우슈우 어디에나 있는 고인돌에 지나지 않았다.

또한 나노쿠니왕 하면 시카노시마(志賀島)에서 출토된 국보 '한왜노국왕(漢倭奴國王)'이라 새긴 금인(金印)이 유명하다. 금인이 출토된 곳도 나노쿠니왕 가운데 한 사람의 분묘로 보이는 고인돌이었다. 이러한 고인돌이 과연 어떠한 것인지에 대해서는 『큐우슈우 역사자료관/종합안내』의 「무덤의 변천」에 다음과 같이 씌어 있다.

야요이시대의 사회나 문화 등을 복원하는 자료로는 무덤이 있다. 벼농사를 일본에 전한 한국인들은 새로운 형식의 무덤인 고인돌을 동시에 전했다.

고인돌은 기원전 천 년 무렵부터 있었던 한국 묘제의 하나로 남부 지방의 것은 북부 큐우슈우와 동일 문화권이었다고 하는데 원래 가야 지방이었던 경상남도와 전라남도의 해안 지방에 집중되어 있다. 지금도 전라남도만 해도 1만 3,000여 기가 남아 있다.

이상은 「다시 나타난 야요이문화」를 보충하는 내용이나 하나 더한다면 「금조전설과 신라의 계명전설」에 대해 언급하겠다.

그 장의 끝부분에 아스카 동쪽 오오우타정에 있는 우시로데고분군에서 '모두 6령의 판갑옷' 등 무인들의 집단을 상상할 수 있는(『발굴·야마토의 고분전』) 출토품을 보았다. 그것에 관해 필자는 다음과 같이 썼었다. "아마도 키노카와·요시노천을 따라 올라온 무인들의 집단이 아니겠는가 여겨지나 그렇다고 해도 굉장한 출토품이었다." 와카야마시 키노카와 하구에서 요시노천·야마토로 가는 경로에 관해서는 역시 「고죠오의 네코즈카고분에서 키이로」에서 살펴보았으나 이번에는 강을 이용하는 경로말고도 강을 따라 도로가 있었다는 또 다른 사실을 알게 되었다.

역시 최근의 신문 보도로 알게 된 사실이다. 먼저 1992년 8월 20일 자 아사히신문 조간은 '일본 최고(?)의 카이도오(街道) 발견'이라는 머릿기사로 다음과 같이 보도하고 있다.

나라현 고세시 카모카미(鴨神) 유적에서 와카야마현으로 통하는 옛 도로(街道)의 유구가 발견되었다고 19일 나라현립 카시하라고고학연구소가 발표했다. 늦어도 고분시대 중기인 5세기 전반에 완성된 것으로 보이며 일본에서 가장 오래 된 도로로 보는 견해가 많다.

배수가 잘 되도록 지하에 나뭇가지를 묻는 등 손이 많이 간 특수한 구조로 지금의 국도 수준이다. 한국과의 교류 창구였던 키이와 야마토 지방을 연결하는 중요 도로였을 것이라고 카시하라고고학연구소는 추측하고 있다.

발견된 도로 터 유구는 길이 약 120m, 폭이 약 2.7m이다. 구릉의 비탈 자락을 돌 듯이 가면서 경사가 심한 곳에서는 구릉을 U자 모양으로 잘라 내어 고개 정상에 이르고 있다.

지반이 단단한 곳에서는 직경 1~5cm되는 자갈을 깔고 그 위에 점토를 40~60cm 정도 쌓았다. 약한 지반에는 나뭇가지를 다발로 만들어 묻어 배수 도랑의 기능을 갖게 했다.

조사를 담당한 오우미 토시히데(近江俊秀) 기사는 "이 길의 연장선 근처에 있는 네코즈카고분에서는 한국으로부터 전해졌다고 생각되는 부장품이 출토되는 것으로 보아 야마토와 한국을 연결하는 중요한 도로일 가능성이 높다"고 말하였다.

이것 역시 중요한 기록의 하나이기 때문에 전문을 인용했다. '이 길의 연장선 근처에 있는 네코즈카고분'이 있는 고죠오시에는 네코즈카

스에키 장식 항아리(미니미아다 오오쯔카야마고분)

고분말고도 사슴뿔 장식의 도검이 출토된 쯔카야마고분과 스에키 장식 항아리 등이 출토된 미나미아다 오오쯔카야마(南阿田大塚山)고분도 있다.

이에 관한 신문 기사를 좀더 살펴보면 어찌 된 일인지 토오쿄오신문이 훨씬 크게 취급했다. "이것이 고대의 국도"라는 원색 사진이 실린 기사가 1면과 26면에 나와 있고 26면에 나온 기사는 "키이와 야마토를 연결하는 주요 카이도오(主要街道)인가/나라 · 카모카미 유적/5 · 6세기의 도로 터 발견/배수 시설 등/작은 돌을 넣어 개수한 곳도"라고 되어 있다.

또한 23일자 조간 칼럼인 「후데아라이(筆洗)」는 다음과 같다.

• 카모카미 도로 유적은 아스카쿄오(飛鳥京)와 후지와라쿄오(藤原京)의 대로(大路)보다 앞선 것으로, 고도의 기술을 이용한 토목 공사에 의해 만들어졌다. 야요이시대 전기 것으로 생각되던 취락을 둘러싼 이중 환호가 후쿠오카의 죠오몬시대 말기 유적에서 발굴된 것처럼 유구는 항

가장 오래 된 도로 유적

상 고대를 거슬러 올라간다.

• 고대 세토나이의 키비 지방에 야마토에 대항하는 호족이 있었는데, 그들이 이즈모로(出雲路)와 키비로(吉備路)를 만들었다. 카쯔라기산에서 가까운 고세시 부근에도 유력한 호족 카쯔라기씨가 있었다. 제철 기술을 갖고 있던 도래계 사람들이다.

이 카쯔라기산에서 가까운 고세와 키타카쯔라기군으로 되어 있는 지역은 앞서 살펴보았다. 그러나 조금 아쉬운 점은 카쯔라기 왕조의 중심지였던 고세시 주변을 조금 더 세밀히 살펴보지 못한 점이다.

오오씨의 오오신사

 타와라모토정(田原本町)의 카라코·카기 유적에 대해 글을 쓰던 중 새로운 발견이 이어져서 마냥 길어지고 말았으나 다음으로 넘어가지 않으면 안 되겠다.

 이른바 츄우와 지역은 타와라모토정만 해도 살펴볼 것이 많다. 앞에서 카라코·카기 유적에서 보이는 벼농사에 관해서 쿄오토대학 하야시야 씨가 쓴 「아메노히보코와 진무동정전설」이란 부제를 단 『고대의 타지마(但馬)』를 통하여 유명한 진무동정전설과 아메노히보코 집단 도래설이 같음을 살펴보았으나 타하라모토에는 이 진무천황과 아메노히보코 집단에 관련되는 유적이 많다.

 우선 진무천황에 관계되는 것으로 타와라모토정 오오(多)에 오오(多)신사가 있다. 정식 명칭은 오오니이마스미시리쯔히코(多坐彌志理都比古)신사이다. 신사본청 편 『신사명감』을 보면 "테이칸(貞觀) 3년 정3위(正三位)를 봉수(奉授)받아" "엔기 때에 명신대사의 반열에 오르고" "흔히 오오대명신(多大明神)이라 칭하며 29개 촌의 씨신이다"라고 되어 있다.

 이른바 『엔기식』(924년 성립)의 명신대사로 이 지역 일대에 퍼져 있던 오오씨족의 씨신이었던 것이다. 그리고 제신은 진무천황과 그 왕자

타하라모토 오오신사

인 카무야이미미노미코토(神八井耳命)이다. 즉 카무야이미미노미코토
가 오오씨족의 조상이라는 것이다. 이 오오씨족에서 나온 유명인으로
서는 『고사기(古事記)』 편찬으로 유명한 오오노야스마로(太安万呂)[8]와
'진신노란' 때에 텐무천황 편에 섰던 장군 오오노호무지(多品治) 등이
있다. 물론 이들 이외에도 많이 있으며 오오씨족이 있었다고 생각되는
신사와 지명이 전국 각지에 퍼져 있다.

예를 들면 사가현 시라이시정의 향토지 『시라이시사담회(白石史談
會) 10년의 발자취』에 실린 모리카와 히로후미(森川弘文) 씨가 쓴 「타
케카시마노미코토(建借間命)는 키시마(杵島) 산록 출신인가」를 보면,
"오오씨(太·大·大生·意富·飫富·於保)의 조상은 진무천황의 맏아
들이었던 카무야이미미노미코토이다. 진무천황이 큐우슈우를 본향으
로 하고 있는 점, 오오씨계가 쿠니노미야쯔코(國造)에 가장 많은 점,
히노쿠니(肥國)〔히젠(肥前)·히고(肥後) 즉 사가현(佐賀縣)·쿠마모토현
(態本縣)〕를 본관으로 하는 오오씨가 큐우슈우에서 아즈마(東國)[9]로 들

어갔다는 것이 비군동천설(肥君東遷說)이다〔오오타 료오(太田亮)·쿠리타 히로시(栗田寬)〕라 하고 그 두 사람에 관해 다음과 같이 쓰고 있다.

오오씨가 큐우슈우 왕조 그 자체로 왕조 기능을 가질 수 있었던 것은 높은 생산성을 가진 철제 기술 덕분이었다. 북방계 오오씨는 일찍부터 제철 기술을 대륙에서 도입하였다. 키타큐우슈우 일원에는 제철 유적이 집중되어 있다.

'이후쿠(伊福)'는 제철촌(製鐵村)을 나타내는 지명이다. 요시노가리(吉野ヶ里) 뒤쪽에 있는 이후쿠촌(伊福村), 히젠타카키군(肥前高來郡·長崎縣 南高來郡)의 이후쿠촌도 마찬가지이다. 미나미다카키군(南高來郡) 아리아케정(有明町) 스가(菅)에서 제철 유적이 확인된다.

오오씨와 관련이 있는 땅에는 오오타(大田·太田)와 아라타(荒田), 시오타(鹽田)가 있다. 이 오오타(大田·太田)의 지명에는 多·太·意富·飫富·於保(전부 '오오'로 읽힘)도 포함된다. 오오타는 뒤에 타다(多田), 타다(多馱)로 바꿔 읽힌다.

'타(田)'는 모두 타타라(풀무)와 관계가 있다. 그 배경으로 광산을 끼고 있다는 점, 도래인과 깊은 관계가 있다는 점, 또한 주요 도로에 위치하는 곳이 많다는 점 등으로 분석되고 있다(是澤恭三).

여기서 인용된 사람은 코쿠가쿠인(國學院)대학 강사였던 신도(神道) 연구가 코레사와 쿄오죠오(是澤恭三) 씨로 『신도종교(神道宗教)』에 게재된 그의 「오오타족(大田族)의 활동」의 내용을 조금 인용해 보면 다음과 같다.

여기서 오오타족이라는 것은 적절한 단어(詞)가 아닐지 모른다. 그러나 오오타라는 지명 또는 성씨, 나아가 신의 이름이나 신사 등과 어떤 관계가 있는 도래인·귀화인의 연고를 가진 집단을 상정해서 이름지어 보았다. 그리고 그러한 집단이 일본에서 어떠한 활동을 해왔는가에 관해 쓰려고 한다. 그런데 오오타라는 지명만 해도 일본 국내에 가장 많은 지명이고 오오타라고 부르는 성씨 역시 아주 많아 상세한 조사는 상당히 어렵다. 그래서 우선 대강 정해 본 것이다. 또한 족(族)이라는 말은 씨족 또는 종족·민족·부족 등으로 사용된다. 여기서는 그 정도로 한정된 의미는 아니다. 그러므로 나중에라도 적절한 말이 생각나면 바꿀 예정이다.

다음으로 '오오타족'에서 '大' 자를 썼으나 오오(大)는 多, 太, 意富, 飫富 등으로 쓰였다는 점, 大田은 邑田, 多田, 多駄, 網田 등으로 쓰였다는 것까지 포함해서 서술하겠다. 단순히 전체적으로 추리에 의한 결론이 될지 모르겠지만, 특히 인명의 경우 순수 혈통을 유지하고 있는 사람은 극히 드물고 그저 땅이름에서 성을 따와 혈통과 전혀 무관한 경우도 있으리라 생각된다. 나아가 지명에 관해서는 오늘날의 토오쿄오도 오오타구(大田區)와 같은 것은 옛이름인 오오모리(大森)와 카마타(蒲田) 2구를 합친 것이다. 최근에 빈번히 행해지고 있는 정·촌(町·村) 합병 등으로 성립된 오오타(大田)와 오래된 예로 이바라키현(茨城縣) 마카베군(眞壁郡) 오오타촌(大田村)은, 1889년에 정·촌제(町村制)를 시행할 때 오오타니천(大谷川)과 타타니천(田谷川)의 머리 글자를 따서 촌명으로 정한 것도 있었으므로 이러한 지명들은 물론 문제로 삼지 않는다.

오오씨 또는 오오타씨족이 제철 씨족이기도 했다는 사실은 아메노히보코 집단이 신라·가야로부터 벼농사와 함께 제철과 방직 기술도 전했다는 것을 의미하는 것이다. 이것은 잠시 접어두기로 하자. 타하라모토의 오오신사에 관해서는 『타와라모토정사』와 고대사가 야마토 이와오(大和岩雄) 씨의 『일본고대시론(日本古代試論)』에 상세히 나와 있다. 야마토 씨는 "토오이치군(十市郡·磯城郡)의 엔기식 대사는 다음의 16사"라 하고 '오오니이마스미시리쯔히코(多坐彌志都比古)신사 2좌'

등을 열거한 뒤 다음과 같이 쓰고 있다.

이 16사 가운데 오오니이마스신사 2좌와 황자신명신사(皇子神命神社)·희황자명신사(姬皇子命神社)·소두신명신사(小杜神命神社)·미취신명신사(尾就神命神社)를 '오오6사(意富六社)'라 한다. '己上四神大社皇子神'이라는 주(註)가 있으나 『엔기식』 신명장(神名帳)에는 보이지 않는다. 또한 『오오신궁주진장(多神宮注進狀)』에 의하면 엔기식의 대사인 子部神社, 目原坐高御魂神社와 竹田神社, 下居神社도 오오(多)신사의 약궁(若宮) 또는 외궁(外宮)이다.

토오이치군(十市郡) 엔기식내 대사 16사 가운데 10사를 오오씨가 관장하였던 것이다. 군내 식내대사의 약 3분의 2를 오오씨가 독점하고 월차신상(月次新嘗)에 참여하는 식내 대사 2사를 약궁으로 갖고 있는 예도 다른 곳에는 없다.

이것만 보아도 오오씨의 신사는 대단한 것이라고 생각된다. 또한 야마토 씨는 "『엔기식』 신명장에서는 이세신궁은 오오(太)신사로, 미와(三輪)신사는 오오(大)신사라고 쓴다. 이들 신사는 오오(多)신사와 관계있는 신사"라고 하면서 '『엔기식』에 오오신(太神)·오오신(大神)이 붙은 신사'를 다음과 같이 적고 있다.

太神宮三座(伊勢國渡會郡) / 大神社(伊勢國飯高郡) / 太神社(伊勢國朝明郡) / 大神社(尾張國中嶋郡) / 太神社(伊勢國中嶋郡) / 大神神社(遠江國浜名郡) / 大神神社(美濃國多藝郡) / 太部神社(美濃國賀茂郡) / 大神社(下野國都賀郡) / 大神社(越後國頸城郡) / 大神社(因幡國巨濃郡) / 大神神社(美作國上道郡)

흥미로운 점은 타와라모토의 오오신사는 이세신궁뿐 아니라 그 동쪽

정면에 솟아 있는 미와산(三輪山)을 신체(神體)로 하는 미와명신(三輪明神)인 오오미와(大神)신사와도 관계가 있다는 점이다. 그 관계가 그림으로 그려져 있고 다음과 같이 기록되어 있다.

오오노미야(多宮)에서 모시는 오오카미는 미와산이며 산꼭대기에서 떠오르는 태양이다. 『고사기』『일본서기』에 의하면 미와의 신은 바다를 비추며 나타난 아마테루(海照)의 신으로, 아마테루(天照)로 되어 '왜(倭)의 아오카키(青垣)의 동쪽 산 위에' 임하시는 신이다. 동쪽 산 위는 아침해가 떠오르는 곳이 아닌가.

명쾌한 논술로 씌어진 오오신사의 게시판에는 "오오노야스마로(太安萬侶)로 알려진 오오씨는 이 땅에 살며 야마토평야 벼농사의 개척자로서 번영하여 왔다"고 되어 있다. 그들은 농경과 밀접한 관계가 있는 태양 신앙의 씨족이기도 했던 것이다.

신사의 원형 히모로기[10]

오오신사에 관해 조금 더 살펴보기로 하자. 이 신사에 대해서는 앞서 야마토 이와오 씨가 쓴 『일본고대시론』에 나와 있으나 『타와라모토정사』에도 상당히 자세하게 씌어 있다.

그것을 일일이 다 볼 수는 없으므로 원래 어떠한 신사였는가 하는 구절만을 보아 두기로 한다. 즉 "오오신사는 오오씨의 씨신을 모신다. 『엔기식』 신명장에 오오니이마스미시리쯔히코(多坐彌志理都比古)신사 2좌"라고 나와 있고, 또한 네 황자의 신사로서 "황자신명신사 · 희황자명신사 · 소두신명신사 · 미취신명신사를 들고 있다"라 하고 다음과 같이 기술되어 있다.

미시리쯔히코(彌志理都比古)신사 2좌라는 것은 미시리쯔히코대신〔水知律彥大神(珍子賢津日靈神像—天忍穂耳命)〕과 히시리쯔히메대신〔日知律姬大神(天祖聖津靈神尊—天照大神)〕을 가리키며 앞의 4신사와 합쳐 로쿠쇼대신(六所大神)이라 불리고 있다. 미시리쯔히코의 유래는 카무야이미미노미코토(神八井耳命)가 카무누나카와미미노미코토〔神淳名川耳命 · 제3황자 스이제이(綏靖)천황〕에게 황위를 물려준 일(身退律)에서 온 것이라 하며 '수신(水神)' '해신(日神)'의 성격도 지니고 있다. '카무야이(神八井)'의 이(井)는 후세의 토이치 엔츄우(十市遠忠)가 쓴 노래에 "내려라 천한 백성의 무덤이 닳아 없어지도록. 비야, 오오신의 뜻대로"라는 기우신(祈雨神)의 신앙을 뒷받침해 주는 것이다.

경내에 원구(圓丘)가 있고, 주진장(注進狀 : 토지대장)에 "황제 카무야이미미노미코토는 제궁에서 내려와 당국(當國)의 카스가노아가타(春日縣)에 거하고, 큰집을 조영해서 국정을 돌보다. 이곳에 히모로기 이와사카(神籬磐境)를 세워 놓고 코오소대신(皇祖大神)[11]을 제례했다"는 유적지로 전해지고 있다. 또한 이 신사의 토리이는 지금은 동쪽에 한 개뿐이다. 북쪽(新木)에 오오토리이(大鳥居)라는 지명이 남아 있고 서쪽은 이이다카(飯高)에, 남쪽(新口)에 각각 토리이란 이름이 남아 있다고 한다. 즉 신사의 사방에 토리이가 있으므로 참배 도로가 사방으로 나 있었음을 알 수 있다. 곧 이 신사가 사전제식(社殿祭式)이 아니고 원래는 원구를 신의 대용으로 쓴 히모로기(神籬) 제식(祭式)이었다는 것을 말해 주고 있다. 오오씨 일족은 이 땅을 고향으로 삼고 각지로 옮겨 살며 번영했다는 것이리라.

어려운 내용일 것 같아 해설을 덧붙인다면 우선 미코토(命 또는 尊)가 붙은 신명에 대하여 "상고(上古) 때 신이란 사람이다"〔아라이하쿠세키(新井白石『東雅』)〕라는 간결한 해답이 있다. 즉 미코토의 앞은 사람이름이고 '미코토'는 존칭이다. 그리고 뒷부분의 히모로기 이와사카(神籬磐境)는 아메노히보코와도 관계 있는 것으로, 에도시대 후기 유명한 고증학자였던 후지이 사다모토(藤井貞幹·藤井幹이라고도 함)가 쓴 『충구발(衝口發)』의 「제사」 항에 다음과 같이 씌어 있다.

히모로기(神籬)는 후세의 신사(神祠)이다. 무엇보다도 그 사람의 몸을 섬기는 주(主)를 모신 것이다. 히모로기(此毛呂岐)라 훈(訓)으로 읽는 것은 원래 신라의 말을 빌려 썼기 때문이다.(……)예를 들면 거울을 만들어 그것을 그 사람의 몸으로서 항상 빈소에 두고 공양하는 것을 대신해서 사용한 말이다. 아메노히보코가 가져온 곰(熊)의 히모로기도 히보코가 부조(父祖)의 주체임을 나타낸다.

이와사카(磐境)는 무덤을 말한다. 그 뜻은 시신을 매장하면 다시 돌아올 수 없다는 것이며, 반석이 서로 맞물려 왕래할 수 있는 경계를 격리한다는 뜻으로 반경(磐境)이라는 글씨를 빌려 이와사카라고 읽는다.

이것 역시 상당히 어려운 내용이다. 이보다도 필자가 중요하게 여기는 것은 "이 신사는 사방에 토리이가 있어 참배 도로가 사방으로 나 있었다는 것이다. 또한 이 신사가 사전제식이 아니고 원래는 원구를 신의 대신으로 쓴 히모로기 제식이었다는 것을 말해 주고 있다"는 내용이다. 즉 이 내용이 "아메노히보코가 가져온 곰 히모로기도 히보코가 부조의 주체임을 나타낸다"는 내용과 직접 연결되고 있기 때문이다. 여기서 원구는 '이와사카(磐境)' 즉 소박한 형태의 원형분이었음에 틀림없다.

원래 고분과 신사는 밀접한 관계를 갖고 있다. 필자 역시 이같은 생각을 가지고 집필이나 강연을 해왔다. 민속학자 타니카와 켄이치(谷川建一) 씨도 같은 의견을 가지고 있다. 타니카와 씨는「신사는 무엇에서 유래하는가」에서 이렇게 쓰고 있다.

요즘 나는 일본 각지의 신사를 찾아다니는 것을 일과로 삼고 있다. 그런데 거기서 발견한 것은 신사 경내에 고분이 많다는 사실이다. 신사는 성스럽고 묘지는 그렇지 못하다는 성예(聖穢)의 관념에 사로잡혀서 신사 안에 묘지가 있다는 사실을 감추려고 하는 신주(神主)와 니의(禰宜 : 신주(神主) 밑의 신직(神職)〕 등이 좀처럼 그 사실을 인정하려고 하지 않는다.

그렇지만 이러한 관념 자체는 불교가 도래하여 보급된 뒤의 일이다.

그 이전에는 죽은 자와 산 자를 격리하는 성예의 관념이 존재하지 않았었다. 일족의 조상이나 토지 호족의 매장 터를 참배하는 것은 당연한 일이었으며 후대 신도가(神道家)들이 기피하는 일은 전혀 없었다.

신사의 기원이 고분이라는 사실은 내가 발견한 것이 아니고 이미 에도시대부터 많은 학자들이 지적해 온 사실이다.

이같은 내용은 앞서 본 후지이 사다모토 씨가 쓴 『충구발』의 「상장(喪葬)」 항에도 나와 있다. "후세에는 죽음을 와니(穢·더러울 예)라 하고 매장하는 일도 모두 와니라 했다. 상고(上古) 때는 그렇지 않았다. 무덤을 사(祠)로 하였고 따로 사를 세우지 않았다. 해마다 꽃이 무성하게 필 때면 번가무(幡歌舞)를 추며 신을 섬기었다. 미모로산(三諸山)은 후세에 이르러 산(山)을 사(社)라 하였고, 또한 신의 몸으로 삼아 쉽게 가까워졌다. 미모로산은 즉 무덤이다. 제사를 지내는 데 모두 무덤을 받들었으며 더럽다고 하는 일이 없었다. 죽음, 상을 당한 사람, 무덤을 더럽다고 한 것은 사이쵸오(最澄)[12]·쿠우카이(空海)[13]가 시작한 불가의 설이다"라고 씌어 있다.

여기서 말하는 '미모로산'이란 오오미와(大神)신사의 '신체(神體)'가 된 미와산을 말한다. 미와산 즉 '미모로산'이 '무덤(墓)'이라는 사실은 아직 그다지 알려져 있지 않다.

‖ 역주 ‖

1) 카이도오(街道) : 각 도시 사이를 연결하는 주요 도로. 에도시대에는 에도에서 각지로 통하는 5카이도오 외에 와키오우칸(脇往還) 등이 있었다.

2) 아메노히보코 : 일본 설화 중에 신라의 왕자로 스이닌(垂仁)천황 때에 일본으로 건너와 효오고현(兵庫縣) 이즈시(出石)에 머물렀다는 인물.

3) 진무동정 : 전승상에 나오는 제1대 천황으로 휴가국(日向國) 타카치호궁(高千穗宮)을 출발해서 세토나이카이를 거쳐 키이국(紀伊國)에 상륙. 나가스네비코(長髓彦) 등을 평정하고 660년 야마토국 우네비(畝傍)의 카시하라궁에서 즉위했다고 함.

4) 타케미카즈치노카미 : 健御雷命로도 씀. 일본 신화에 나오는 아마노오하바리노미코토(天尾羽張命)의 아들. 무용(武勇)의 신으로 숭상됨. 후쯔누시노미코토(經津主命)와 함께 아마테라스 오오미카미의 명을 받고 이즈미국에 내려와 오우쿠니누시노미코토(大國主命)를 설득해서 국토를 봉환시켰다.

5) 환호 : 취락의 사주(四周)에 도랑을 두른 것을 말함. 이미 야요이시대에 있었다고 하며 특히, 남북조·무로마치시대에 방어를 목적으로 발달함. 야마토 지방에 많음.

6) 죠오몬시대 : 죠오몬(繩文)토기를 표식(標式)으로 하는 시대. 기원전 1만 년을 전후에서 기원전 4~5세기까지. 주로 움집터로 된 취락을 이루고 채집, 어로, 수렵 등에 의지해서 살았다.

7) 나노쿠니 : 야요이시대에 북부 큐우슈우에 있었던 소국. 훗날 나노아가타(儺縣) 또한 나카군(那珂郡)이 됨. 현재의 후쿠오카현(福岡縣) 쯔쿠시(筑紫) 사와라(早良) 카스야(粕屋)의 3군에 걸친 지역.

8) 오오노야스마로(?~723년) : 『고사기』를 기록한 사람으로 『일본서기』의 편찬에도 관계했다고 전함.

9) 아즈마 : 키나이로부터 동쪽에 있는 여러 지방을 가리킴. '아즈마' 라 읽어 하

코네(箱根), 아시가라(足柄), 우스이(礁水)의 동쪽 지방을 일컫기도 함.

10) 히모로기 : 신령이 살고 있다고 생각되는 산, 숲, 노목 등의 주위에 토키와목(常磐木)을 둘러심고 옥벽을 쌓아 신성한 곳임을 나타내는 것. 훗날 실내 정원 위에 토키와목을 세워 신이 사는 곳이라 해서 '히모로기'라 부름. 아마테라스 오오카미 또는 진무천황을 가리킴.

11) 코오소대신 : 천황의 선조.

12) 사이쵸오(767~822년): 헤이안 초기의 승. 일본 천태종(天台宗)의 개조. 804년 당에 들어가 천태교학(天台敎學)을 공부하고 805년 돌아와 천태종을 세움.

13) 쿠우카이 : 코오보오대사 참조.

제 7 부

고대 한국에서 건너온
아메노히보코족

아메노히보코의 도래 경로

  지금까지 아메노히보코 도래전설과 같은 형태였던 진무동정전설 중에서 진무천황의 왕자인 카무야이미미노미코토를 시조로 받든 오오씨족의 오오신사의 원형을 살펴보았다. 이번에는 아메노히보코 집단에 대해 살펴보기로 한다. 타와라모토의 카라코·카기 유적에서 오오신사 쪽으로 걸어가 본 적이 있으므로 이번에는 타와라모토정 북서쪽에 위치한 카와니시정(川西町)을 찾았다.

  두 곳 모두 아메노히보코 집단과 관련이 있는 땅이다. 카와니시정에는 아메노히보코를 조상으로 하는 이토이(糸井)씨족의 씨신이었던 이토이신사가 있다. 앞서도 말했듯이 츄우와 지역을 이같이 자세히 살펴보는 것은 처음 있는 일이나 다행스럽게도 좋은 안내서가 있어 도움이 되었다.

  나라현 가쿠엔야마토정(學園大和町)에 사는 토박이 연구가 마쯔무라 마사키(松村正樹) 씨가 쓴 『역사의 갈래길』에 「츄우와에 남아 있는 하타(秦)씨의 발자취」라는 부제를 단 「마호로바의 도래인」이 그것이다. '마호로바'는 야마토를 가리키는 말이다. 『역사의 갈래길』은 저자인 마쯔무라 씨로부터 직접 받았다.

  이 『역사의 갈래길』을 참조하고 나름대로의 의견을 넣거나 보충 설

이토이신사

명을 하면서 카와니시정·미야케정 주변을 살펴 가기로 한다. 「마호로
바의 도래인」은 다음과 같이 시작되고 있다.

킨키전철 카시하라선 유우자키역(結崎驛 : 타와라모토정으로부터 두
역 앞)에서 내려 똑바로 서쪽으로 향해 가면 이윽고 울창한 숲이 눈에
들어온다. 이곳이 이토이신사이다. 왼쪽으로 꺾인 길을 정면으로 돌면
이 부근에서 좀처럼 볼 수 없는 훌륭한 붉은색 토리이가 솟아 있다. 그
바로 안쪽에 큰 등롱(燈籠)이 있는데 거기에 큼지막하게 적힌 '어성주
무운장구(御城主武運長久)'라는 글자가 보이고 그 밑에 열 곳이 넘는 마
을들의 이름이 열거되어 있다. 텐포오 연호가 새겨진 코마이누(狛犬)[1]
를 카메라에 담으면서 소박하게 만들어진 배전(拜殿)을 들여다보고 깜
짝 놀랐다. 여러 가지 에마(繪馬)[2]·액자(獻額) 등이 걸려 있고 오래 된
것은 케이쵸오(慶長) 8년명(1604)도 있었다. 성대한 제례와 기우제 모
습 등을 그린 것, 무사의 싸움을 그린 것, 스모오의 대진표 등과 함께 새

오오미와신사의 신체인 미와산

로 만든 노오가쿠를 신불(神佛)에 헌상했다는 내용의 글씨도 있었다. 따
라서 이곳이 칸제류 노오가쿠(觀世流能樂)[3]의 유서 깊은 땅이라는 것을
짐작케 하였다.

　『야마토지료(大和志料)』에 나온 이 신사의 유래를 보면 흔히 '유우자
키 명신(結崎明神)' '하타오리전(機織殿)'이라고도 해서 야마토 땅에
들어와 양잠을 하여 처음으로 비단을 짠 아야하토리(漢織)와 쿠레하토
리(吳織)의 신령을 받든다 하였고 또한 '키누히키카미(絹引神)'로도 불
린다고 하였다.

　제신은 토요스키이리히메노미코토(豊鋤入姬命)·사루타히코노미코
토(猿田彦命)·아야하토리명신(綾羽明神)·쿠레하토리명신(吳羽明神)
이다. 배전 뒤쪽으로 가서 안을 살펴보면 본전 오른쪽에 조그마한 사당
3채가 나란히 놓여 있다. 『와슈우식내신사고(和州式內神社考)』에 의하
면, 이 사당에 모셔져 있는 것은 '타지마국이즈시사동체아메노히보코
야(但馬國出石社同體天日槍也)'라고 한다. 아메노히보코는 '천일아(天

日矛)'라고도 쓰며 『고사기』와 『일본서기』에는 신라의 왕자로 부인인 아카루히메를 따라 일본에 도래한 인물로 추앙받기도 한다. 한국에서 건너온 히보코(히보코로 상징되는 집단)가 도착한 곳이 타지마국(但馬國) 이즈시(出石)이다. 이곳에 히보코를 모신 이즈시신사가 있는데 타지마국의 궁으로 되어 있다. 그 밖에도 이 일대에 히보코를 모신 신사가 열 곳 이상 있다.

분명히 말해 아메노히보코 전설은 진무동정 전설과 같이 일본 문화를 최초로 접할 때 반드시 이해해야만 하는 전설과 같은 형태(林屋辰三郎, 『고대의 타지마』)처럼 중요한 것이기 때문에 해설을 덧붙여야 할 것이다.

우선 "한국에서 건너온 히보코가 도착한 곳이 타지마국의 이즈시"라고 되어 있으나 이것은 마쯔무라 씨가 잘못 쓴 것은 아니다.

『일본서기』 스이닌(垂仁) 3년조에 "신라의 왕자 아메노히보코가 오다. 갖고 온 물건은 우태옥(羽太玉) 한 개, 족고옥(足高玉) 한 개, 우카카(鵜鹿鹿)의 적석옥(赤石玉) 한 개, 이즈시의 작은 칼 한 개, 이즈시의 창 한 자루, 거울 한 점, 쿠마노히모로기(熊神籬) 한 구 등 합쳐서 일곱 종류이다. 타지마국에 보관하면서 항상 신물(神物)이라 했다"라고 기재되어 있다.

이른바 일곱 개의 신보(神寶)인데 신사의 원형이라 할 수 있는 '쿠마노히모로기 한 구'와 훗날 신궁·신사의 신체가 되는 '거울 한 점'이라는 것이 중요하다. 이것이 『고사기』에는 '오진경(奧津鏡)·변진경(邊津鏡)'으로 되어 있다. 그것은 접어두고 『고사기』에 "이때에 아메노히보코는 우지가와(菟道河)에서 거슬러 올라가 북쪽 오우미국(近江國) 아나읍(吾名邑)에 들어가 잠시 살았다. 또한 오우미에서 와카사국(若狹國)을 거쳐 서쪽 타지마국에 이르러 그 곳에 주거를 정하다"라고 씌어 있다. 이런 식이었기 때문에 마쯔무라 씨가 히보코가 도착한 곳이라 쓴 것도 무리는 아니다.

그 때문에 몇 번이나 타지마의 이즈시를 방문했었고 십여 년 전에는 『일본 속의 한국 문화』라는 잡지가 주최했던 「일본 속의 한국 문화 유적 순례」의 임시 강사 자격으로 쿄오토대학 교수 우에다 마사아키(上田正昭 · 일본사) 씨와 함께 그 곳을 찾은 적도 있었다.

그때 필자는 우에다 교수에게 "타지마는 아메노히보코 집단이 최후로 도착한 곳이 아니라 오히려 그들 일파가 상륙했던 곳이 아니었을까?"라고 말한 적이 있다. 그것은 아메노히보코와 같은 설화의 인격신인 쯔누가아라시토(都怒我阿羅斯等)가 도래한 경로가 나가토(長門 · 山口縣)에서 이와미(岩見 · 島根縣)에 이르는 동해 연안으로 에치젠(越前 · 福井縣)의 쯔루가(敦賀)에까지 이르고 있다는 사실에서도 알 수 있다.

이들 아메노히보코 집단의 일파는 타지마 해안에서 마루야마천(圓山川)으로 거슬러 올라가 온통 습지로 이루어진 그 일대를 개발했다. 이는 마치 하타씨족이 야마시로(山城 · 京都府)의 아라시야마(嵐山) 산기슭에 호즈천(保津川)의 급류를 막아 지금의 치토리가후치(千鳥久淵)를 넓게 파서 넓혀 오오이천(大堰川 · 桂川)을 만들어 쿄오토분지를 개발했던 것과 같은 것이었다. 이런 연유로 아메노히보코는 '국토 개발의 신'으로서 타지마국의 으뜸가는 신사인 이즈시신사에 모셔지게 된 것이다.

한편 이즈시에 관한 고고학적 견해를 보면 1989년 8월 22일자 요미우리 신문에 "고분 부장품에 사철/4세기 말 목관묘에서 출토/효오고(兵庫) · 이리사야마(入佐山)"란 제목으로 다음의 기사가 실렸다.

효오고현 이즈시정 시모타니(下谷)의 이리사야마(入佐山)분묘군에 있는 4세기 후반(고분시대 전기)의 방형분 목관묘 터에서 자석에 반응하는 검은색의 가루가 약 500g 출토되었다. 발굴을 맡은 교육위원회가 신

이즈신사

일본제철 야하타 기술연구부의 오오사와 마사미(大澤正巳) 연구원에게 분석을 의뢰한 결과 사철(砂鐵)로 밝혀졌다.

철의 원료인 사철이 고분에 부장된 경우는 전국에서 이번이 처음이다. 철은 5세기에 이미 국산화되어 있었다고 하나 그 최초의 시기는 잘 알 수 없다. 그러나 당시 이즈시에는 이미 제철 집단이 존재했을 가능성을 나타내는 사료로 주목된다.

고분은 높이 약 95m의 산 정상에 있는 가로 36m, 세로 23m, 높이 3m의 3호분이다. 사철은 목관 안에 피장자의 머리 부분부터 10㎝ 정도까지 사방에 검게 퍼져 있었다. 오오사와 연구원이 조사한 바에 따르면 사철 특유의 이산화티탄과 파나지움이 검출되었다고 한다. 목관 안에는 도래품인 거울과 화살촉, 도끼, 낫, 긴 칼, 검 등 다수의 철제품도 매장되어 있었다.

철기는 죠오몬시대 말기(기원전 2세기경)에 대륙에서 전해졌다고 한다. 사철을 원료로 한 것은 5세기 후반에는 국산화되었던 듯하나 그 이

전은 확실치 않다.

오카야마(岡山)대학 콘도 요시오(近藤義郎) 교수(고고학)는 "지금까지 철찌꺼기는 수없이 나왔으나 사철이 부장된 예는 없었다. 철과 관계된 집단의 수장이 묻혀 있는 것이 아니겠는가"라고 말했다.

『엔기식』에 아메노히보코를 '국토 개발의 신'으로 모시는 신사가 이즈시신사라고 하는 것으로 보아 마침내 타지마의 이즈시가 아메노히보코 집단이 '도착한 곳'이라고 생각된다. 그렇지만 아메노히보코족이란 결코 한 집단이 아니고 그 유적은 전국 각지에 산재해 있다.

그들은 큐우슈우의 이도시마스이도우(糸島水道)까지 상륙했던 것은 물론, 치쿠젠(筑前·福岡縣)의 『위지(魏志)』「왜인전(倭人傳)」에서 말하는 이토국(伊都國)〔이곳의 왕이었던 이토노아가타누시(怡土縣主)는 아메노히보코족〕의 이토군〔伊土郡 ; 현재는 이토시마군(糸島郡)〕을 거쳐 부젠(豊前)·분고(豊後)[4]로 퍼져 나갔다. 지금 현재 누구나 아메노히보코 집단의 유적이 있었다고 인정하는 곳은 하리마(播磨·兵庫縣)와 오우미(近江·滋賀縣)·셋쯔(攝津·大阪市) 등이다. 그중에서도 오우미(近江)는 마치 아메노히보코족의 나라라고 불러도 좋을 만한 곳이다. 아라(安羅)신사·카가미(鏡)신사 등 아메노히보코를 제신으로 하는 신사는 물론 제철 터도 발견되고 있다.

마쯔무라 마사키 씨의 「마호로바의 도래인」으로 되돌아가 살펴보기로 하자. 마쯔무라 씨는 "또한 『카와니시정사』에 의하면 신사의 북쪽에 '유우자키사 절 앞(結崎寺·寺前)'이라는 지명이 남아 있어 근처에 이 신사의 신궁사(神宮寺:結崎寺·寺前 혹은 糸井寺)도 있었다고 추정된다"면서 다음과 같이 쓰고 있다.

이토이신사 서쪽 카라인(唐院 ; 옛날에는 韓院이었을지도 모른다)에도 신사가 하나 있는데 히메쿠와(比賣久波)신사라 한다. 『야마토지료』에서

시마노야마고분

는 "예부터 쿠와바(桑葉 ; 뽕잎)를 신체로 한다" 하여 이토이신사와 관계 있는 신사로 서술하고 있다. 『카와니시정사』에도 '쿠와 어령신(久波御靈神)'〔뽕나무의 영(靈)〕을 받든다고 씌어 있다. 히메쿠와는 히메쿠와(姬桑)·쿠와히메(桑姬)로 뽕의 재배, 양잠, 직조의 여신을 모신 것임에 틀림없다.

신사 동쪽에 있는 환호를 두른 시마노야마(島之山·島根山)고분은 그 일대에서 가장 큰 분묘로, 초형석(鍬形石), 차륜석(車輪石), 귀걸이, 돌칼 등 여러 유물이 출토되었다. 그 위치로 보아 앞의 2사(糸井神社·比賣久波神社)와 관련이 있는 도래 씨족의 수장이 묻혀 있을 것 같다.

필자는 이 히메쿠와(比賣久波)신사와 시마노야마(島之山)고분도 가보았다. 고분은 이른바 전방후원분으로 환호 속에 떠 있는 듯한 정돈이 잘된 아름다운 고분이었다.

좀더 확실히 해두기 위해 20년 전에 씌어진 토오쿄오대학 명예교수 사이토우 타다시(齊藤忠·고고학) 씨의 「일본에서의 귀화인 문화의 흔적」을 보면 '磯城郡 川西村 島根山古墳=垂飾付耳飾'이라고 되어 있다. '='표시 다음에는 고대 한국에서 도래한 것이라 해서 '도래인 문화의 흔적'이라고 하였던 것이다.

'시마네야마(島根山)'로도 쓰는 이 시마노야마고분은 지금까지 5세기 전반의 중기 고분이라 하였으나 최근 들어 4세기 말의 고분으로 밝혀졌다.

시마노야마고분에서

1992년 8월 15일자 나라신문에 "카와니시·시마노야마고분은 '쌍분(雙子)'/스야마(巢山)고분과 동일한 기획/항공 측량으로 판명/카와니시정 교육위원회가 보고서"라는 기사가 실렸다.

카와니시정 카라인(唐院)의 전방후원분 시마노야마고분은 4세기 말

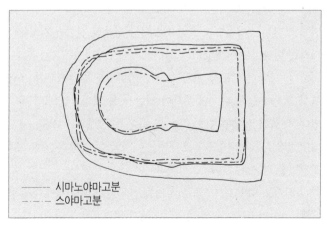

시마노야마고분과 스야마고분(「나라신문」에서)

전기 고분으로, 특별사적으로 지정되어 있는 코오료오정 미요시(三吉)의 스야마고분과 동일한 기획으로 축조된 이른바 쌍동이 대형 고분인 것이 나라현 교육위원회 문화재보존과의 조사로 밝혀져 카와니시정 교육위원회가 14일까지 발행한 보고서에서 발표했다.

시마노야마고분은 지금까지 구체적인 실측 조사가 없어 분구 전체의 구조가 밝혀지지 않은 부분이 많았으나 이번의 항공 측량에 의한 정밀 조사로 밝혀졌다. 어째서 같은 기획으로 축조되었는지 수수께끼이나 나라분지 중앙부에 있는 고분의 변천이나 상호 관계 및 4세기 야마토의 정치 상황 등을 생각할 때에 아주 흥미로운 것이다.

카와니시정 교육위원회가 사적 지정을 위해 나라현 교육위원회 문화재과에 조사를 의뢰하여 카시하라고고학연구소 이즈미모리 조사부장 등이 조사했다. 항공 측량에 의한 정밀한 분구 조사를 실시, 측량도를 처음으로 작성했다.

조사보고서에 따르면, 시마노야마고분의 분구는 전체 길이 190m, 후원부의 지름이 98m, 전방부의 길이 92m, 폭이 93m로 밝혀졌다. 한편 스야마고분은 전체 길이 207m, 후원부 지름 108m, 전방부의 길이는 99m, 폭이 94m였다.

전체 크기는 스야마고분이 더 컸으나 전방부의 길이가 전체 지름에서 차지하는 비율이 스야마고분은 0.485, 시마노야마고분은 0.484로 거의 일치했다. 또한 실측도를 겹쳐 보면 스야마고분의 후원부가 조금 크고 잘록한 부분에 볼록 튀어난 부분이 있는 것을 제외하면 거의 꼭 겹쳐져 보인다. 더욱이 전방부 주호(周濠)의 폭은 두 고분 모두 38m 규모로 축조되어 있었다. 이즈미모리 조사부장은 결국 두 고분은 같은 기획으로 축조되었을 가능성이 높다고 말했다.

한편 시마노야마고분의 축조 시기는 분구의 형태나 출토 유물을 관찰한 결과 스야마고분보다 약간 늦은 4세기 말경으로 확인됐다. 지금까지 5세기 전반의 중기 고분이라는 견해가 많았으나 그보다 오래 된 고분이 된 셈이다.

전기 고분은 사쿠라이시(櫻井市) 미와산(三輪山) 주변부터 텐리시, 나라시 북부 주변에 이르기까지 사키(佐紀) · 타테나미(盾列)고분군을 제외하면 나라현 안에서도 그 수가 적다.

시마노야마고분은 주변에 선례가 될 만한 고분이 없고 뒤에 나타나는 고분 가운데서도 그만한 크기의 대형 고분이 보이지 않는다. 이 고분이 왜 고분시대 전기 이 지역에 축조되었고 스야마고분과 같은 기획으로 만들어졌는지 그 수수께끼를 더욱 풀 수 없게 되었다.

시마노야마고분에서는 권력을 상징하는 장식품으로 보이는 차륜석과 곱은옥 · 대롱옥 · 석제품 등이 출토되었다. 근처 신사와 민가에서 석실 · 석관의 일부로 생각되는 석재도 전한다. 차륜석 중에는 일본 최대의 것도 있다.

이즈미모리 조사부장은 보고서에 피장자의 모습에 관해 말하기를, "야요이시대에는 소규모 취락이 흩어져 있던 이 지역에서 고분시대에 들어와 대규모 개발이 촉진된 것으로 보인다. 이것은 야마토미야케(倭屯倉)[5]와 관계가 있다고 생각되며 현재의 카와니시(川西) · 미야케(三宅)정에 해당하는 미야케향(三宅郷)이라는 명칭과의 관계로 보아 시키(磯城) · 이와레(磐余)의 세력[대왕가(大王家)]과 연결지어 생각할 수 있다"고 한다.

이 기사에서는 무슨 이유에선지 앞서 본 '귀걸이'가 빠져 있으나 이제부터 살필 미야케정(三宅町)에 대하여 "미야케향이라는 명칭과의 관계"라는 구절 때문에 긴 인용이 되었다.

시마노야마고분은 그 우마미고분군의 으뜸인 스야마고분과 같은 시기, 같은 기획으로 축조된 쌍분이라는 것으로 보아 같은 씨족의 것이었음에 틀림없다. 즉 지금까지 보아온 아메노히보코 집단의 발자취 가운데 하나가 아니었을까 하는 것이다.

히메쿠와신사

　이 점은 지금부터 살필 미야케향과 함께 살펴봄으로써 확실해질 것으로 생각되나 그 전에 시마노야마고분과 같이 카라인에 있는 『엔기식』의 히메쿠와(比賣久波)신사에 대해 조금 언급해 두고 싶다.

　히메쿠와신사는 지금 보았던 시마노야마고분에 관한 기사 중에 "부근의 신사와 민가에 석실·석관의 일부로 보이는 석재도 전한다"고 쓴 바로 그 신사이다. 『야마토지료』에는 "예부터 뽕잎을 신체로 한다"고 씌어 있으나 그것은 훗날의 일이며, 원래는 시마노야마고분을 신체〔이와사카(磐境)〕로 한 배소(拜所)로서 생긴 것이 아니었을까 생각된다.

　또 한 가지 보아 두고 싶은 곳이 있는데 미야케정 타마코(玉子)의 이와미(石見) 유적이다. 앞서도 보았던 『발굴·야마토의 고분전』(도록)에 이 이와미 유적에 관해 다음과 같이 씌어 있다.

　야마토분지 중앙의 평야에 있는 이와미 유적에서도 각종 하니와와 목제품이 출토되고 있습니다. 지름이 30m이며 거의 원형으로 주변의 높은 지대를 두른 도랑을 두 번에 걸쳐 발굴조사한 결과 새모양과 마름(菱)모양의 목제품 그리고 인물과 말, 사슴, 방패모양의 하니와 등이 출토되었습니다.

　인물 하니와 중에는 직고문(直孤文) 장식의자에 앉은 남자모양 하니와가 있는데 인물에 비해 의자가 큰 것이 인상적입니다.

이들 유물의 구조와 출토 상태는 요죠오(四條)고분과 공통되는 부분이 많아 고분일 가능성이 강하다고 생각됩니다.

이와미 유적은 고분이 아니었겠는가 하는 내용이다(나도 그렇게 생각한다). 어찌되었든 사진으로 보아도 큰 의자에 앉은 남자모양 하니와는 매우 귀엽다. 여기서 말한 요죠오고분은 근처 카시하라시에 있는 것이다. 이와미 유적에서는 지금도 남자모양 하니와와 말모양 하니와 등과 함께 새모양 목제품도 출토되고 있다. 요죠오고분에서도 그 같은 인물 하니와와 말모양 하니와 등과 함께 닭모양 하니와가 출토되고 있다. 이것 역시 상당히 산뜻한 모양의 하니와이다.

'요죠오고분은 5세기 후반의 축조 양식을 가진 방형분'인데 어째서 그와 같은 하니와가 만들어졌는지 알 수 없다. 그런데 여기서 특히 신라의 상징이기도 했던 '닭'에 관심이 쏠린다. 이제부터 계속해서 살펴볼 미야케향=미야케정이 신라·가야계 도래인인 아메노히보코 집단과 밀접한 관련을 지닌 땅이었기 때문인지도 모른다.

의자에 걸터앉은 인물 하니와
(이와미 유적)

신라계 도래인 하타씨족

미야케정 남쪽 킨키전철 카시하라선 타와라모토정역(田原本町驛)에서는 북서쪽으로 향하는 타와라모토정선이 나오는데 그것을 타면 다음 역이 쿠로다(黑田), 그 다음이 미야케정의 타지마(但馬)이다. 타지마란 물론 아메노히보코족이 집단을 이루어 살았던 타지마국의 타지마에서 따온 것이며 미야케정의 미야케 역시 아메노히보코를 조상으로 하던 미야케(三宅)씨에서 따온 것이다. 앞서 보았던 카와니시정 이토이신사를 모시고 있는 이토이(糸井)씨 역시 마찬가지다. 오오사카 쇼오인(樟蔭)여자대학 교수였던 이마이 케이이치(今井啓一) 씨가 쓴 「귀화인 제1호/진구우황후외조모가(神功皇后外祖母家)」라는 부제를 붙인 『아메노히보코』를 보면 『신선성씨록(新撰姓氏錄)』에 근거한다면서 다음과 같이 기록했다.

"이토이노미야코(糸井造)는 미야케노무라지(三宅連)와 같은 조상인 신라국 사람 아메노히보코의 후손이다"라고 씌어 있고 「신선성씨록」[6]에 이토이노미야코를 야마토국에서 관(貫)하였다는 것은, 원래 타지마국 야부군(養父郡) 이토이향에 거주했던 아메노히보코족의 사람인 스가히코(淸彦)·타지마모리(田路間守) 등이 야마토 조정에 출사한 이후 야마토국으로 관적을 옮겼다고 기록되어 있다. 「신선성씨록」이 기록된 9세기 또는 아메노히보코 이후를 칭한다고 해야 한다. 지금 나라현 시키군 카와니시촌 유우자키(結崎)의 미야모토(宮本)에는 시키노시모군(城下郡)에 속한 이토이신사가 있다. 야마토국으로 거주지를 옮겼던 아메노히보코족 이토이노미야코가 그 조상신을 야마토국에 모신 것으로 생각한다.

이어서 이마이 케이이치 씨의 저서『아메노히보코』를 좀더 소개하면 목차는 다음과 같다. "1. 왜인전(倭人傳)에 보이는 이토국과 이토노아가타누시(伊都縣主)/2. 하리마(播磨) 풍토기의 아메노히보코와 이와대신(伊和大神)/3. 아메노히보코와 그 일족/4. 아와지국(淡路國) 유라(由良)의 오이시사(生石社)에 대하여/5. 케히대신(氣比大神)은 아메노히보코이리라/6. 타지마국에서의 아메노히보코족 호오사이사(奉齊社) 문제를 둘러싸고"라고 되어 있다.

그리고 서문에는 "역사를 '발(脚)'이란 생각을 신조로 삼아 나는 20, 30년을 지내 왔다"라 하고 다음과 같이 쓰고 있다.

"여기에 정리한『아메노히보코』는 우선 귀화인 제1호이며, 또한 진구우(神功)황후의 외조모가 된다는 고전(古傳)『고사기』등의 책을 참고하였으며, 후쿠오카현 치쿠젠국(筑前國), 효오고현(兵庫縣) 하리마국(播磨國) 아와지국(淡路國) 타지마국, 나라현 야마토국, 쿄오토부·탄바국(丹波國) 탄고국(丹後國), 사가현 오우미국(近江國), 후쿠이현 와카사국(若狹國) 에치젠국(越前國) 등을 여러 번 답사해서 알게 된 내용으로 이루어져 있다."

나온 지명 모두 아메노히보코 집단이 거주했던 곳이다. 또한 이렇게도 쓰고 있다. "나는『쿠다라노코시키 케이후쿠(百濟王敬福)』〔동북(東北) 경영의 선구자·토오다이사대불 조영의 수훈자〕를 이미 간행하였고 지금『아메노히보코』를 출간하게 되었다. 나아가『귀화인과 사사(社

묵서토기편 전설 속의 야쿠린사, 고대 나카지마신사 등 타지마 역사의 귀중한 자료로 기대를 모으고 있다.

寺)』를 빠른 시일내로 발간하여 평생 동안 내가 할 일인 '귀화인' 연구에 각각 이정표로 삼아 더욱 정진해 나가려 한다." 이리하여 이마이 케이이치 씨는 '귀화인' 연구로 문학박사가 되었다.

아무튼 미야케씨는 앞서 본 이토이씨와 같이 아메노히보코 집단에서 나왔다는 것이다. 그 미야케씨가 있었던 타지마에도 미야케란 곳이 있다. 그 곳에 관해서는 1991년 9월 11자 코오베신문에 "타지마의 고대사 해명에 귀중한 실마리/8세기 초엽 스에키에 문자/묵서토기편(墨書土器片)/토요오카(豊岡)의 미야케(三宅)지구 시교위 조사"라는 머릿기사에 이어 다음과 같은 기사가 나왔다.

토요오카시 교육위원회가 작업을 계속하고 있던 미야케의 토오야시키 주거 유적을 상세히 분포 조사한 결과 8세기 초의 스에키에 문자를 써 넣은 묵서토기편 10여 점이 출토되었다. 미야케 지구에는 타지마 지역의 유력한 호족으로 중앙 정계에서도 활약했던 미야케씨가 건립했다는 '야쿠린사(藥琳寺)'가 있었다고 전해진다. 그 밖에 4세기 후반에 불로장수의 과자 '토키지쿠노카쿠노코노미(非時香菓=귤)'를 구하려고 중국 대륙에서 건너왔다는 타지마모리(田道間守)를 모신 나카지마(中島)신사와 인접하고 있어서 타지마 지역의 고대사를 해명하는 데 유력한 실마리로 주목받고 있다.

묵서토기는 5~15cm의 접시와 술잔의 파편이다. 거의 흘려 쓴 글씨체로 해독하기 어려우나 '田' 자로 보이는 글자가 보인다. 조만간에 감정을 받기 위해 국립 나라문화재연구소로 보내질 것이다. 또한 발굴 현장에서는 직경 50~60cm 되는 기둥을 박은 구멍 10여 개와 동서로 뻗은 배수구도 발견되어 대규모 건축물이었던 것으로 추측된다.

야쿠린사는 8세기 초엽 타지마에 불교가 전해진 시기에 지어진 것으로 보인다. 그러나 그 지역에서 전해오는 말과 나카지마신사의 건물 현판에 '불사(不死)야쿠린사'라는 명문만이 남아 있을 뿐이다. 1955년경부터 이번의 발굴 현장 주변에서 하쿠호오시대의 기와와 사원의 큰 지붕을 장식하는 망새 파편, 직경 30cm의 기둥이 발견되어 부근에 사원이 있었던 것은 확실해 보인다. 당시는 아직 키나이의 야마토 정권 세력이 파급되지 않았으므로 그 지역의 유력 호족이었던 미야케씨가 건립한 씨사로 보는 설이 유력하다.

미야케씨는 헤이안시대의 유력관료일람표『신선성씨록』에 고대 신라에서 도래해서 습지였던 토요오카분지를 개척하여 이즈시신사에 모셔진 아메노히보코의 자손으로 소개되고 있다.

『고사기』『일본서기』에도 미야케노무라지(三宅連)라는 이름이 보이나 상세한 것은 알 수 없다.

한편 발굴 현장에서는 작년에 '신전(神田)'이라 적힌 묵서토기가 출토되어 인접한 나카지마(中島)신사와 관계되는 유적일 가능성이 남아 있다. 시교육위원회의 시오자키 마코토(潮崎誠) 주사는 "야쿠린사·나카지마신사 어느쪽과 연결지어도 타지마의 고대사를 뒷받침하는 귀중한 실마리가 된다"고 하며 글자의 감정 결과에 기대를 걸고 있다.

닭모양 하니와(요죠오고분)

말모양 하니와(요죠오고분)

토요오카시 미야케의 나카지마신사

필자도 전에 아메노히보코 집단에서 갈려져 나왔다는 타지마모리(田道間守)를 모시고 있는 토요오카시 미야케에 있는 『엔기식』 내의 나카지마신사를 방문한 적이 있었다. 그런데 그 부근에 미야케씨족의 씨사였다고 생각되는 야쿠린사 터가 있다는 것은 전혀 몰랐다. 그런 까닭에 조금 긴 인용이 되고 말았다.

이쯤 해두고 역시 아메노히보코 집단과 관계 있는 츄우와 지역의 하타(秦)씨족의 유적으로 옮겨 가려 한다.

고대 일본의 최대 씨족이었던 하타씨도 아메노히보코 집단과 관련이 있다면 놀라는 사람들도 있을 것이다. 이것에 관해서는 아메노히보코 집단이 상륙하여 터전으로 삼고 퍼져 나갔던 땅인 치쿠젠(筑前)·치쿠고(筑後·福岡縣) 부젠(豊前)·분고(豊後·福岡縣·大分縣)를 다룬 『일본 속의 한국 문화』 제10권과 하타씨 연구가로 알려진 토오쿄오여자대학 교수 히라노 쿠니오(平野邦雄·일본사) 씨가 쓴 『타이카 전대(大化前代) 사회 조직의 연구』에 근거해서 살펴보기로 한다.

츄우와 지역에 이 하타씨족과 이토이씨족, 미야케씨족의 유적이 섞여 있는 것은 결코 우연한 일은 아닐 것이다. 그렇다면 앞서 내게 안내서가 되었던 마쯔무라 마사키 씨의 『역사의 갈래길』을 살펴보지 않으면 안 된다. 그 책에는 다음과 같이 씌어 있었다.

킨키전철 유우자키역에서 남쪽으로 세 번째 역이 카사누이역(笠縫驛)이다. 두 번째가 타와라모토정역(田原本町驛), 역에서 북서쪽을 향해서 가지런히 늘어선 촌집들을 빠져 나간 곳에 신가쿠사(秦樂寺)가 있다. 흰색을 칠한 일주문에 들어서면 코오보오대사(弘法大師)가 만들었다는 아자지(阿字池)가 있다. 어딘가 난잔성(南山城)의 죠루리사(淨瑠璃寺)와 닮았다는 느낌이 들었다.

연못의 남쪽에 본당이 있고 절의 유래가 게시되어 있다. 『와슈우사사대관(和州社寺大觀)』과 『나라사원총람(奈良寺院總覽)』에 의하면 타이카

신가쿠사

3년에 하타노카와카쯔(秦河勝)가 신라(또는 백제)왕이 헌상한 천수관음을 모시기 위해 쇼오토쿠태자에게 그것을 하사받아 이곳에 사원을 창시했다고 한다. 본존과 창시자라는 점에서 도래씨족인 하타씨와 관련이 있는 절임을 알 수 있다.

　현재 이 부근은 타와라모토정 신가쿠사라는 지명으로 되어 있으나 일찍이 하타노쇼오(秦庄)로 불렸던 곳으로 집집마다 표찰에 '하타'라는 성씨가 많이 보인다.

　『나라사원총람』에서는 이 절을 예부터 "가쿠코(樂戶)[7] 하타씨의 씨사"라고 한다. 과연 '秦(하타 : 신)'씨의 '樂(가쿠)'의 '寺(절)'이라고 부를 만하다. 씨사인 동시에 아악요식(雅樂寮式)에 "악인(樂人)을 동서 2사 및 요(寮)로 보내 일하게 하다"라고 나와 있는 2사 중 하나였으리라. 그렇다면 야마토분지인 이 지역은 노오가쿠와 관계가 깊다. 그리고 그것이 또한 신라계 도래인인 하타씨와 연결되어 있는 것이다.

　이토이신사에 관한 부분에서 잠시 살폈으나 유우자키는 칸제류 노오가쿠(觀世流能樂)의 발상지이다. 그것을 기념하는 훌륭한 비석도 있고 칸제(觀世)의 면총(面塚)도 있다. 칸제의 조상 칸아미(觀阿彌)의 속명은 유우자키 키요쯔구(結崎淸次)라 한다. 그는 이가(伊賀)의 하타씨 일족인 하토리(服部)씨에서 나왔다는데 야마토 부근에 있던 하타씨의 가쿠코향(樂戶鄕)의 하토리(服部)씨와 연결되어 있었음에 틀림없다.

하토리(服部 · 핫토리)씨는 하타오리(機織)에서 따온 씨족 이름으로, 도래인계의 베짜던 백성들이 거주하던 곳의 지명이 되었다. 야마토에도 코오리시(郡山市) · 이카루가정(斑鳩町) 등에 그 지명이 있다. 사쿠라이시(櫻井市) 하쯔리(初利)도 원래는 하토리(服部)였던 듯하다. 또한 카시하라시 야쯔리(八釣)도 아야하토리(漢織)에서 바뀐 것이라고 지명학자인 이케다 스에노리(池田末則)씨는 추측하고 있다. 실은 타와라모토정 타이안사(大安寺)에도 하토리신사가 있다. 이 지역에 집단으로 살았던 하타씨의 씨신이었다고 생각된다.

또한 칸제류와 비견되는 콘바루류(金春流)[8]의 조상 콘바루 우지노부(金原氏信)도 하타씨 출신이다. 선조가 대대로 야마시로(山城)의 코마

노사토(狛里)에 살다가 훗날 야마토로 이주해서 하타노쇼오(秦庄) 서북쪽 타케다(竹田)에 정착하였다. 그 후 이들은 하타노쇼오 16면 등의 마을을 점유하여 카스가(春日)의 신사일에 종사했다.

무로오류(室生流)와 콘고오류(金剛流)도 그 일족과 제자들이 만들어 낸 것이다. 노오가쿠에는 일본만의 순수하고 그윽한 아름다움이 있다고 한다. 이 중세 예능의 정수라 해야 할 원천이 모두 도래인에 의해 생겨나고 다듬

신가쿠사 목조 천수관음입상

어졌다는 것은 일본문화의 성립을 생각할 때 실로 중요한 관점을 시사
해 준다고 생각한다.

여기에 하나 덧붙인다면 원래 치시로향(千代鄕)이었다는 타와라모
토정 하쯔쵸(八條)에도 하타씨 계열의 스구리(勝)씨가 있었다. 『타와
라모토정사』에 따르면, 『하리마국(播磨國) 풍토기』에 보이는 '오오야
마토(大倭) 치시로(千代)의 스구리베(勝部)'는 이곳에서 옮겨간 사람
들이라고 한다.

하타씨의 유물과 유적

타와라모토정, 카와니시정(川西町), 미야케정 등 츄우와 지역에 퍼져 있던 오오씨와 이토이씨, 미야케씨족의 유적에서 아메노히보코 집단과 밀접했던 하타씨족에 관한 것까지 마쯔무라 마사키 씨의 『역사의 갈래길』을 바탕으로 살펴보았다. 이에 관해 조금 더 살펴보기로 하자. 앞서 본 마쯔무라 마사키 씨의 답사기는 신가쿠사(秦樂寺)에서 다음과 같이 이어지고 있다.

한국에서 도래한 불상을 모셨다는 점에서 신가쿠사와 공통점이 있는 호오키사(法貴寺)는 지금은 폐사가 되었다. 타와라모토정의 유명한 카라코(唐古) 유적 동쪽에 구획명으로 남아 있을 뿐이다. 새로 말할 것도 없이 『오오진기』에 "카라히토(韓人)로 하여금 만들게 하다"라고 적힌 카라코지(唐古池) 남쪽 측면을 따라 똑바로 동쪽으로 가면 막다른 곳에 이케니이마스아사기리키바타히메(池坐朝霧黃幡比賣)신사라고 불리는 품격 있는 오래 된 신사가 있다.

그 경내에 센만원(千万院)이라는 작은 건물이 있는데 이것이 옛 호오키사의 흔적이다. 이 절의 본방이었던 짓소오원(實相院)의 유래에 따르면 쇼오토쿠태자가 신라에서 보내온 약사삼존상을 안치하기 위해 절 하

『야마토지』의 카라비토지(韓人池)

나를 창건하여 하타노카와카쯔(秦河勝)에게 물려주었고 하타노타카아키(秦高明)가 출가해서 주지가 되었다고 한다. 이런 점들이 모두 신가쿠사의 유래와 닮아 있다. 당시에는 7당 가람(七堂伽藍), 승사 18구(僧舍十八區)라는 장관을 이루었으나 후세에 쇠퇴하여 지금은 겨우 탑 가운데 센만원이란 이름이 남아 있는 건물 한 채만 있을 뿐이다.

『야마토지료』를 보면 "가람개기기(迦藍開基記)에 백제에서 도래한 약사여래를 모셨다"라 하였으며 도래인의 으뜸가는 씨족인 하타씨와의 관련이 확실하므로 츄우와 지역의 넓은 범위에 걸쳐서 거주했던 그들의 신앙을 결집한 사원이었다는 것이 확인된다. 본당 옆에 있는 오륜탑(五輪塔)은 타카아키의 무덤이라 전한다.

필자가 센만원을 찾았을 때는 인적이 없이 황폐한 건물이었다. 방문 틈으로 들여다보니 내진(內陣 : 본존을 안치한 부분)에 불상과 신장(神將), 부동명왕상(不動明王像) 같은 것들이 희미하게 보였다. 당시 문화재 도난이 많았던 때였음에도 허술하게 방치되어 있다는 느낌이 들었다. 마주보고 있다기보다는 동거하고 있는 이케니이마스아사기리키바타히메신사는 별명으로 호오키사 텐진(法貴寺 天神)[9] 또는 호오키사 텐만궁(法貴寺 天滿宮)[10]이라고 한다. 신(神)과 불(佛)이 함께 같은 도래인 집단에 의해 모셔지고 있었으리라. 이 점 역시 이토이신사와 유우자키신사의 관계와 닮아 있다.

'이케니이마스아사기리키바타히메' 라는 신사의 이름은 정말 아름다운 이름이다. 카라코지 수면으로 떠오르는 청아하고 엷은 아침안개, 그 속으로 보이는 섬세한 연두색 비단을 짜는 도래인 여성의 모습을 상상해 본다. 앞서 언급했던 히메쿠와신사의 쿠와히메와 같은 계열의 하타씨가 섬기던 단아하고 우아한 여신이었음에 틀림없다.

이렇게 보면 야마토평야 중앙부의 카와니시정, 미야케정, 타와라모토정 지역은 신라계인 하타씨가 활약했던 무대였음을 알게 된다. 그들은 베짜기 등의 다양한 선진 기술을 가지고 고대 일본을 채색하였으며 많

이케니이마스아사기리키바타히메신사

은 문화 유산을 남겼다.

타와라모토정과 그 주변에 카가미쯔쿠리(鏡作)신사가 5곳이나 있으므로 거울과 금속 제품 생산이 왕성했음을 알 수 있다. 타하라모토(田原本)가 '타타라모토(풀무질하던 곳)'가 아니었을까 하는 설도 있다. 호오키사 근처에 '타타라베'라는 지명이 남아 있다는 이야기도 들었다. 금속 제품 생산에 참여했던 사람도 초기 단계에서는 역시 도래인 집단이었던 것을 의심할 필요가 없다. 히보코족은 타지마 각지에서 활발히 대장일을 하던 집단이었기 때문이다.

시각을 넓혀 보면 히보코족이 살았다고 전해지는 토지에 이상하게도 효오즈(兵主)신사가 많다는 것을 알 수 있다. 카와니시정(川西町)에서 동쪽으로 6㎞ 정도 떨어진 미와 산기슭에도 눈에 띄는 것이 있는데 아나시니이마스오오효오즈(穴師坐大兵主)신사가 그것이다. 신체는 도래계 카라노카누치베(韓鍛冶)[11], 혹은 무기 제작을 전업으로 하는 집단의 수호신을 모신다고 한다.

"아나시(穴師)의 아나(穴)는 채광(採鑛)의 아나(穴)이다"라고 쓴 책을 본 적이 있다. 히보코족이 거주했던 토지에 아노우(穴太), 아나(吾名) 등의 지명이 많이 남아 있는 것은 한국의 남쪽에 모여 살았던 소국 가운데 아라(安羅 · 아나(安那) · 아야(安耶)]라는 이름을 따랐기 때문이라 생각된다. 이곳 역시 츄우와 지역의 하타씨 가운데 제철과 대장일에 오랜 세월 종사했던 집단이 진출해서 금속제 무기와 무구 등의 제작에 힘썼으므로 그 조상신 또는 직업신(이둘은 겹치는 일이 많을 것이다)을 받드는 신사였으리라.

물론 야마토에 하타씨가 남긴 발자취는 이에 그치지 않는다. 야마베군(山邊郡)과 아스카에도 하타(波多)라는 지명과 하타(波多)신사가 있고, 이카루가(斑鳩)의 츄우구우사(中宮寺)에 소장된 천수국수장(天壽國繡帳)의 제작 총책임자에 '하타노쿠마(秦久麻)'라는 이름도 보인다. 또한 하타씨만이 아니라 그 주변에서 한국에서 온 도래인의 흔적을 찾는

다면 사방팔방 어디에나 있다 해도 과언이 아니다.

신가쿠사 바로 서쪽이 이마키(新木;今木·今來와 同系인 지명으로 신라 도래인의 거주지를 나타낸다)이고 조금 더 가면 코오료오정 쿠다라와 쿠다라사 터가 있다. 이토이신사 2㎞ 북쪽 아키바노아야히토(飽波漢人)[12]가 살았던 아키바(飽波) 땅과 누카타노스구리(額田村主) 등 도래인의 옛 땅인 누카타베(額田部)가 있다. 호오키사의 동쪽은 지금은 텐리시지만 그 부근에는 오오야마토신사, 야마토온치(倭恩智)신사가 있다. 훗날 코오무(桓武)천황의 어머니 타카노노니이카사(高野新笠)를 배출한 백제계 도래인 야마토노후히토(和史)의 거주지였으리라고 추측되는 곳이다. 과연 나라의 으뜸가는 곳, 야마토는 도래인들로 꽉 차 있었던 것이다.

마쯔무라 씨의 답사 내용은 이것으로 끝나고 있다. 지명에 대하여 조금 더 덧붙이면 호오키사 서쪽에 '이마키'와 관련이 있는 것으로 보이는 '今里'가 있고, 동북쪽에도 역시 하타에서 왔을 '八田'과 나리히라제궁(業平齋宮)과 오오나모치노미코토(大名持命)를 제신으로 하는 이세부리(伊勢降)신사가 있다. 또한 "타와라모토정과 그 주변에 카가미쯔구리신사가 다섯이나 있다"고 하였는데 마쯔무라 씨는 있다고만 하고 생략하였으므로 조금 보충해 두고 싶다. 이 신사에 대하여 『타와라모토정사』는 "『엔기식』 「신명장」에 보이는 카가미쯔쿠리니이마스아마테라스미타마(鏡作坐天照御魂)신사에 비견되는 신사다"라고 하여 다음과 같이 쓰고 있다.

고대 거울을 만드는(鏡作) 장인 집단이 있었던 카가미쯔쿠리향(鏡作鄕) 땅에 신령이 자리잡은 신사이다. 『나라현시키군지』에 다음과 같이 씌어 있다. "전하는 말에 본사는 3좌인데 중좌(中座)는 아마테라스 오오미카미의 신령이다. 또한 "스진(崇神)천황 6년 9월 3일 이곳에서 히

카가미쯔쿠리니이마스아마테라스미타마신사

노미카타(日御象)의 거울을 만들어 아마테라스 오오미카미의 신체로 삼
다." 지금 내시소(內侍所)의 신경(神鏡)이 그것이다. 본사에서 그 거울
을 모시므로 이 땅을 카가미쯔쿠리(鏡作)라고 부르다"라고 하였으므로
신체인 거울을 아마테라스 신령의 신으로 모시고 있었으리라 짐작된다
〔모리 코오이치(森浩一) 편『카가미(鏡)』〕. 거울 제작에 대해서는 신 중에
이시고리도메노미코토(石凝姥命)와의 관계가 주목된다. 이 신은 미야코
(宮古) · 호즈(保津)에 있는 카가미쯔쿠리이타(鏡作伊多)신사의 제신으
로, 거울 만드는 기술이 신격화된 신으로 여겨진다〔사이고오 노부쯔나
(西鄕信綱),『고사기주석(古事記注釋)』〕. 어찌 되었든 고대 거울과 깊은 연
관이 있는 신사이다. 다이도(大同) 원년(806)에는 야마토국에 3호(戶),
이즈국(伊豆國)에 16호의 칸베〔神戶;신사에 소속해서 경제를 담당한 백
성(民)〕가 부여되었고, 테이칸(貞觀) 원년(859)에는 종5위(從五位) 이
상의 신격도 하사된(『삼대실록(三代實錄)』) 큰 신사였다.

　이 신사의 제사에 관해서는 카마쿠라시대 이후 거의 알 수가 없다. 타
와라모토정 지역의 모리야(森屋) · 연못(池) · 오오사(多社) 등과 같이

궁향(宮鄕·鏡作宮鄕)에 지탱하여 존속해 왔을 것이라 생각된다.『야마토지(大和志)』에서는 "在八尾村與宮古但馬黑田岩見今里西代新町共預祭祀"이라 하였는데 카가미쯔쿠리궁향(鏡作宮鄕)의 범위가『엔기식』군내 8촌에까지 이른 것을 알 수 있다. 제사 조직에 대해서도 세부적인 것을 알 수 없다. 신궁사(神宮寺)로서 메이지 5년(1872)에 폐사가 되기까지 진언종 몬가쿠원(聞樂院)이 있었고 또한 세습 신직(神職)인 미야오케(宮生家)도 있었다.

요컨대 카가미쯔쿠리궁향이란 오늘날도 많은 신궁·신사의 신체가 되어 있는 거울을 만들던 곳이며 그것이 또한 신격화되어 신사가 되었던 것이다. 여기서 하나 생각나는 것이 있다. 앞서「신사의 원형 히모로기」에서 본 에도시대 고증학자였던 후지이 사다모토 씨가 쓴『충구발』의「제사」항에서 나왔던 다음과 같은 내용이다.

카가미쯔구리신사의 보물인 삼신이수경

히모로기는 후세의 신사(神祠)이다. 무엇보다도 그 사람의 몸(體)을 섬기는 주(主)를 모신 것이다. 히모로기(比毛呂岐)라 훈(訓)으로 읽는 것은 원래 신라의 말을 빌려 썼기 때문이다.(……)예를 들면 거울을 만들어 그것을 그 사람의 몸으로서 항상 빈소에 두고 공양하는 것을 대신해서 사용한 말이다. 아메노히보코가 가져온 곰의 히모로기도 히보코가 부조(父祖)의 주체임을 나타낸다.

"거울을 만들어 그것을 그 사람의 몸으로서"라는 부분에 주목하고 싶다. 카가미쯔쿠리니이마스아마테라스미타마(鏡作坐天照御魂)에게는 어떠한 거울이 그 사람의 몸으로 모셔졌는지 모르겠으나 이곳에 '삼신이수경(三神二獸鏡)'이라는 거울이 있는데 신사의 보물로 보존되고 있다.

‖ 역주 ‖

1) 코마이누 : 고려견(高麗犬)이라는 뜻으로 신사의 앞이나 사전(社殿)의 앞에 세운 사자를 닮은 한 쌍의 짐승의 상(像). 마(魔)를 제거하기 위해 세웠다고 함.

2) 에마 : 기원을 위해 신사나 절에 봉납(奉納)하는 그림 액자.

3) 칸제류 노오가쿠 : 노오가쿠의 유파(流派)로 칸아미를 시조로 함.

4) 부젠·분고 : 부젠(豊前) — 옛 국명으로 지금의 후쿠오카현 일부와 오오이타현(大分縣) 일부. 분고(豊後) — 옛 국명으로 지금의 오오이타현의 대부분.

5) 야마토미야케 : 야마토 조정의 직할령(直轄領)에서 수확된 곡물을 저장하는 창고. 조정의 직할령을 가리키는 말로도 쓰임.

6) 신선성씨록(신센쇼오지로쿠) : 고대 씨족의 계보를 집성한 책.

7) 가쿠코 : 궁정에서 일하며 음악에 종사하는 사람.

8) 콘바루류 : 노오가쿠 유파의 하나. 하타노카와카쓰를 먼 시조로 한다고 하나 사루가쿠의 가문으로서는 남북조시대의 곤노가미(昆沙王權守)가 시조라 함.

9) 텐진(天神) : 아마쓰카미 또는 스가하라미치자네(菅原道眞)의 신호(神号).

10) 텐만궁(텐만구우) : 텐만텐진(天滿天神 : 스가하라미치자네)을 모신 신사의 궁호(宮号). 전국 각지에 있음.

11) 카누치베 : 고대 도검 또는 그 밖의 금속일에 종사했던 집단. 4세기 후반에서 5세기에 한국의 높은 기술을 받아들여 편성한 것을 카라카누치베(韓鍛冶部)라 함.

12) 아야히토 : 아야히토노스구리 참조.

제 8 부

사쿠라이시 일대의
한국문화 유적

◆◆◆◆◆◆◆◆◆◆◆◆◆◆◆◆◆◆◆◆◆◆◆◆◆◆◆◆◆◆◆◆◆◆

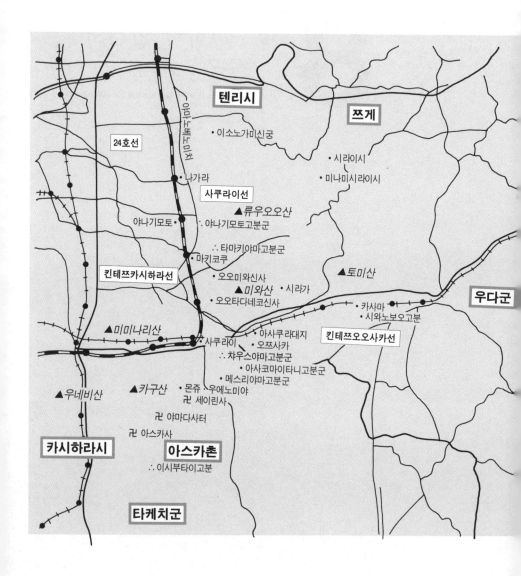

하이바라 출토 장신구

　지금까지 킨키전철 카시하라신궁역을 기점으로 야마토분지 서북부에서 타와라모토정을 중심으로 한 중앙부 이른바 츄우와 지역을 살펴보았다. 여전히 북쪽의 호오류우사, 후지노키고분이 있는 이카루가정과 야마토 코오리야마시(郡山市) 이코마시(生駒市) 등 찾아볼 곳이 남아 있으나 뒤로 미루기로 하고, 여기서 다시 원래 아스카 등과 함께 이마키군 즉 타케치군이었던 카시하라시로 돌아가 야마토분지 동북부 지역을 돌아보기로 한다. 그렇게 하려면 동쪽의 사쿠라이시 부근이 출발지가 될 것이다.

　사쿠라이역에서 미와(三輪), 마키무쿠(卷向), 야나기모토(柳本), 나가라(長柄), 텐리(天理)를 지나 나라시를 거쳐 그 곳에서 이카루가(斑鳩)·이코마(生駒)를 방문하고 나서 인접한 셋쯔국(攝津國)으로 나오는 여정을 택하려고 한다.

　그렇지만 그 전에 지금까지 못 보고 빠뜨린 원래 타케치군이었던 카시하라시 소가(蘇我)로부터 사쿠라이시 동쪽에 인접한 우다군(宇陀郡) 하이바라정(榛原町)을 잠깐 보지 않으면 안 된다. 지금은 잊혀진 마을이 된 소가는 요시다 토오고(吉田東伍) 씨가 1902년에 간행한 『대일본지명사서』의 「야마토(나라현) 타케치군」에 "소가씨족의 조상이 이곳

소가니이마스소가쯔히코신사

에 살았던 것에 의해 그 씨명이 일어나다"라고 나와 있다. 이곳에는 이 소가씨족의 조상신을 모셨다는 소가니이마스소가쯔히코(宗我坐宗我都比古)신사가 있다.

소가(蘇我·宗我)씨는 물론 아스카의 대호족이며 대정치가였던 그 소가씨를 일컫는 것으로 이곳에는 소가천(曾我·宗我川)이 흐르고 있다. 요시다 씨의 사전에는 "원래 마스가촌(眞菅村)과 카네하시촌(金橋村) 사이를 흐르는 헤사카천(重坂川)과 히노쿠마천(檜前川·일명 久米川)을 합쳐서 마가리천(勾川)이라 하였고 그 뒤에는 쿠다라천(百濟川)이 되어 오오천(大川·大和川)으로 흘러 든다"라고 씌어 있다.

사쿠라이시 동쪽은 하이바라정으로 이곳의 고분에서 매우 중요한 유물이 출토되었다. 1991년 12월 14일자 요미우리신문(나라판)을 보면 "유리목걸이, 비취와 마노옥 하이바라의 고분/1600년 전의 광채/카시하라고고학연구소 복원작업"이란 머릿기사로 다음과 같은 글이 크게 실렸다.

하이바라정 카사마(笠間)의 사와노보오(澤之坊) 2호분(4세기 후반)에서 유리옥을 꿰어 만든 목걸이와 비취, 곱은옥, 마노옥 제품 등이 13일까지의 조사로 대량 출토되었다. 발굴을 담당한 현립 카시하라고고학연구소가 복원작업을 진행하고 있다.

유리제 목걸이는 직경 4~5㎜의 작은 옥을 수백 개 꿰어 맞춘 것으로 청·남·청록색 등 다양한 색깔을 띠고 있다. 마노옥은 직경 1㎝로 홍차색의 우아한 색조이며 1,600여 년 전의 그 신비하고 아름다운 광채를 뽐내고 있었다.

후대에 고분의 분구가 크게 깎여 나갔으므로 이러한 옥 종류는 잔토에서 발견되었다. 흙 터는 작업이 계속되고 있으므로 옥의 숫자는 더 늘어날 듯하다. 연구소에서는 "청동거울의 파편들도 발견되므로 지역 수장급의 무덤이 아닐까"라고 추정하고 있다.

이 '수장급'이 어디서 온 사람인가를 추정하기 위해서는 하이바라정 카사마에 있는 또 하나의 고분을 보지 않으면 안 된다. 1991년 12월 31일자 나라신문에는 "목관의 흔적이 선명/하이바라·자쿠로카이토(石榴垣內)고분 석실에서/구조를 알 수 있는 귀중한 자료"라는 머릿기사로 이런 글이 실렸다.

하이바라정 카사마의 자쿠로카이토 1호분(6세기 후반)에서 30일까지의 조사로 횡혈석실에서 목관의 흔적이 발견되었다. 흙의 색이 목관이 놓여 있던 부분이 다른 곳과 확실히 다르므로 크기와 나무판의 두께 등도 알게 되었다. 목관은 부식되기 쉬우므로 발굴된 경우가 아주 드물다. 조사를 맡았던 현립 카시하라고고학연구소는 "목관의 구조를 복원할 수 있는 매우 귀중한 자료"라고 밝히고 있다.

이 고분은 직경 약 10m의 원형분이며 폭이 3.3m, 길이 6m의 횡혈식 석실이 발견되었다. 목관 자체는 썩어 없어졌으나 선명하게 흔적이

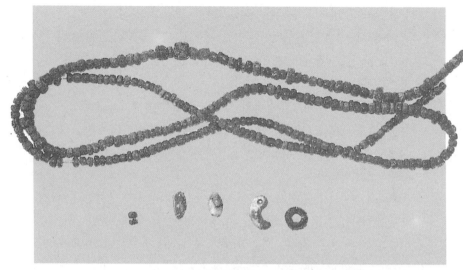

사와노보오 2호분 출토 유리목걸이, 비취, 마노옥

남아 있었다.

　나무판을 이어 만든 조립식 목관으로 나무 두께는 7~8cm이며 측판(側板)과 소구판(小口板)을 지탱하고 있던 못 9개와 목질이 남아 있었다. 또한 금동제 비녀와 은제 귀걸이도 출토되었다.

　목관은 천장으로부터 들어온 흙에 묻힌 뒤 서서히 썩었기 때문에 나머지는 썩어버리고 목관 부분만 흙이 변색된 채로 남아 있었던 것 같다. 고분시대의 목관은 석관과 함께 흔히 사용되었으나 썩기 쉬운 탓으로 발견되는 예가 매우 드물다.

　카시하라고고학연구소는 "흔적이긴 하나 목관의 구조를 잘 알 수 있는 귀중한 자료를 얻게 되었다. 또한 한국계 유물인 비녀가 우다(宇陀)의 고분에서 발견된 점도 앞으로 흥미로운 연구 과제가 될 것"이라고 발표했다.

　그것이 '한국계 유물'이라는 것은 그것을 사용하고 있었던 사람과

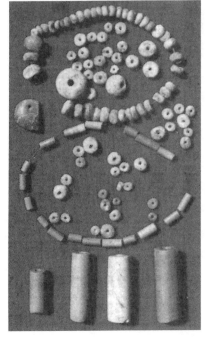

미나미미조테 유적 출토 대롱옥,
마노제 바늘, 근저석 토기(위)

전남 여천시 평려동 지석묘 출토
옥제품들(왼쪽)

함께 고대 한국으로부터 도래했다는 것을 가리키며 앞서의 사와노보오 2호분에서 출토된 유리로 된 목걸이도 마찬가지이다. 이와 같은 것은 최근 한국에서도 출토되었다. 경상남도 다호리 1호분에서 기원전 1세기 후반 것으로 보이는 유물이 출토되었고, 충청남도 합송리 청동시대(일본의 야요이시대) 유적에서는 기원전 2세기 초엽의 원통형 유리 장신구인 대롱옥이 출토되었다. 또한 전라남도 평려동 고인돌군에서도 기원전 3~4세기 것이라는 옥제 장신구가 160여 점이나 나왔다.

이와 같은 오래 된 장신구는 오카야마현(岡山縣) 소오쟈시(總社市)에서도 출토되었다. 이에 관해 1992년 1월 25일자 산요오(山陽)신문에 "일본에서 가장 오래 된 대롱옥 출토/2,200년 전의 집터/소오쟈시 미나미미조테(南溝手) 유적에서"라는 머릿기사로 다음과 같은 기사가 나왔다.

소오쟈시 미나미미조테 유적인 야요이시대 전기 초엽(약 2300년 전) 움집터에서 이 시대 대롱옥의 미완성 제품 2점이 출토된 것이 24일 밝혀졌다. 이 집터에서는 옥을 만드는 데 사용했던 것으로 보이는 근저석(筋砥石)과 마노제 바늘 등 연장 세트도 발견되었다. 오카야마현 키비문화재센터는 '일본에서 가장 오래 된 옥 만드는 유적'이라고 단정했다.

지금까지 일본에서 가장 오래 된 야요이형 옥 만들기 유적으로 알려진 톳토리현(鳥取縣) 하와이정(羽合町) 나가세타카하마(長瀬高濱) 유적(야요이 전기 중엽)보다 50년 이상 오래 된 것으로, 대륙과의 교류와 대롱옥 제조의 전래 경로 연구에 귀중한 발견이 되었다.

발견된 대롱옥은 2점인데 하나는 지름 3㎜, 길이 12㎜이고 또 하나는 지름 6㎜, 중간이 잘려 나가고 남은 길이가 8㎜였다.

녹색 응회암제로 옥 표면을 연마한 흔적이 남아 있으므로 대롱옥에 구멍을 뚫기 직전의 미완성품이었다.(……)

집터는 작년 봄에 발굴되었는데 발굴 당시에는 이들 유물이 무엇인지 잘 알지 못했으나 유물 세척 작업에 의해 밝혀지게 되었다.

키비문화재센터에 의하면 야요이시대의 옥 만들기 기법은 한국에서 전해졌다고 한다. 일본에서는 원석인 녹색 응회암이 동해 연안에서 채취되며 야요이시대 전기 중엽의 나가세타카하마(長瀬高浜)고분 유적과 시마네현(島根縣)·니시카와쯔정(西河津町)의 니시카와쯔(西河津) 유적에서 대롱옥 등이 발견되고 있는 점으로 보아 산인(山陰) 지방에서 시작되었다고 보고 있다.(……)

• 일급 발견

옥 만들기 연구의 제1인자인 와요오(和洋)여자대학 테라무라 미쯔하루(寺村光晴) 교수는 "일급 발견이다. 대롱옥 만들기는 산인 지방이 가장 오래 되었다고 알려졌으나 한국으로부터 기술이 전래된 이후 일본 국내의 기술 유포를 알아보는 데 중요한 자료라 할 수 있다. 키비 지방과 대륙과의 교류를 뒷받침할 가능성이 높은 것이 아니겠는가"라고 말하였다.

하이바라정에서 출토된 유리제 목걸이 장신구부터 일본에서 가장 오래 되었다는 대롱옥의 출토까지 살펴보고 그것을 "한국으로부터 기술이 전래"라 말하고 있으나 그 기술만이 일본 열도로 혼자 어슬렁어슬렁 넘어온 것일 리는 없다. 그 같은 장신구를 몸에 지닌 수장들이 장신구를 만드는 기술자들과 함께 도래했던 것은 두말할 나위도 없다.

챠우스야마고분의 옥지팡이

하이바라정 서쪽에 있는 사쿠라이시(櫻井市)는 카사기(笠置)산지 남단의 서쪽 부근으로 야마토분지 중앙부에 해당한다. 또한 츄우와 지역의 타와라모토정 등과 같이 시키군(磯城郡)에 편입되어 있는 곳이다. 북쪽의 텐리시 역시 야마노베군(山邊郡)을 뺀 나머지 반쪽은 시키군이었다. 그리고 사쿠라이시 서남부는 이와레(磐余)라 불리던 땅이었다. 이와레란 진무천황의 휘(諱)로 칸야마토이와레히코노미토코(神日本磐余彦尊)의 그 이와레(磐余)이다.

『사쿠라이시사』 제10장 「고대 지명의 전승」에는 이렇게 씌어 있다.

일설에 '이와레'는 이시무라(石村)라는 뜻으로 '무라'는 한국어에서 촌을 의미한다고 한다. 사쿠라이시 안에 이와타(岩田), 이와사카(岩坂) 등 옛 지명에서 볼 수 있듯이 이와무라(岩村)라는 지명이 있다고 해도 결코 이상하지 않다.

어쨌든 사쿠라이시에서 이와레라는 지명은 시키군의 시키와 함께 자랑스런 지명이다. 예를 들면 1992년 10월 1일부터 한 달 정도 시립매장문화재센터에서 「닭모양 하니와가 갖는 의의」라는 추계 특별전이 열렸다. 그 표어가 「시키·이와레의 새벽」이었다. 또한 아오야마 시게루씨의 『야마토 역사 산책』에도 사쿠라이 주변을 「이와레의 고향」이라 하고 다음과 같이 쓰고 있다.

야마노베노미치(山邊道)를 따라 미와산 산기슭을 돌아 남쪽으로 내려오면 이윽고 카나야(金屋)[1] 마을 부근에서 옆으로 큰길이 교차한다. 이 길은 오오사카만 나니와(難波)의 나루터에서 육지로 올라와 야마토로 향하는 간선로가 니죠오산(二上山) 남쪽 타케우치(竹內) 고개를 넘어 타이마(當麻) 마을에서 일직선으로 야마토분지의 남쪽을 동진(東進)하는 길이다. 이 길은 야마노베노미치에서 교차해서 그 뒤를 또한 하세천(初瀨川)을 따라 동진하여 계곡을 오르고 하이바라(榛原) 오오노(大野)를 거쳐 나바리(名張)에서 이세국(伊勢國)으로 뻗어 있다. 한편 야마노베노미치는 여기서부터 남하해서 야마다노미치(山田道)가 되어 아스카로 들어간다.

이 교통의 요충지이며 고대 간선로의 십자로에 해당하는 하세천(初瀨川) 선상지 일대를 이와레의 땅이라고 부른다. 『고사기』 『일본서기』의 진무 신화에 나오는 토미의 영지(鳥見靈時)가 이곳 토미산(鳥見山)으로 추측되고 있는 것은 둘째치고라도 토미산 북쪽 산기슭에 있는 사쿠라이 챠우스야마(櫻井茶臼山)고분은 고분시대 초기의 초대형 전방후원분이다. 또한 서남쪽 산기슭 메스리야마고분에서는 일본 제일의 거대한 원통 하니와군이 출토되었다. 즉 3세기 후반에서 4세기에 걸친 원시국가의 대왕권(大王權)의 소재를 암시하는 고고유물과 유적이 이곳에 집중되어 있다.

이제부터 살펴볼 고분 출토 유물과 유적을 보아도 알 수 있듯이 분명히 '이와레의 땅'인 사쿠라이시와 북쪽의 텐리시는 원시 야마토 왕권의 중심이었다. 그래서 어느 역사학자는 그 곳을 '미와 왕조(三輪王

사쿠라이 챠우스야마고분

朝'라고도 부른다. 명칭이야 어떻든 간에 일본에서 가장 오래 된 신사·신궁이라 불리는 '미와명신(三輪明神)'의 오오미와(大神)신사와 이소노카미(石上)신궁의 존재를 보아도 원시 야마토 왕권의 중심지라 할 만하다고 생각된다.

필자는 사쿠라이시와 텐리시는 자주 방문하지는 못했다. 야마노베노미치만 친구와 한두 번 걸어 보았을 뿐이다.『일본 속의 한국 문화』제3권「야마토」에도 겨우 오오미와신사와 이소노카미신사에 대해서만 조금 언급하고 있을 뿐이다.

처음으로 카시하라·아스카에서 야마노베노미치를 지나 사쿠라이시 교육위원회를 방문한 때는 1992년 12월이었다. 사회교육과장 타카마쯔 타카시(高松隆司) 씨와 오다 도시히로(尾田敏浩) 씨 등을 만나 앞서 보았던『사쿠라이시사』(上·下)와 필요한 자료를 받았다.

전부터 느끼고 있었지만 고분이 많은 것에 놀랐다. 서쪽의 카쯔라기 콘고오 산기슭 키타카쯔라기군에도 우마미고분군 등 고분이 많았으나 동쪽의 시키군이었던 이쪽 역시 텐리시에 속한 야나기모토(柳本)고분군은 제외하고, 사쿠라이시만 해도 『사쿠라이시사』 제3장 「고분과 그 시대」 「주요 고분」의 목차를 보면 마키무쿠이시즈카(纒向石塚)고분 외에도 70기에 가까운 고분이 나열되어 있다.

그것을 일일이 다 볼 수는 없으므로 『야마토 역사 산책』의 「이와레의 고향」에서 메스리야마고분과 함께 적혀 있던 사쿠라이 챠우스야마(櫻井茶臼山)고분 등 몇 개만을 보기로 하겠다. 챠우스야마(茶臼山)고분에 대해서는 이렇게 씌어 있다.

제2차 세계대전이 끝나자마자 발굴조사가 실시되었다. 옥지팡이(玉杖)와 하니와의 발생을 시사하는 항아리모양 토기 등이 출토되었고 고식(古式)의 전방후원분 형식인 점, 4세기 전반의 이와레 지방 수장의 분묘인 점 등으로 초기 야마토 정권 대왕의 분묘인 것이 확인되었다.

좀더 확실히 하기 위해 『사쿠라이시사』에 적힌 사쿠라이시 소토야마(外山)에 있는 「챠우스야마고분」 항을 보면 다음과 같이 되어 있다.

토미야마에서 북쪽 평야로 뻗은 산등성이 구릉 끝을 절단해서 축조된 챠우스야마고분은 전체 지름 207m, 앞부분의 폭이 약 61m, 앞부분 2단, 후원부 3단으로 축성되어 있다. 1949년 10월과 1950년 8월, 두 차례에 걸쳐 발굴조사가 행해졌다. 이 조사에 의해 매장 주체부가 수혈식 석실이고 석실 내에는 거목을 잘라 만든 목관의 일부가 남아 있었으며, 옥지팡이 · 옥엽(玉葉) · 거울 등의 유물이 출토되었다. 그리고 석실 위에는 밑부분에 구멍이 뚫린 항아리모양 토기가 둘러놓여 있는 등 많은 사실이 드러났다.

고분 형태야 어떻든 중요한 것은 부장품으로 무엇이 출토되었는가 하는 것이라고 누누이 말해왔다. 그렇다면 거기서 출토된 옥지팡이와

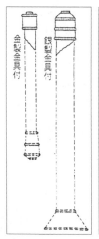
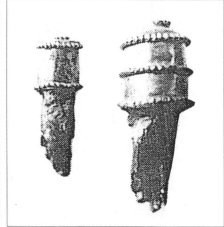

옥지팡이 머리 장식으로 밝혀진 은 제품(위)
챠우스야마고분 출토 옥지팡이(왼쪽)

밑에 구멍이 뚫린 항아리모양 토기가 중요하다는 것이 된다.

그렇다면 먼저 이 옥지팡이는 무엇이었을까. 보통 지팡이가 아니란 것은 말할 필요도 없으나 『사쿠라이시립 매장문화재센터 안내』에 "왕의 권위를 나타내는 옥지팡이"라고 적혀 있는데 바로 그것이 아니었을까 생각된다.

이같은 진귀한 옥지팡이가 1949년 발굴조사로 출토된 것이다. 그런데 그로부터 약 40년 뒤인 1988년 쿄오토부 우지시(宇治市) 카와라즈카(瓦塚)고분에서도 똑같은 옥지팡이가 나왔다. 게다가 전기 챠우스야마고분과 달리 중기 고분인 탓인지 금·은제였다. 그해 3월 10일자 마이니치신문을 보면 "금·은제 옥지팡이 머리 부분 출토/우지 카와라즈카고분/피장자의 권력을 나타냄/5세기 후반 한국제"라는 제목으로 이런 글이 실렸다.

메스리야마고분 출토 옥
지팡이와 활 장식

  쿄오토부 우지시 고카쇼오(五ヶ庄) 카와라즈카(瓦塚)고분(5세기 후
반)에서 원통형의 금·은제 장식 금구가 출토, 우지시 교육위원회는 9
일 이 금구는 전체 지름 10㎝ 정도로 추정되는 한국제 소형 옥지팡이의
머리 부분 장식이라고 발표했다. 금·은제 소형 옥지팡이가 세트로 발
견된 것은 처음 있는 일이다.

  카와라즈카고분은 지름 35m, 높이 3m의 원형분이며 장식 금구는 작
년 여름의 발굴조사 때 고분 중앙부 목관 터 주변에서 약 700점의 비취
등 옥 종류와 함께 출토되었다. 금장식은 길이·지름이 모두 1㎝이며
은장식의 길이·직경도 1.5㎝였다. 금구에는 모두 세로로 가늘게 자국
을 넣은 띠모양 장식이 되어 있고 금동제 막대기모양이 1.5~1.8㎝ 붙
어 있었다.

  우지시 교육위원회에서는 금장식은 5세기 후반의 미야야마(宮山)고

분〔효오고현(兵庫縣) 히메지시(姬路市)·원형분〕발견의 전체 지름 8cm의
금동제 지팡이모양의 것과 같은 형태이며 현재 토오쿄오국립박물관에
보관되어 있는 2차 세계대전 전에 한국에서 출토했던 전체 지름 11.8cm
인 지팡이(杖)의 머리 부분과 같은 점으로 보아 피장자가 높은 신분이
며 권력을 나타내기 위해 손에 쥐었던 소형 옥지팡이가 틀림없다고 판
단했다. 카와라즈카고분은 한국제 장식품을 손에 넣을 수 있었던 유력
호족 또는 도래인의 고분으로 추정된다.

쿄오토부에 속한 우지에도 이와 같은 옥지팡이를 갖고 있던 대왕급
의 호족이 있었다는 것이다. 오래 되었다 해도 전기 고분인 사쿠라이
의 것에는 미치지 못한다는 것은 말할 나위도 없다. 더구나 사쿠라이
에서는 챠우스야마고분뿐 아니라 전기 고분인 메스리야마고분에서도
이와 같은 옥지팡이가 출토되고 있다.

메스리야마고분 출토 굽다리토기형 하니와

고대 한국에서 만들어진 토기

이번에는 사쿠라이시 타카다(高田)에 있는 메스리야마고분에 관해서 살펴보기로 하자.

앞에서 킨키전철 오오사카선의 카시하라신궁역을 기점으로 답사한다고 한 이유는 카시하라공원에는 내가 여러 가지로 도움을 받고 있는 현립 카시하라고고학연구소가 있기 때문이기도 했다.

이 원고를 쓰기 전부터 강연 때문에 곧잘 칸사이(關西)를 찾곤 했었다. 그때마다 아주 바쁜 일이 없으면 꼭 카시하라신궁역에서 내려 아스카를 살펴보곤 하였다. 아스카에서 늘 보게 되는 유적 외에 특별히 나를 기다리고 있는 것이 있어서가 아니라 이곳을 걷고 있노라면 어쩐지 고향땅에 돌아온 듯한 묘한 기분이 들기 때문이었다.

또한 그때마다 카시하라고고학연구소를 방문하였다. 이 연구소에서 감수한 『발굴·야마토의 고분전』(도록)은 여러 차례 인용하고 있으나 그 밖에도 연구소의 부속박물관에서 편집 발행한 『나라현립 카시하라고고학연구소/부속박물관/종합안내』(도록)가 있다.

각 전시실의 유물이 사진과 함께 실려 알기 쉽게 설명되어 있는 책이다. 제1전시실이 「구석기시대의 야마토/죠오몬시대의 야마토」 및 「야요이시대의 야마토」로 나뉘고, 제2전시실은 「고분시대의 야마토」로 되어 있다. 제2전시실 편을 펴 보면 「고분시대의 야마토」에 관한 간단한 설명이 있고 끝부분의 「분구묘(墳丘墓)에서 고분으로」를 보면 이렇게 씌어 있다.

야요이시대 말경부터 사각형으로 흙을 쌓아 올려 한 사람 또는 몇 사람을 위한 분구묘라는 무덤이 만들어졌습니다. 그리고 전방후원분이 만들어지기 시작한 시기를 경계로 그 뒤를 고분시대라 부르고 있습니다. 그 대표적인 고분이 사쿠라이시 하시바카(箸墓)고분입니다.

그리고 그 다음 쪽을 펴 보면 「고분의 변천」이라 해서 두 쪽에 걸쳐 지금부터 살펴보려는 사쿠라이시 메스리야마고분에 할애하고 있다. 우선 「고분의 변천」을 보면 다음과 같이 씌어 있다.

고분은 시대와 함께 변화해 왔습니다. 죽은 자를 넣었던 관을 묻는 방법으로 처음에는 한 사람만을 위한 수혈식 석실이 만들어졌습니다. 5세기 이후에는 한국에서 전해진 횡혈석실이 추가되었는데 이것은 입구에 돌을 쌓아 올려 막았기 때문에 돌을 치우면 몇 번이고 사용할 수 있으므로 한 석실 안에 두세 사람, 많게는 열 사람 이상 매장되었습니다. 목관을 직접 땅속에 묻는 방법은 고분시대에 이르러서였습니다.
또한 죽은 자와 함께 묻힌 부장품도 귀중한 그릇과 제기로 거울과 석제품을 중심으로 스에키·하지키(土師器)[2]라 불리는 토기와 말갖춤이 많이 보이게 되었습니다. 이 점도 한국에서 영향을 받은 것입니다.

수혈에서 횡혈로 변해 가는 것 역시 한국과 같으므로 묘제 역시 도래인에 의해 전해졌던 것이다. 복습할 겸해서 「고분의 변천」까지 보았으나 이 두 쪽의 반 이상은 메스리야마고분에서 출토한 부장품의 사진과 간단한 설명이 적혀 있는데 「메스리야마고분의 부장품」에 관해서는 다음과 같이 씌어 있다.

두 개의 수혈식 석실에서 출토된 많은 부장품 가운데 의자모양을 한 석제품은 그 예가 없는 희귀한 것입니다. 또한 날개와 같은 장식을 붙인 석제품은 옥지팡이 상단과 하단 부분이고, 세밀한 문양이 있는 구리제품은 철궁(鐵弓)을 쥐는 부분에 붙이는 쇠장신구입니다. 대량으로 출토된 화살촉은 지금도 광채를 띤 날카로운 날을 갖고 있습니다.

그러나 메스리야마고분의 부장·출토품 가운데 무엇보다 압권인 것은 대형 원통 하니와의 나열이다. 「메스리야마고분의 석실과 하니와」에 그것에 관해 다음과 같이 적혀 있다.

고분시대 전기 고분을 대표하는 대형 전방후원분인 사쿠라이시 메스리야마고분에는 후원부 중앙에 두 개의 수혈석실이 있고 그 윗부분을 장방형으로 쌓듯이 대형 하니와가 죽 나열되어 있습니다. 길이 약 8m의 가늘고 긴 중앙의 석실은 전기 고분 중에서도 대표적인 것입니다. 동쪽에 있는 작은 석실 내에 많은 부장품이 담겨 있었습니다.

이 하니와에 대해서는 그 뒤 「하니와」 항에 "고분에는 원통 하니와, 형상 하니와가 있었습니다"라 하고 "원통 하니와의 기원은 오카야마현 지방에 많은 그릇받침모양(器臺形) 토기이며 나팔꽃모양(朝顔形) 하니와의 기원은 사쿠라이시 챠우스야마고분의 항아리모양 토기라고 합니다"로 나와 있다. 그것의 기원이 오카야마현 지방 즉 키비에서 출토한 그릇받침모양 토기와 챠우스야마고분에서 출토한 항아리모양 토기에 있다고 하는 점이 흥미롭다. 필자는 앞서 고분의 형태보다도 고분에서 출토되는 부장품이 중요하다고 했는데 그중에서도 특히 중요하다고 할 수 있는 것은 인간 생활에 없어서는 안 될 토기이다.

나카야마 유적의 항아리
모양 토기

차우스야마고분 항아리모양 토기

이어서 「고분의 변천」을 보면 '기술의 진보'라는 제목으로 다음과
같이 씌어 있다.

고분시대 중엽 5세기에 들어서면 한국에서 전해진 새로운 기술이 눈
에 띕니다. 저수지와 용수로를 만드는 대규모의 토목공사를 비롯하여
철제품을 만드는 데 따른 각종 가공기술 및 금과 유리를 세공하는 기술,
새로운 도자기인 스에키를 굽는 기술 등이 주된 것입니다.

이 새로운 기술에 의해서 농업을 비롯한 각종 생산력이 급격히 높아
졌고 동시에 이때부터 전문 기술자 집단이 조직화되었다고 생각됩니다.
예를 들면 오오사카부 남부 지역에 스에키를 만드는 가마 터가 집중되
어 있는 것이 그 예라고 생각됩니다. 또한 고죠오시 네코즈카고분에 대
장연장이 많이 부장되어 있던 것은 철을 다루는 장인 집단과의 관련을
생각하게 합니다.

고죠오 네코즈카고분에 대해서는 앞에서 살펴본 적이 있다. 「고분의 변천」에서도 자세히 다루고 있는데, 더구나 「스에키의 생산」이라는 항에는 다음과 같이 쓰고 있다.

야요이시대부터 계속되는 전통적인 소소(素燒)토기를 하지키(土師器)라 부르며, 대개 5세기에 한국에서 전해진 청회색의 견고한 토기를 스에키라 부릅니다. 이 스에키와 함께 전해진 제작기술에는 토기를 만들기 위한 회전속도가 빠른 물레와 고온에서 구울 수 있는 가마를 들 수 있습니다. 동시에 기술자도 많이 도래하여 오오사카 남부 지역을 비롯하여 각지에서 스에키 생산이 시작되고 있습니다.

이들 기술자는 돈벌이를 위해 도래한 것이 아니라 이곳 일본땅에 이른바 고분시대를 연 호족세력을 따라온 공인(工人)들이다. 유적·고분에서 필연적으로 출토되는 스에키는 그들이 이 땅에서 만든 것뿐 아니라 한국에서 만들었던 것도 많이 보인다.

다리 붙은 목짧은 항아리
(사쿠라이코오엔 2호분 출토)

한반도에서 만들어진 항아리

「스에키의 생산」이라는 항에는 '한국에서 만들어진 토기'라는 큰 사
진이 나와 있고 그 설명은 이렇게 적혀 있다.

카시하라시 게묘오사(下明寺) 유적에서 출토된 이 항아리는 한국에서 운반되어 온 것으로 표면에 줄무늬(繩目)와 옆선이 그려져 있는 것이 특색입니다. 고운 점토를 써서 굽던 모습을 관찰할 수 있습니다.

이것말고도 사쿠라이공원 2호분에서 카시하라시 게묘오사 유적에서 나온 것과 똑같은 항아리가 출토되고 있다.

게묘오사의 항아리는 가야에서 말하는 이른바 돗자리무늬 항아리이다. 그 밖에도 타케타니 토시오(竹谷俊夫) 씨의 「초기 스에키의 계보에 관한 고찰」에 의하면 "사쿠라이시 와키모토(脇本) 유적에서는 '한식계 도기(韓式系陶器)'가, 오쯔사카야나기다(忍坂柳田) 유적 · 타이후쿠(大福) 유적 · 마키무쿠(纏向) 유적에서는 '한식계 하지키(土師器)'가, 오쿠카키도(奧垣戶) 유적에서는 '한식 토기(韓式土器)'가 각각 출토되고 있다"고 한다.

이상 메스리야마고분의 원통 하니와의 기원이 되고 있는 토기를 중심으로 살펴보았다. 이것말고 철제품도 마찬가지다. 예를 들어 말갖춤만 해도 같은 책의 「말갖춤」 항에는 다음과 같이 씌어 있다.

고분에서 출토된 말갖춤 중에는 말을 장식하기 위한 금제 장식이 포함되어 있습니다. 그것은 의식 때에 사용되는 말에 붙여진 장식입니다. 하니와의 말을 보면 알 수 있듯 말장식은 금속제품 이외에 가죽이나 천 제품도 많습니다. 말머리 부분과 가슴 부분 그리고 안장에서 엉덩이 부분에 걸쳐 장식되어 있습니다. 중요한 말갖춤에는 재갈과 안장, 등자, 말띠드리개가 있고 5세기에 말갖춤과 함께 한국에서 전해진 말 타는 풍습은 6세기에는 전국적으로 퍼지고 있습니다.

물론 그런 말갖춤은 사쿠라이시고분에서도 많이 출토되고 있다.

타마키야마고분과 오쯔사카씨고분

이번에는 「5세기 이후에 한국에서 전해진 횡혈식 석실」(『카시하라고 고학연구소부속박물관/종합안내』) 형태의 고분에 관한 내용을 살펴보기로 한다.

이에 관해서는 사쿠라이시 교육위원회 편 『사쿠라이의 횡혈식 석실』에 자세히 씌어 있고 여기에는 20여 개의 고분군과 고분에 대하여 나

타마키야마고분 석실 내부

와 있다. 먼저 사적으로 지정된 사쿠라이시 아나시(穴師)의 타마키야마(珠城山)고분군에 대해서는 다음과 같은 내용이 씌어 있다.

　나라분지 남동부에는 역사가 있는 류우오오산(龍王山)과 미와산이 이어집니다. 두 산 사이를 서쪽으로 흐르는 것이 마키무쿠천(纏向川)입니다. 마키무쿠천의 하천 활동에 의해 형성된 마키노우치(巻野內) · 하시나카(箸中)의 선상지에는 하시바카(箸墓)고분을 비롯해서 많은 전 · 중기 고분이 만들어져 있습니다. 이 고분군의 북쪽 끝을 구획해서 고분시대 마지막 전방후원분이 된 것이 이 타마키야마(珠城山)고분입니다.

　신지(新池)의 북쪽 작은 구릉 위에 3기의 전방후원분이 축조되어 있는데 동으로부터 1 · 2 · 3호분이라 부르고 있습니다. 그렇지만 3호분은 이미 깎여 내려가 앞부분의 끝만 남아 있을 뿐입니다.

　1호분은 전체 길이 50m의 전방후원분인데 후원부의 정상에 이나리사(稲荷社)가 모셔져 있어 형태가 크게 변해 있습니다. 후원부 중앙에는 남쪽으로 열려 있는 오른쪽 석실이 만들어져 있습니다. 널방 길이가 3~4m, 폭이 1.65m, 높이 2m로 작은 화강암석을 쌓아 올렸습니다. 널방 중앙부에는 응회암으로 만든 조립식 상자모양 석관이 안치되어 있습니다. 현실로 통하는 연도는 길이 1.3m, 폭 1.0m, 높이 1.6m이고 같은 화강암석을 쌓아 올렸습니다.

그리고 출토품에 대해서는 나라국립박물관 편『야마노베노미치의 고고학』에 각각의 사진과 함께 1 · 3호분의 출토품이 다음과 같이 소개되어 있다.

　'(1) 금동곱은옥 28개 (2) 은제 구슬 12개, 유리구슬 1줄, 은제 고리 1개 (3) 환두대도 1자루 (4) 금동말띠드리개 3개 (5) 인동문(忍冬文)투조말띠드리개 (6) 금동말안장 일괄 (7) 철가위 1개 (8) 그릇받침 일괄 (9) 뚜껑 긴항아리 일괄' 이라 하고 '이 밖에 철제 무기, 말갖춤, 금동관

타마키야마고분 출토
환두대도

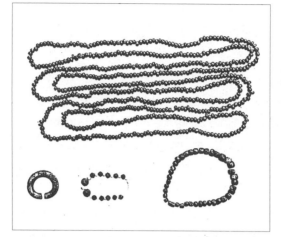
타마키야마고분 출토 유리구슬, 은제 둥근옥, 은제 고리

등이 있다'고 한다.

그리고 3호분의 출토품은 "채색 공사를 수반한 발굴조사에 의해 1960년(1호 발굴조사는 1955년)에 후원부의 횡혈석실에서 발견된 것이다. 3호분도 역시 석실은 후세에 파괴당하고 있었다"고 하였다. 그곳에서 나온 출토품은 다음과 같다. '(1) 금동인동당초문투조재갈멈치(鏡板) 1매 (2) 금동쌍봉문투조말띠드리개 1매 (3) 금동구름문양구슬·띠고리(鉸具) 일괄 (4) 원통 하니와 2개'

타마키야마고분군 중에서 가장 오래 되고 최대의 것으로 알려진 2호분은 후원부에서 매장 시설이 발견되지 않아 잘 알 수 없다. 그렇지만 1·3호분에서 나온 출토품만 해도 상당한 것이라 아니할 수 없다. 특히 주목하고 싶은 것은 3호분보다 오래 된 1호분에서 왕의 상징인 환두대도가 출토되었다는 점이다.

사이토오 타다시(齊藤忠·고고학) 씨의 「일본에서의 귀화인 문화의 흔적」(『일본고대 유적 연구』)에서도 야마토에 있는 유적·고분 세 곳이 소개되었다. 그 가운데 사쿠라이시에서는 다음의 두 곳이 나와 있다.

△ 櫻井市 外山＝異形須惠器 △ 磯城郡大三輪町珠城山古墳＝冠帽・帶金具.

물론 이것이 전부는 아니다. 후자의 오오미와정(大三輪町)은 1955년 사쿠라이시로 합병된 다음에 나온 출토품으로 귀화인, 즉 고대 한국에서 온 도래인이 가지고 왔던 도래 문화의 흔적인 것이다. 그러나 어찌된 일인지 이번에 본 『사쿠라이의 횡혈석실』의 「타마키야마고분군」에는 관모・띠장식에 대해서는 나와 있지 않고 겨우 『야마노베노미치의 고고학』에 "이 밖에 철제 무기, 말갖춤, 금동관 등도 있었다"고 써 있을 뿐이다. 그렇지만 금동관과 함께 지금까지 내가 몰랐던 권력을 상징하는 환두대도 등도 나왔던 것이다.

이번에는 '금제 고리・스에키' '금동제 손칼・금도금 귀걸이' 등 역시 도래인 문화의 흔적으로 보이는 것이 출토된 사쿠라이시 아베(阿部)의 코로코로야마고분을 살펴볼 차례이다. 횡혈식 석실만 살펴보아도 끝이 없지만 한 가지만 더 사쿠라이시 아사코(淺古)에 있는 마이타니(舞谷)고분군을 보기로 한다.

아사코 마이타니고분 출토 스에키

타마키야마 1호분 출토 철가위

　이것도 역시 『사쿠라이의 횡혈석실』에 「마이타니 1호분」 「2호분」 「3호분」으로 나와 있다. 이 고분에 관해서는 1984년에 신문에서 큰 기사로 다루고 있어 그것을 인용하기로 한다.

　"대륙 양식의 합장분(合葬墳) 5기/사쿠라이에서 조사/석실에 벽돌을 사용함/도래 호족(渡來豪族) 풍습을 지킨다/고분시대 후기"라는 머릿기사로 다음과 같이 쓰고 있다.

　중국·삼국시대에서 뿌리를 찾을 수 있는 벽돌모양의 돌로 만든 희귀한 석실을 갖는 합장묘가 나라현 사쿠라이시의 산 속에 5기나 남아 있었다는 것이 30일까지의 카시하라고고학연구소의 조사로 밝혀졌다. 모두 7세기 초엽 고분시대 전기에 축조된 것인데 3세기 후반 이후 전방후원분 등 독자적인 고분 문화를 꽃피웠던 일본에서 대륙의 장례법 양식을 잃지 않고 전하고 있는 것은 이례적이다. 스진천황 때 시작된 미와왕조를 지탱하던 도래 호족이 모국을 그리며 고집스럽게 대륙의 장례법을 지킨 증거로 보인다.

　카시하라고고학연구소에서는 사쿠라이시 아사코(淺古)에 있는 마이타니고분군을 조사하기 위하여 3년 전부터 전곽분(磚槨墳)연구반을 편성해서 조사하여 왔다. 5기 중 2호분에서는 전곽석실(벽돌모양 돌로 쌓은 석실) 하나만이 확인되었다. 1971년 봄에 발굴한 적이 있는 3호분은 길이 4.5m, 폭이 0.9~0.97m인 전곽석실 3개가 동서로 나란히 놓였고 시신을 묻은 현실과 통로인 연도를 만들어 놓았다. 곽(槨)은 하이바라석(榛原石)이라 불리는 무로우 안산암(室生安山岩)을 기왓돌모양으로 가공한 벽돌에 쌓아 올려 측벽(側壁)을 만들고 접착하는 데 석회 반죽을 다량으로 사용했다. 이것이 일본에서 최초로 발굴된 전곽 합장묘(磚槨 合葬墓)이다.

이 연구반에서는 계속해서 올해 3월까지 동쪽으로 100m 떨어진 4호분을 조사해 왔다. 그 결과 4호분도 3호분과 마찬가지로 동, 서, 중앙에 3실이 있고 규모와 전곽도 같다는 것이 밝혀졌다. 두 고분 모두 길이 14m 전후의 방형분이다. 도굴로 인해 황폐화되었으므로 부장품은 금동판 좌금구(座金具), 유리옥, 철제 화살촉 따위만 있었다. 아직 발굴되지 않은 1·5호분 역시 3·4호분과 같은 것으로 보인다.

전곽묘의 기원은 중국의 전국시대 수혈식 토광묘(土壙墓)이다. 전한 시대에 유행했으나 후한시대에 일시 쇠퇴해서 삼국시대부터는 2·3실을 갖는 전곽 합장묘로서 다시 축조되었다. 한국에서도 이런 장례 제도가 일반화되어 3호분은 한국 부여에 있는 백제시대의 능산리고분군에

타마키야마 1호분 출토 토기

타마키야마 3호분 출토 봉황문행엽(왼쪽)과 인동당초문경판(오른쪽)

가깝다고 생각된다.

마이타니고분군은 사쿠라이시 중심부에서 남동쪽으로 5㎞ 떨어진 토미산(鳥見山) 속에 있는데, 그 곳에서 동쪽으로 1㎞ 떨어진 토가마야마호쿠로쿠(外鎌山北麓)고분군에서 육각형의 전곽묘 1기가 발견되었다. 그 밖에 1실뿐인 전곽묘는 나라시에 1기, 나라현 우다군(宇陀郡)에 여러 기가 있으나 다른 부·현(府·縣)에서는 전혀 발견되지 않았다.

마이타니는 고대 도래 호족인 오쯔사카(忍坂)씨의 본거지이다. 『일본서기』에 오쯔사카 일족은 스진천황 이래로 조정에 깊이 관여했던 사실이 기술되어 있는데 도래 후 수백 년 동안 조정과 강한 유대를 가지고 있으면서도 출신지의 장례제도를 잊지 않았다는 것을 입증하는 흥미로운 발견이라 하겠다.

일본에서는 희귀한 고분이라서 길게 인용했다. 내용 가운데 "마이타니는 고대 도래 호족인 오쯔사카씨의 근거지"라는 것이 있었는데 이것은 지금도 '오쯔사카'라는 지명으로 남아 있다.

그 곳 또한 고분이 많은 곳이다. 『사쿠라이의 횡혈석실』에 있는 「오쯔사카 8호분」을 보면 이것 역시 "일본에서는 이러한 육각형 평면 설계를 갖는 석실은 그 예가 따로 없다"고 하였던 8호분 이외의 것에 관해서도 다음과 같이 씌어 있다.

오쯔사카는 사쿠라이시 동쪽 하세곡(初瀨谷)과 쿠리하라곡(栗原谷) 근처 입구에 위치하고 있습니다. 국도 166호선 우다가쯔지(宇陀久辻) 동쪽 구릉 위에 아사쿠라다이치(朝倉台地)가 펼쳐집니다. 단지(團地) 조성 전인 1972년부터 1976년까지 사쿠라이시와 카시하라고고학연구소의 발굴조사로 34기의 고분이 조사되었습니다.

오쯔사카는 이러한 고분이 많을 뿐만 아니라 이곳에는 또한 일본 중요문화재로 유명한 이시이사(石位寺)의 석불이 있다.

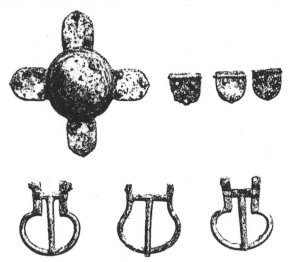

금동십자장식과 협구

이시이사의 석불과 신라

이시이사(石位寺)의 석불이 어떤 연유로 오쯔사카에 있는지는 알 수 없다. 필자는 20여 년 전 그것을 알아보기 위해서 이곳을 찾은 적이 있었다. 그 뒤에도 몇 번 방문했으나 처음 찾았을 때의 것은 『일본 속의 한국 문화』 제3권 「야마토」에 쓰고 있으므로 그것을 옮기겠다.

이리에 야스요시(入江泰吉) · 사가자키 시로오(嵯峨崎司郎) 씨의 『야마토로(大和路)의 석불』에 이렇게 씌어 있다.

어수선한 빈민가에서 미인이 나오면 '쓰레기더미 속의 학'이라는 표현을 곧잘 쓴다. 아무도 살지 않는 절로 생각될 만한 이시이사에서 일본에서 제일가는 석불인 하쿠호오시대 삼존석불을 발견했을 때 그런 속담이 떠올랐다.

순백이라기보다는 푸른빛을 띤 매끄러운 이 돌은 옛사람이 대리석이라고 했던 한국에서 전래된 명석(名石)이라고 전했다.

입술 주변과 좌협시불의 옷자락, 대좌 꽃잎에 어렴풋이 남은 붉은 색을 보면 매혹될 수밖에 없다. 이시이사는 만요오의 옛 땅인 사쿠라이시 오쯔사카산 끝에 있다.

필자는 위의 내용을 읽고 큰 실수를 할 뻔했구나 하고 생각한 적이 있었다. 벌써 몇 년 전의 일이다. 쿄오토에서 작은 계간지 『일본 속의 한국 문화』를 발행해 주던 정소문(鄭詔文) 씨가 지금까지 일본으로 흘러 들어온 한국의 옛 도자기와 그림 등을 무리를 하면서까지 사기 시작했던 때의 일이었다.

쿄오토에 들러 그와 술자리를 같이할 때 일본에서 제일가는 석불인 하쿠호오시대의 '삼존석불'이 어떠한 것인지 잘 알지도 못하면서 그저 '한국에서 전래한 명석'이라는 것 때문에 정소문 씨에게 이 석불을 사자고 열심히 졸랐다. 도자기도 물건에 따라서는 수십만, 수백만 엔짜리가 흔했기 때문에 '아무도 살지 않는 절같이 생각되는 이시이사'의 것도 잘하면 살 수 있을 것이라고 생각했던 것이다.

정소문 씨는 웃고만 있었다. 그런데 뒷날 함께 이시이사를 찾아가 보고 우리들은 깜짝 놀랐다. 이시이사는 과연 아무도 살지 않는 작은 절에 불과했으나 절 안에 안치되어 있던 세 석불은 그렇지 않던 것이다. 얼마 전까지만 해도 일본의 국보였고, 지금은 중요문화재가 되어 있었다. 비록 술김에 한 얘기지만 그것을 사자고 했으니 실언을 한 셈이다.

세 석불은 그다지 크지 않은 돌에 부조된 것으로 "매혹될 수밖에 없다"는 말은 결코 과장이 아니었다. 이시이사를 찾을 때마다 이 석불만은 언제 보아도 아름답고 좋구나 하고 생각하지 않을 수 없었다.

그냥 아름답고 좋을 뿐만 아니라 더할 나위 없이 귀여웠다. 이 오동통한 소년 같은 불상은 고대 한국의 신라계일 것으로 생각되었다. 그런데 최근에 우연히 이노우에 야스시(井上靖) 씨의 「아름다운 것과의 만남」을 읽어 보니 필자의 생각과 같은 내용이 씌어 있었다.

이노우에 씨의 「아름다운 것과의 만남」은 『문예춘추』에 연재된 것으로 1972년 3월호가 마지막회였다. 그 마지막회에 이시이사의 석불과의 만남이 다음과 같이 씌어 있다.

이시이사 삼존 부조

　다음날도 좋은 날씨였다. 그래서 박물관과 보물전(寶物殿)은 다음 기회에 찾기로 하고 전부터 보려고 했던 사쿠라이시 오쯔사카의 이시이사석불을 보러 갔다.

　30단 정도의 가파른 계단을 오르자 좁은 대지 위에 전각이 있고 그속에 석불이 놓여 있었다. 높이 1.5m, 폭이 1.5m, 밑변이 1.2m의 둥글게 생긴 삼각모양의 사암(砂岩)에 삼존불상이 3㎝ 두께로 부조되어 있었다. 전혀 오래 되었다고 느껴지지 않을 만큼 잘 조화된 부조였다. 돌표면도 깨끗해서 금방 새겼다고 해도 통할 만큼 신선했다.

　본존은 앉아 있고 좌우 협시는 모두 입상으로 합장하고 있었다. 하쿠호오시대 것이라 하는데, 그것이 사실이라면 현재 일본에 그다지 많지않은 석불 가운데에서는 가장 오래 된 것이 된다.

　본존은 희미한 웃음을 입가에 띠우고 입술에는 어렴풋이 붉은 빛이남아 있었다. 미륵이라는 설도 있으나 절에서 전하는 바에 의하면 약사여래라고 한다.

　이 삼존부조를 보았을 때 곧 작년 11월에 방문했던 한국 경주 석굴암의 불상들이 떠올랐다. 어디가 닮아 있는지 전문가가 아닌 나로서는 알 길이 없으나 왠지 석굴암 불상과 같은 낭랑함을 삼존의 표정과 자세에서도 느낄 수 있었다. 어두운 곳도, 음산한 곳도, 더욱이 삼엄한 곳도 없었다. 깨끗하고 존엄한 느낌이었다. 이 삼존불이 대륙에서 건너왔는지 일본에서 만들어졌는지 알 수 없으나 어쨌든 대륙풍이라고 불러야 할 것이다. 오래 되었다는 느낌이 없는 신선한 불상들이다.

좀 긴 인용이 되었으나 이상은 앞에서도 언급했듯이 내가 20여 년 전에 보고 쓴 것을 옮긴 것이다.

이번에는 오쯔사카를 벗어나 오오미와신사·하시바카(箸墓)고분 쪽으로 가야겠다고 생각하면서 「분현지도(分縣地圖)」(나라현)를 폈다. 오쯔사카 일대 사쿠라이시로 합병되기 전까지 하세정(初瀨町)이었다고 하는 토미산 산기슭 주변을 보니 시라키(白木)·키타시라키(北白木)·카야노모리(萱森)라는 지명이 눈에 들어왔다. 또한 카타시라키 동북쪽 옆의 쯔게촌(都祁村)에는 시라이시(白石)·기타시라이시(北白石)·미나미시라이시(南白石)라는 곳도 있었다. 쯔게국(鬪鷄國)이라고 불렀던 쯔게(都祁)는 뒤에서 보게 되듯이 고대 한국 신라의 '도기(都祁)'에서 온 것이다. 『사쿠라이시사』제10장「고대 지명의 전승」에 나와 있는 「하세(初瀨)·시라키(白木)·시라가(白河)」라는 항을 보기로 하자.

하세(長谷) 계곡 북쪽 남면에는 시라키·시라가(白河)라는 지명이 있는데 흰 나무가 무성하다. 시라키란 흔히 흰 부분이 많고 붉은 부분이 적은 삼나무를 가르킨다. 그 곳 노인의 말이 실제로 이 지방에서는 삼나무를 심는 일이 많다고 한다. 시라키(나무 껍질이 흰색)는 생육이 빠른 것을 의미하고 쿠로키(黑木·雜木)의 반대말이다. 또한 그곳에 시라히게(白鬚)신사가 있는데 '시라키·사라가·시라히게'는 신라·고려와 관련된 국명설화가 있다(『磯城郡誌』). 시라가(白髮) 시라히게(白鬚)는 장수를 의미하는 말로 '시라카(白香)'로도 썼다. 이것은 일종의 계자(佳字)이다.

그리고 또한 "白河의 현지 발음은 시라가이다. 시라가베(白髮部)와 관계된 지명일까.(……)시라가(白河)는 시라키(白木)와 같은 말로 역시 수목이 빨리 생육하는 지역을 의미하는 말일까"라고도 쓰고 있다.

'시라가(白河)'는 시라키(白木)와 같은 말로'라는 것은 알겠으나 "삼나무를 심는 일이 많다"는 것은 일본 전국 어딜 가도 볼 수 있을 뿐 아니라, "白木(나무껍질이 흰색)은 생육이 빠른 것을 의미하고 黑木(雜木)은 반대말"이라는 것은 어쩐지 무리가 있다고 생각된다. 나는 역시 "시라가·시라히게는 신라·고려에 관련된 국명설화가 있다"고 하는 『시키군지』의 내용이 옳은 것이라고 생각한다.

『사쿠라이시사』제5장「신앙 생활」에는 시라키의 코오류우(高麗)신 사에 관해 나와 있으므로 이 신사가 원래 어떤 신사였는지 알 필요가 있었다.

무엇보다도 이곳에 시라히게신사가 있다고 하는 점이 흥미롭다. 시 라히게신사는 어떠한 신사였을까. 야나기다 쿠니오(柳田國男) 씨의 「석신문답(石神問答)」(『柳田國男全集』제12권)을 보면 분명히 이렇게 쓰어 있다.

"시라히게명신(白鬚明神)은 신라신이다."

또한 코오류우신사는 시라키 근처 카야노모리(萱森)에도 있다. 이 카야노모리(萱森)의 카야(萱)는 『화명초(和名抄)』[3]에 '카야(加夜)'라 고 되어 있다. 그리고 카야(加夜)는 고대 한국의 남쪽에 있었던 소국가 군으로 6세기 중반에 신라에 병합된 가야(伽倻)를 말한다.

또한 카야노모리의 모리(森)는 삼림의 숲(森)임과 동시에 고향의 수

호신을 모셨다는 뜻인 '진수(鎭守)의 숲(森)'이라는 뜻의 모리〔森(杜)〕이기도 하며 한국말로 머리(頭=中心·聖地)란 뜻이기도 하다. 『만엽집』에 "목면(木綿) 걸어 받드는 이 신성한 신사의 숲〔모리(神社)〕을 넘어가려는 깊은 내 사랑이여"라고 노래한 '모리(神社)'도 그 '모리(머리)'에서 온 것이 아니었을까 하고 생각해 보았다.

야마다사 · 우에노미야 · 아베몬쥬원

일본에서 가장 오래 된 신사 · 고분으로 알려진 오오미와신사와 하시바카(箸墓)고분으로 향했다. 오오미와신사는 미와산 기슭에 있다. 그곳은 이른바 야마노베노미치의 남쪽 끝에 해당하는 곳이기도 하다. 20여 년 전에 토오쿄오에서 온 서너 명의 친구와 함께 아스카의 민박지에서 출발하여 야마다노미치(山田道)와 사쿠라이시를 거쳐 이 야마노베노미치를 쭉 걸어온 적이 있다.

그때의 일을 『일본 속의 한국 문화』 제3권 「야마토」에 담았다. 여기서는 그것과 중복되는 내용도 있다는 것을 미리 밝혀 두고 그때 쓴 내용을 옮기기로 한다.

사쿠라이시에는 또한 이른바 '타이카개신' 뒤의 우대신(右大臣)으로 훗날 비극적인 죽음을 맞은 소가노쿠라야마다이시카와마로(蘇我倉山田石川麻呂)[4]의 야마다사(山田寺) 터와 당시의 좌대신(左大臣)이었던 아베노쿠라하시마로(阿陪倉梯麻呂)[5]의 아베사(安倍寺)의 후신이라 불리는 아베몬쥬원(安倍文殊院)이 있다. 또한 국보인 십일면관음으로 알려지게 된 세이린사(聖林寺)가 있다. 아베몬쥬원은 절보다는 경내에 있는 고분이 더 훌륭하다.

오오미와신사

아베몬쥬원 전경

특별사적인 서고분 정면 전경

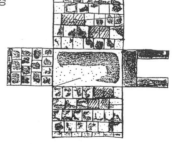

서쪽 고분 현실 평면도

　무덤이 훌륭하다는 말은 조금 어색한 표현이지만 고분시대 말기의 것으로 보이는 이 고분의 석실은 아마도 이런 종류 중에서 가장 정교한 것의 하나일 것이다. 고분의 석실이라기보다는 석조 예술이라고 부르는 편이 더 나을 듯하다.

　세이린사의 십일면관음은 콘크리트 수장고에 안치되어 있는 것이 볼썽사납긴 하지만 2.1m나 되는 건칠 관음상은 정말로 훌륭한 것이다. 세이린사의 관음상은 원래 지금부터 살펴볼 오오미와신사의 신궁사였던 오오미와사(大御輪寺)에 있었던 것이다. 그러던 것이 세이린사에 있게 된 연유는, 메이지 초기에 신불 분리에 따라 오오미와사가 관음상의 처리에 어려움을 느끼고 어딘가 버렸던 것을 누군가가 주워 모셨다고 전해진다. 그것이 사실이라면 현재 국보로 되어 있는 불상은 그야말로 거리에서 주운 물건임에 틀림없다.

　본 원고에서는 야마다사 이하는 생략할 예정이었으나 생각을 바꾸게 되었다. 근년에 새롭게 발견된 것이 적지 않았기 때문이었다. 예를 들면 방금 보았던 아베몬쥬원 경내에 있는 고분의 피장자는 "아베(阿倍) 씨의 통령(統領) · 좌대신 쿠라하시마로(倉梯麻呂)가 유력한 후보자이 다"(『사쿠라이의 횡혈석실』)라는 몬쥬원 서쪽 고분의 내용이 그것이다. 그것은 그대로 좋으나 소가노쿠라야마다(蘇我倉山田)씨의 씨사였던 야마다사(山田寺)에 관해서는 1982년 12월 1일자 마이니치신문 1면 에 "가장 오래 된 목조 건축 유구 출토/1500년 전의 아스카 · 야마다사 /회랑의 창, 기둥, 벽 등/자연 도괴의 상태로/호오류우사보다 반세기 전/고대 건축사를 다시 씀"이라는 머릿기사로 실린 기사 앞부분을 조 금 살펴볼 필요가 있다.

나라현 사쿠라이시 야마다(山田)에 있는 특별사적인 야마다사 터를 발굴조사하고 있던 나라국립문화재연구소 아스카후지와라쿄오(飛鳥藤 原京)터 발굴조사부〔카리노 히사시(狩野久) 부장〕는 30일 "1300여 년 전 에 금당과 함께 조영된 동쪽 회랑의 연자창기둥(連子窓柱), 벽 등 두 칸 부분이 자연 도괴한 상태로 출토, 보존 상태도 좋고 복원이 가능하다"고

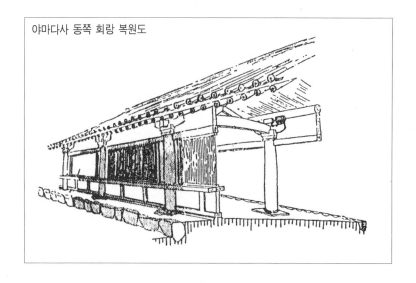

야마다사 동쪽 회랑 복원도

야마다사 불두(국보)

발표했다. 야마다사는 타이카개신(645년)의 공신 소가노쿠라야마다이
시카와마로[우마코(馬子) 등을 종가(宗家)로 하는 소가씨의 분가(分家)]가
죠메이 13년(641)부터 조영에 착수하였으나 타이카 5년(649)에 모반
의 의심을 받아 자살, 그 뒤에 무죄로 밝혀져 텐지·텐무천황에 의해 공
사가 속행된 아스카시대의 대사(大寺)이다. 나라현 이코마군(生駒郡)
이카루가정에 있는 호오류우사의 금당이 지토오천황 시대(686~697
년)에 재건되어 세계에서 가장 오래 된 목조 건물로 되어 있으나, 야마
다사는 그보다도 반세기 전에 조영되어 일본 고대 사원 연구에 획기적
인 발굴 성과로 고고학계에 충격을 주고 있다.

도입부만 해도 상당히 길다. 소가본종가(蘇我本宗家)의 씨사(氏寺·
훗날 官寺)와 그다지 멀지 않은 곳에 있던 야마다사가 그처럼 큰 절이
었다는 사실은 놀랄 일이다. 또한 기사에 '부기'가 있는데 다음과 같이
씌어 있다.

야마다사의 조영에 관해서는 쇼오토쿠태자의 계보와 전기를 기록한 『上宮聖德法王帝說』(國寶 · 院藏)의 책 뒷면에 상세한 기록이 남아 있다. 그것에 의하면 죠메이천황 13년(641)에 땅이 정비되었고 코오교쿠(皇極)천황 2년(643)에 금당을 건립하여 타이카 4년(648)에 스님이 살기 시작했다. 이시카와마로(石川麻呂)가 죽은 뒤 텐지천황 2년(663)에 탑을 만들기 시작하여 텐무천황 5년(676)에 탑이 완성되었다. 이어서 텐무천황 7년에 본존인 장륙(丈六)불상을 주조, 14년에 점안식이 있었다. 이 장륙불은 분지(文治)천황 3년(1187)에 나라 코오후쿠사(興福寺)의 승병(僧兵)들이 빼앗아 갔다. 현재 하쿠호오불상의 걸작으로 알려진 구 야마다사 불두(舊山田寺佛頭 · 국보)가 그것이다.

이 '부기'도 계속 이어지고 있으나 그 유명한 '미남이신' 불두가 야마다사에 있었던 것만으로도 얼마나 큰 절이었는가를 알 수 있다.

12월 1일자 마이니치신문의 기사는 별면으로 이어져 "야마다사의 유구 출토/아스카 '비극의 대사(大寺)' 방불/ '대단한 발견'/학자들 흥

야마다사 터

분"이라는 머릿기사도 있었고, 다음날인 12월 2일자에는 "야마다사
유구 전체 모습이 나타나다/소박 웅대한 아스카 건축"이라는 기사도
나왔다.

　그만큼 문화적으로 대사건이었음을 말해 주는 것이다. 또한 이 야마
다사 터 아베몬쥬원 근처에는 우에노미야(上之宮) 유적이 있는데 이곳
에서도 새로운 발견이 있었다. 1991년 9월 24일자 토오쿄오신문에
"쇼오토쿠태자의 과수원인가/우에노미야 유적 정원과 연못/40종의 씨
앗 등 출토/대추·잇꽃(紅花) 화분……"이란 머릿기사로 다음과 같은
기사가 나왔다.

　　쇼오토쿠태자가 청년기를 지냈다는 우에노미야설(上宮說)이 있는 사
　　쿠라이시 우에노미야 유적(6세기 후반~7세기 초엽)의 연못 유구에서
　　원산지가 중국인 대추나무, 중부 산악지대 고지에서만 자생하는 조선소
　　나무와 배, 감, 복숭아 등 40종류 과실 씨앗과 잇꽃의 꽃가루 등이 출토
　　되었음이 24일까지의 사쿠라이시 매장문화재센터의 조사로 밝혀졌다.

출토된 과실 씨앗은 포도, 대추, 감, 배, 자두, 밤, 도토리, 호두 등 40 종류로 약 3,000여 개이며 잇꽃과 조선소나무 등의 꽃가루도 포함되어 있었다. 이것들은 전부 작년 3월에 발견된 석조 연못 유구의 흙 속에 들어 있었다. 과실의 씨앗과 먹다 남은 찌꺼기가 왕겨와 함께 연못에 버려진 듯하다.

불사의 약으로 알려진 과실인 잇꽃은 서남아시아가 원산지로 알려져 있다. 현재도 값비싼 화장품과 염료인 적색안료(紅)의 원료가 되며 식용 기름과 부인병 약으로도 쓰인다. 당시는 '초(超)'가 붙은 귀중품으로 실크로드를 거쳐 한반도 등을 통해 들어온 사실을 뒷받침했다.

• 고료오원(御料園)(황실 소유의 정원)을 연상시킨다

나라현립 카시하라고고학연구소 스가야 후미노리(菅谷文則) 조사제1과장의 말. "배와 감 등은 실크로드를 통해 전해진 식물로 이만큼의 외래 종자가 한꺼번에 발견된 것은 천황이 살던 후지와라궁의 큰 도랑 이외에는 없다. 천황의 고료오원을 연상케 할 만큼 풍부하다. 이것으로 쇼오토쿠태자의 우에노미야로서 걸맞게 되었다."

천수백 년 전의 씨앗으로 시대를 알 수 있다는 것도 놀라운 일이다. 그러한 식물의 씨앗도 당연히 사람의 이동과 도래에 따라 전해진 것임에 틀림없다.

여기서 또 하나 살펴둘 것이 있다. 앞서의 「타마키야마(珠城山)고분과 오쯔사카(忍坂)씨 고분」에서 사쿠라이시 아베(阿部)의 코로코로야마고분에 대해 잠깐 언급하고 넘어간 적이 있다. 1985년 5월 10일자 요미우리신문에 기사 일부가 나와 있었는데, 1면에 큰 원색 사진과 함께 "고분시대의 금박 칼/부장에 사용된 모조품/나라·코로코로야마고분에서 출토/아베씨 일족의 유적"이라는 머릿기사로 다음과 같은 글이 실렸다.

나라현 사쿠라이시 아베(阿陪)에 있는 아베 코로코로야마고분(6세기 말)의 석실 바닥에서 9일, 칼 앞쪽에 금박을 한 모조칼(金銅裝蛇行型刀子)이 발견되었다. 여성 또는 어린이의 사후 세계를 지켜 주는 칼로써 부장되었다고 생각되는데 일본에서는 과거에 출토된 예가 없는 진귀한 것이다. 남아 있는 금박 상태가 좋고 눈부신 광채를 발하고 있다. 이 고분은 길이 11m, 폭 2.5m, 높이 2.8m에 이르는 거대한 횡혈석실을 갖는 고분시대 후기의 것이다. 사쿠라이시 교육위원회가 발굴조사하고 있던 것으로 7세기 때에 세력을 자랑하던 호족인 아베씨의 수장의 무덤으로 보이며, 출토 토기 등으로 보아 축조 뒤 1세기에 걸쳐 3회 이상의 추가 매장이 행해지고 있었다.(……)

　칼은 무덤이 축조된 지 약 100년 뒤 추가 매장 때에 함께 묻혔고 그 옆에 피장자로 보이는 여성 또는 어린이로 생각되는 머리뼈가 남아 있었다. 바닥에서는 칼보다 100년 정도 오래 된 금동제 귀걸이 3개도 출토되었다.

카리야사 석조 미륵여래상과 석가여래상

부근에는 아베씨의 씨사였던 아베사 터와 아베씨 중에서도 일급 인물의 무덤으로 알려진 몬쥬원(文珠院)고분의 서쪽에도 아베씨와 관계된 유적이 산재해 있다. 고대 수군(水軍)의 장수로서 에미시(蝦夷·關東 이북에 살던 일본 선주민족)를 토벌한 아베노히라부(阿倍比羅夫)[6]와 견당(遣唐) 유학생인 아베노나카마로(阿倍仲麻呂)[7] 등을 배출했던 고대의 명문가문인 아베씨의 권세를 상징하는 유품으로 주목된다.

왠지 주술적인 듯한 사행형(蛇行型) 모조칼이 출토된 것도 그렇고 금동제 귀걸이가 3개나 출토된 것도 흥미롭다. 이것은 앞서 보았던 사이토오 타다시(齊藤忠) 씨의 「일본에서의 귀화인 문화의 흔적」에 의하지 않더라도 '귀화' 도래인 문화의 대표적인 흔적 중 하나인 것이다.

또한 여기서 아베씨의 아베는, 코오난(甲南)대학 교수로 고대 일본어와 한국어와의 관계에 정통한 하타이 히로시(畑井弘) 씨가 쓴 「記·紀의 단야왕전승(鍛冶王傳承)」에 의하면 한국어의 압해(押海 ; 앞바다 즉 남쪽)에서 온 말이라고 한다. 즉 이 아베(阿倍)는 동아시아의 에게 해로 불리는 한반도 남단, 다도해 지역에 있었던 가야계의 해인족(海人族)이었다는 것이다.

만일 그것이 사실이라면 아베노히라부(阿倍比羅夫)가 '고대 수군의 장수'가 되었다는 것도 납득이 된다.

‖ 역주 ‖

1) 카나야 : 풀무일, 대장일, 주물일 등을 하는 사람을 일컫는 말.

2) 하지키 : 야요이토기 계보에 이어지는 고분시대 이후의 소소(素燒) 적갈색 토기. 문양이 적고 실용적이며 식기로 많이 사용됨.

3) 화명초(와묘오쇼오) : 일본 최초의 분류체(分類體) 한왜(漢倭)사전.

4) 소가노쿠라야마다 이시카와마로(?~649년) : 코오토쿠천황 때의 정치가. 소가노우마코의 손자. 딸을 나카노오오에황자에게 출가시켜 소나노이루카를 암살할 때 큰 공을 세움. 코오토쿠천황이 즉위하자 우대신(右大臣)에 오름.

5) 아베노 쿠라하시마로(?~649년) : 7세기 전반 코오토쿠천황 때 좌대신(佐大臣)으로 재직.

6) 아베노히라부 : 7세기 후반의 무장(武將). 에조 토벌에 공을 세우고 662년 나당연합군의 백제 침공시 백제 구원군으로 참가했다고 함.

7) 아베노나카마로 : 717년 견당 유학생으로 당에 들어가 당의 관료를 지냄. 753년 간진(鑑眞)의 권유로 귀국하려 했으나 해상에서 조난을 당해 다시 당으로 돌아와 당 조정에 봉사했다.

제 **9** 부 오오미와신사와
미와전설
•••••••••••••••••••••••••

미와전설

잠깐 재미있었던 일 하나를 소개하려고 한다. 『일본 속의 한국 문화』 제3권 「야마토」에 실려 있는데 친구 서너 사람과 함께 야마베노미치를 걸었을 때의 일이다.

오오미와신사와 오오타타네코신사를 지나면 바로 미와의 히바라(檜原)였다. 카사누이노무라(笠縫邑)로도 불렸던 이곳도 전설의 땅이다. 적송이 죽죽 뻗어 있는 숲속에 토리이 세 개를 하나로 합친 미와토리이(三輪鳥居)가 있는 히바라(檜原)신사가 빨간 나무울타리로 둘러싸여 있다. 이곳 역시 오오미와신사 섭사(攝社)에 속한다.

내가 돌아보고 있는 고대 문화 유적은 신사라고는 하나 고분·고사(古寺)든 신사든 형체가 남아 있지 않았다. 무엇보다도 그 땅에 살았던 씨족·씨인(氏人)들이 조상이나 수장을 씨신으로 모신 일부의 신사만큼은 고분·고사와 함께 고대의 역사를 가장 잘 말해 주는 곳이다.

히바라신사 경내에는 현재 처음으로 이곳에서 받들었다고 하는 아마테라스 오오미카미를 모신 '토요쿠와이리히메노미야(豊鍬入姫宮)'가 만들어져 있다. 그러나 역시 미와토리이가 중심인 신사였다. 카사누이노무라(笠縫邑)였던 이곳은 원래 '이세'로도 불렸던 곳이다. 이세의 이세신궁의 신체인 이른바 야타노카가미(八咫鏡)도 원래는 이 신사에 있었다고 전한다.

우리들은 야마토분지를 눈앞에 두고 전망 좋은 히바라에서 잠시 쉰 뒤에 또 걷기 시작했다. 도중에 음식점 같은 것이 보여 소면을 먹기로 했다. 미와는 소면으로 유명한 곳이어서 그 가게로 들어갔는데 그 곳에서 나는 엉뚱한 봉변을 당하게 되었다. 소면을 주문한 뒤 음식이 나오기를 기다리는 동안에 나는 혼자말처럼 말했다.

"분명히 이 근처에 아나시(穴師)의 효오즈(兵主)신사라는·것이 있을 텐데……"

그러자 맞은편에 앉아 있던 중년여인이 곧 말을 받아 대답했다.

"아, 있어요. 조금 더 가면 되지요."

"아아, 그렇습니까. 감사합니다."

내 말이 끝나자마자 여인은 계속해서 "그 신사의 신은 원래 한국에서 온 아메노히보코라는 신을 모신 곳이었어요. 그러니 그것도 한국의 신입니다"라고 했다.

"아, 그렇습니까?"

나는 기분이 좋아서 무심코 빙긋이 웃었다. 나도 다이효오즈(大兵主)신사의 제신이 그렇다는 것은 알고 있었으나 그것을 평범한 일본사람이 그렇게 분명하게 말하니 즐거웠던 것이다.

여인은 나이가 어느 정도인지는 모르겠으나 40대 후반에서 50대 초반쯤으로 화장을 별로 안 한 것 같은데도 눈꼬리가 조금 올라간 얼굴이 아주 희게 보였다. 식탁에 앉아 있었기 때문에 모습은 잘 알 수 없었으나 엷은 청색 기모노를 입고 있고 그런 말을 하는 것으로 보아 어느 신사의 미코(巫女 ; 신사에서 일하는 여자)가 아닐까 하고 생각했다.

미코 중에서도 신사 일을 잘 아는 여자라면 내가 이것저것 물어볼 수 있어 좋겠다고 생각했다. 그러나 정반대였다. 묻지도 않았는데 그녀는 주섬주섬·떠벌리기 시작했는데 그 내용이 맘에 들지 않았다.

"한국에서 온 신은 효오즈(兵主)만이 아니지요. 일본의 신사는 대개 그렇지요. 그래서 한국 사람은 모두 바보가 되어 버렸지요."

나는 곧 흥분하기 시작했고 모두 갑자기 조용해져 버렸다. 다만 친구 중에 미즈노 아키요시(水野明善)만이 싱글싱글 웃으며 나와 그 여인을 번갈아 쳐다보며 물었다.

"그래요. 어째서 그런가요?"

"왜라니요. 옛날에 한국에서 신들이 모두 일본으로 건너와 버렸기 때문이지요. 그래서 일본은 전쟁에 졌어도 이렇게 잘 사는데 한국은 둘로 나뉜 채로 아웅다웅 싸우고 있잖아요. 그것은 신들이 모두 없어져서, 그래서 모두 바보가 되었기 때문이지요."

"허. 그렇습니까?"

"그렇고말고요. 그렇다고 일본에 왔던 신을 이제 와서 돌려 달라고 해도 그건 안 되지요. 한국에서 온 신이라 해도 이제는 완전히 일본신이 되었기 때문이에요."

'돌려 달라고 해도'란 말은 그 당시 한국에서 문화재 반환 문제가 일어났기 때문이겠으나 그렇다고 해도 참 어처구니없었다.

물론 그녀는 내가 한국인이라는 사실을 모르고 있었기 때문이지만, 그러나 그녀가 마지막에 한 말은 꽤 의미있는 말이었다. 그러한 신들을 돌려 달라고 어느 누구도 얘기를 하지 않을 뿐만 아니라 이제는 그 신이 완전히 일본의 신이 되었다는 점, 그것은 분명했기 때문이었다.

내가 서너 명의 친구들과 아침 일찍 아스카에서 민박을 하고 나서 야마노베노미치로 향했을 때의 일이다. 그때의 일을 『일본 속의 한국 문화』 제3권 「야마토」에 이렇게 쓰고 있었다.

쯔바이치(海柘榴市 ; 지금의 三輪町 부근)의 갈림길(八十衢)에 서서 묶었던 끈을 풀려고 하니 아쉽구나.

미와산

『만엽집』에서 인용한 것이다. 고대 본오도리(盆踊 ; 음력 7월 15일 밤에 남녀들이 모여 추는 원무)와 같은 것이었던 우타가키(歌垣 : 상대(上代)에 남녀가 산이나 장터 등에 모여 서로 노래를 돌려 부르며 무답(舞踏)하며 노는 행사)로 유명한 쯔바이치(海柘榴市)를 지나면 야마노베노미치의 오오미와신사이다. 도중에 오오미와신사의 신궁사의 하나였던 뵤오도오사(平等寺)에 있었다는 중요문화재인 카나야(金屋)의 석불과 스진천황의 시키미즈카키노(磯城瑞籬宮跡)로 불리는 시키노미아가타니이마스(志貴御縣坐)신사 등이 있다. 시키(磯城(志貴))는 신라의 모체였던 사(斯)의 시키(斯城)에서 온 것으로 생각되나 일일이 다 살펴볼 수는 없으므로 생략하기로 한다.

야마토의 미와산은 멀리서 보나 가까이서 보나 언제 보아도 아름답다. 해발 67m의 둥근 이 산을 신체로 하는 오오미와신사는 『엔기식』에는 명신대사(名神大社) 오오미와오오모노누시(大神大物主)신사라고 되어 있다.

가장 오래 되었다고 알려진 거대한 신사로 역시 거대한 금줄이 걸쳐진 토리이의 반대편은 울창한 미와 산기슭의 숲이 펼쳐져 있다. 이 토리이 앞에는 '약궁(若宮)' 이라는 표시가 보인다. 이것은 섭사(攝社)인 오오타다네코(大直禰子)신사인데 오오미와신사를 제사하고 오오미와씨족의 조상이 되었다는 오오타다네코(大田田根子)를 모시고 있다.

아스카에서 새벽에 출발한 탓으로 우리들이 오오미와신사에 도착했을 때는 거의 사람들을 볼 수 없었다. 수목에 덮여 조금 어두운 차길과 경내는 저절로 신기(神氣)가 다가오는 듯한 느낌이었다.

다른 많은 신사와 달리 제신은 오오모노누시노카미(大物主神)로 되어 있었으나 배후의 미와산이 신체로 되어 있으므로 본전이 없고 에도 시대에 새로이 조영되었다는 배전만이 있는 신사였다. 이 호화스럽고 장엄한 배전에서는 마침 아침 행사가 시작된 듯 백색에 엷은 물색의 하카마(袴 ; 일본 옷의 겉에 입는 주름잡힌 하의)를 입은 수십 명의 신사 사람들이 모이고 있었다.

아침에 "일찍 일어나는 것은 보잘것없는 이득(早起三文得)"이라는 말을 떠올리면서 경내 모퉁이에 서서 배전을 쳐다보았다. 신사의 사람들이 배전 앞에 쭉 늘어서는가 싶더니 일제히 양손을 바닥에 대고 절을 했다.

필자는 그것을 보고 놀랐다. 왜냐하면 절하는 형식이 한국과 같은 평복(平伏)이었기 때문이었다. 현재까지도 한국에서 지내고 있는 조상에 대한 제사와 설날의 '차례' 등을 떠올렸다.

에치젠(越前 · 福井縣) 타테이시(立石)반도에 있는 시라키우라(白木浦)의 시라기(白城 · 新羅)신사의 배례가 엎드리는 절이라는 것을 들은 적이 있다. 우리 한국인들이 하고 있는 예법은 유교에 따른 것으로 일

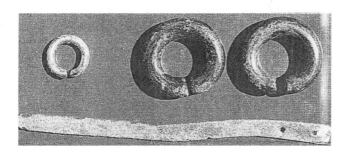

코로코로야마고분
출토품

본 신사의 예법과는 관계없을 터였다. 그렇지만 다른 많은 신사처럼 오오미와신사도 관계가 없는 것만은 아니었다. 신화학자인 마쯔마에 타케시(松前建) 씨의 「일본 신화와 한국」을 보면 그것에 관해 다음과 같이 쓰고 있다.

나는 미와산 대사신(大蛇神)의 후예라 칭하고 오다마키형(型) 신혼담(神婚譚)으로 알려진 오오미와씨의 조상 오오타다네코(大田田根子)는 혹시 귀화인계가 아니었을까란 생각을 했다. 이 인물은 『일본서기』에 의하면 카와치(河內)의 치누노아가타(芽淳縣)의 스에무라(陶邑) 출신이었다. 이곳은 훗날 엔기식 내 이즈미국(和泉國) 오오토리군(大鳥郡) 스에아라다(陶荒田)신사가 있는 땅으로 지금은 토오키노쇼오(陶器莊)라는 곳이다. 귀화인계 도공이 많이 살던 땅이다.

『고사기』에도 그의 어머니인 이쿠타마요리히메(活玉依毘賣)는 스에쯔미미(陶津耳)라고 하는 여자였다고 한다. 스에를 이름으로 가진 인물이다. 이 오오모노누시노카미(大物主神)는 수많은 신혼담(神婚譚)으로 알려져 있다. 특히 진무의 황비인 히메타타라이스케요리히메의 어머니 세야타타라히메의 니누리야시키(丹塗矢式)의 혼인담은 유명하다. '타타라'는 카지베(鍛冶部)가 사용하는 풀무를 말하는 것으로 역시 고대 한국의 지명에도 있었다는 사실이 『케이타이기(繼體紀)』나 『비타쯔기(敏達紀)』 등에도 나온다.

언제부터인가 이 야마토의 미와산에 사는 뱀신·천둥신인 오오모노누시(大物主)의 후예라 하면서 제사권을 주창했던 카지베와 스에베(陶部)와도 관계 깊은 귀화인계 호족이 카와치 부근에서 야마토로 진출하여 우주의례(雨呪儀禮) 등을 집안 대대로 전해 왔던 것이 아닐까. 이것이 오오미와씨인 것이리라.

오오미와씨는 전술한 바와 같이 외래의 고려악곡(高麗樂曲) 소시모리(蘇尸茂利) 등으로 성장했을 뿐만 아니라 외래적 냄새가 강한 우사하치만궁(宇佐八幡宮)의 사사(社司)이기도 했던 것이다.

조금 어려운 부분도 있으나 이와 같은 내용은『사쿠라이시사(櫻井市史)』제1장「야마토와 사쿠라이」에도 씌어 있다. 어쨌든 오오타타네코(大田田根子)는 도기 즉 스에키(메이지시대에는 조선식 토기라고도 했다)와 관계가 깊으며 한국에서 온 '귀화인계' 즉 도래인인 것을 알 수 있다. 오오타다네코(大田田根子)란『일본서기』의 표기이며 이것은『고사기』에서 말하는 오오타타네코(意富多多泥古)이기도 하다.

『고사기』스진단(崇神段)에는 오오타타네코(意富多多泥古)가 오오미와신사를 모신다는 '미와전설(三輪傳說)'로서 유명한 오오모노누시노카미(大物主神)의 이른바 신혼담이 전한다. 나중에 연결되는 중요한 것이므로 참고로 보아 주었으면 한다.

이 오오타타네코라는 사람을 신자(神子)로 하는 이유는 위에 말한 이쿠타마요리히메(活玉依毘賣)의 자태가 아름다웠기 때문이다. 여기 그 모습과 위엄 있는 몸가짐이 비할 바 없는 카미오토코(神壯夫)가 한밤중이면 찾아왔다. 둘은 서로 정에 끌려 함께 지냈는데 얼마 지나지 않아 그 미인이 임신을 했다. 그 부모가 임신한 것을 이상히 여겨 "너는 혼자

오오미와신사 배전

임신을 했구나. 지아비 없이 어떻게 임신을 했느냐?" 하고 묻자 대답하기를, "그 이름은 모르나 아름다운 장부가 매일밤 찾아와 함께 지내는 사이에 자연히 회임되었다"고 했다. 이 말을 듣고 부모는 그 사람을 알아보려고 소녀에게 이르길, "진흙을 마루 앞에 뿌리고 실을 바늘에 꿰어 그의 옷자락에 꽂으라" 했다. 일러준 대로 하고 다음날에 보니 바늘을 꿴 실이 문틈새로 빠져 나가 실이 미와(三勾)밖에 안 남았다고 한다. 그래서 창문을 빠져 나간 실을 좇아가자 미와산(美和山)에 이르러 신사에 머물렀다. 비로소 그가 신자(神子)라는 것을 알게 되었다.

미와(三勾)밖에 안 되는 실을 따라갔다 하여 이 땅을 미와(美和·三輪)라 했다. 이 오오타타네코노미코토는 미와노키미(神君)·카모노키미(鴨君)의 조상이다.

필자는 이 『고사기』의 문장을 처음 읽었을 때 그리고 이것이 '미와전설'이라는 것을 알았을 때 이 설화를 어디선가 들은 적이 있다고 생각했다. 그도 그럴 것이 어린 시절 고향의 할머니한테서 이와 비슷한 얘기를 몇 번이나 들었기 때문이다. 그런데 그 이야기를 이런 식으로 쓰게 될 줄은 꿈에도 생각지 못했던 일이었다. 한국에서 들은 설화는 다음과 같은 내용이었다.

한국에 남은 미와전설

옛날 옛적에 어디엔가 큰 절이 있었다. 그 절에는 큰 거미가 한 마리 살고 있었다. 절의 스님은 이 거미를 아주 귀여워해서 매일 남은 밥을 주었는데 거미는 점점 자라서 이윽고 아름다운 처녀가 되었다. 그런데 처녀는 어느새인가 임신을 했고 날이 지남에 따라 사람들 눈에도 띄게 되었다. 절의 스님은 무척 놀라서 어째서 그렇게 되었는가 처녀에게 물었다. 그러자 처녀는 이렇게 대답했다. 매일 밤마다 어디 사는지도,

와카야마 미와씨의 조상 오오타다네코를 모신 오오미아신사의 섭사이다.

이름도 모르는 잘생긴 청년이 자기한테 왔는데 결국 정에 이끌려 잠자리를 거듭하는 사이에 임신이 되고 말았다. 그러나 그 청년은 밤중에 와서 날이 밝기 전에 가 버렸으므로 밝은 곳에서는 아직 그 모습을 본 적이 없다고.

스님은 그렇다면 바늘에 긴 끈을 묶어 두고 청년이 왔을 때 이 바늘을 그의 옷 어딘가에 찔러 두거라 하고 가르쳤다. 그렇게 해서 청년이 돌아간 뒤 그 실을 더듬어 가보아라. 그러면 그가 사는 곳도 알 수 있을 것이고 또한 어떤 사람인지도 알 수 있을 것이다.

그날 밤에 처녀는 스님이 가르쳐 준 대로 청년이 알지 못하게 긴 실을 묶은 바늘을 옷에 찔러 놓았다. 날이 밝을 때가 되자 청년은 여느 때처럼 가 버렸다. 처녀가 실을 좇아 더듬어 가보니 청년은 절 뒤에 있는 설봉산(雪峯山)의 연못 속으로 들어갔다.

처녀는 그때 처음으로 청년이 사는 곳을 알았고 동시에 그가 인간이 아니었다는 사실도 알았다. 청년은 그 연못 속의 용이었던 것이다.

이것은 함경북도에 전해지는 이야기로 메이지, 다이쇼오, 쇼오와의 전시대를 통해 인류학자 및 고고학자로 알려진 토리이 타쯔쿠라(鳥居龍藏) 씨가 쓴 『역사 이전의 일본』에도 소개되어 있는 것이다. 이와 같은 설화는 남부 지방에서도 전한다. 그 가운데 남녀가 바뀐 것도 있어 남자가 서둘러 미녀의 정체를 알았기 때문에 파멸했다는 내용도 있다.

앞장에서 본 '미와전설'은 산 속의 신사이고 이번 것은 산 속 연못이라는 차이가 있지만 둘 다 닮은 설화이다. 토리이 씨의 『역사 이전의 일본』에는 한국의 그 설화와 함께 미와전설에 대해서도 다음과 같이 쓰고 있다.

야마토에는 일찍부터 이즈모족(出雲族)이 와 있었는데 그들이 이 전설을 예전에 갖고 온 것이 아닐까. 이것은 신중하게 주의를 기울여 연구

미와산 야마카미
유적 출토 토기

해야 할 문제라고 생각한다.

이 전설은 일본 민족이 이 땅에 이주하기 이전에 이미 있었던 것 같다. 왜냐하면 일본에 이런 전설이 있었던 때는『고사기』『일본서기』에서도 가장 오래 된 시대로 이미 오오미와(大三輪)의 전설로서 전해지고 있었기 때문이다. 또한 한국에서도 극히 먼 장백산맥, 두만강과 같은 개발되지 않은 곳에서 일어나고 있는 것이다.

또한 부여족의 전설도 어느 정도 이것과 관계를 갖고 있는 듯하다. 그렇다면 일본과 한국에 있는 이러한 전설은 아주 오랜 옛날부터 있었다고 보아도 좋겠다. 만일 두 민족이 같은 종족이라고 한다면 이 전설은 두 민족이 미지의 땅에 토지에 살던 때부터 있었던 전설이리라. 그 전설이 각각 이주한 인간들을 따라 분포된 것이리라.

나도 그럴 것이라고 생각한다. 또 하나 이것과 관련해서 살펴볼 것이 있다. 마쯔모토 세이쵸오(松本淸張) 씨의『유사희고(遊史戱考)』「카무나비산(神奈備山) 산의 기원」에 의하면 카무나비산이라는 말은 원래 한국어였다고 하며 미와산, 미무로산(御室山)에 관해서 다음과 같이 쓰고 있다.

　미와산이라는 이름은 호족이었던 미와씨에서 따왔다. 그 전에는 미모로산(御諸山)이었고 그보다 전에는 이름없는 산이었다. 이 산을 이즈모계인 미와씨의 조상이 주술의 대상으로 삼았을 때 이즈모의 '미무로산(御室山)'에서 '미모로산(御諸山)'이라는 이름을 갖고 온 것이리라.
　고대 한국 남쪽계의 이른바 '천손족(天孫族)'이 야마토분지로 침입해 오기 전에는 키나이 일원에서 키이반도에 이르기까지 선주족(先住族)의 세력지였다. 이 선주족은 남방계인 원주(原住) 종족을 산간지로 몰아낸 같은 한국계였다. 그들은 아마도 태백산맥의 동쪽, 즉 동해연안 지방〔「동이전(東夷傳)」에서 말하는 예(濊) 맥(貊)〕, 뒷날의 신라 지방에서 이즈모 지방으로 상륙해 와서 타지마 등을 기반으로 하여 키나이와 난키(南紀)로 퍼져 나갔고, 한편으로는 에치젠(越前)·에치고(越後·古志) 등으로 흘러간 듯하다.
　그렇지만 그들은 뒤에 온 세력이 강한 천손족 때문에 키나이를 빼앗기고 본관지라고 해야 할 이즈모로 부득이 후퇴하지 않을 수 없었다고 생각된다. 미와씨도 카모(加茂)씨도 선주족인 이즈모계이기 때문에 "우리를 미모로산(御諸山)에 모셔라"라고 한 설화는 아마도 미와·카모씨의 가전(家傳)설화에 있었던 것이리라. 천황가의 선조 세력에 저항하는 이즈모 세력을 철저히 구축할 수 없었기 때문에 『고사기』 『일본서기』에 그런 호족들의 설화를 넣지 않을 수 없었던 것이다.

　그런데 이 '미무로산' '미모로산' 즉 오오미와신사의 신체가 되는 미와산에 관해서 "후세에는 죽음을 와니(穢·더러울 예)라 하고 매장하는 것도 모두 와니라 했다. 상고(上古) 때는 그렇지 않았다. 무덤

미와산 야마노카미 유적(위)
미와산 출토 곱은옥(왼쪽)

(墓)을 사(祠)로 해서 따로 사(祠)를 세우지 않았다. 해마다 꽃이 활짝 피면 번가무(幡歌舞)를 추며 제사를 지냈다. 미모로산(三諸山·御諸山)은 후세에 '山'을 '社'로 하고 또한 신체로 삼자 쉽게 가까워졌다. 미모로산(三諸山)은 즉 무덤이다. 제사를 지내는데 모두 무덤을 받들었으며 더럽다고 하는 일이 없었다"고 쓴 사람은 에도시대 고증학자였던 후지이 사다모토(藤井貞幹)였다.(「신사의 원형 히모로기」)

이 경우의 무덤은 이른바 이와쿠라(磐座 ; 신이 계신 곳)를 가리키는 것이다. 나도 그럴 것이라고 생각하고 있다. 한국에서 말하는 산소(山

所)이다. 그래서인지 "하세천(初瀨川)과 마키무쿠천(卷向川) 사이에 낀 좁은 의미의 미와 지역에는 고분이 거의 보이지 않는다"(『야마노베노미치의 고고학』)라고 되어 있다.

그 대신에 '미모로산은 곧 무덤이다'라는 것을 증명할 제사 유물은 미와산에서 많이 출토되고 있다. 앞에서 본 나라국립박물관 편 『야마노베노미치의 고고학』「미와 산록 출토 제사 유물」에 그것에 관해 이렇게 씌어 있다.

> 미와산 속과 산기슭에는 여러 개의 이와쿠라가 있는데 지금까지 갖가지 제사 유물이 발견되고 있다. 그 가운데 세마이(狹井)신사 동북쪽에 있는 야마카미(山神) 유적에서는 1918년에 거석 밑에서 여러 종류의 많은 유물이 나왔다. 무늬없는 작은 거울(小形素文鏡), 벽옥제 곱은옥, 수정제 곱은옥, 철편, 활석제 꼬리 달린 곱은옥 · 판상 곱은옥 · 구옥(臼玉) · 대롱옥 · 구멍뚫린 원판, · 칼모양 물건과 흙으로 만든 굽다리접시, 쟁반, 잔, 항아리, 박, 절구, 절굿공이, 숟가락, 키(箕), 책상(案) 등이다. 이것들은 농기구(農具), 음식 그릇(飮食器), 주물(呪物)을 모방한 모조품으로서 신에게 바쳤던 것들로 도판에는 극히 일부만 실었다.

내용 가운데 특히 주목되는 제기로서 "에도시대 이래 십여 개가 발견되고 있다"고 하는 꼬리 달린 곱은옥이 흥미롭다. 왜냐하면 '다산증복(多産增福)'의 의미를 갖고 있다고 알려진 이것과 같은 꼬리 달린 곱은옥은 큐우슈우 · 현해탄의 섬 오키노시마(沖之島)의 제사 유적에서도 3개가 발견되었기 때문이다.

물론 오키노시마 제사 유적에서 나온 출토품은 그것만이 아니다. 그 중에는 금동제 띠장식 · 말갖춤 등과 함께 신라제의 훌륭한 황금반지도 출토되었다.

인지명 대조표

가모오쿤페이(蒲生君平)
가와치노후미(河內文)
가쿠엔야마토정(學園大和町)
게묘오사(下明寺)
고령(高靈)신사
고세시(御所市)
고야마(小山)
고죠오시(五條市)
고쿠라쿠사(極藥寺)
관조토오다이사차관겸단마(官造東大寺 次官兼但馬)
교오다시(行田市)
기타시라이시(北白石)
나가라자(名柄字)
나가사키(長崎)
나가세타카하마(長懶高濱)고분
나가토(長門 · 山口縣)
나구사군(名草郡)
나노쿠니(奴國)
나니와(難波)
나루(鳴)신사
나루카미(鳴神)
나루카미 오오토우라(鳴神晉浦)
나루타케대명신(鳴武大明神)
나루타케사(鳴武社)
나루타키(鳴瀧)
나리히라제궁(業平齋宮)
나미야마(波山)
나바리(名張)
나카(那珂)
나카노오오에황자(中大兄皇子)

나카무라(中村)
나카무라향(中村鄕)
나카지마(中島)
나하타(菜畑)
난잔성(南山城)
난잔정(南山町)
난케죠오(南家城)
난키시라하마(南紀白濱)
네코즈카(描塚)
누사쯔카(幣塚)고분
니시요시노촌(西吉野村)
니시카와쯔(西河津)
니시카와쯔정(西河津町)
니시칸바라군(西蒲原郡)
니시쿠다라(西百濟)
니와토리즈카(鷄塚)고분
니이자와무라 오오아자(新澤村大字)
니이자와천총(新澤千塚)
니죠오산(二上山)
니키야마(新木山)고분
다이니치(大日)
다이니치산(大日山)
다이도(大同)
다이쇼오(大正)
다이코오(臺高)
다이효오즈(大兵主)신사
도오지샤(同志社)
로쿠쇼대신(六所大神)
로쿠쥬우타니(六十谷)
료오케잔(領家山)고분
마가미가하라(眞神原)

마노 오사무(眞野修)

마로코(麻呂子)

마루야마천(圓山川)

마미가오카(眞美丘)

마사무네(唐宗)

마에야마(前山)

마이타니(舞谷)고분군

마쯔시타(松下)

마쯔에시(松江市)

마카베군(眞壁郡)

마키무쿠(纏向)

마키무쿠이시즈카(纏向石塚)고분

마키정(卷町)

메이지(明治)

메이지(明治)시대

몬무(文武)

무로노유(牟婁湯)

무사(牟佐)

무사노스구리아오(牟佐村主青)

무사시노(武藏野)

무사시노쿠니(武藏國·東京都·埼玉縣
주변)

무쯔(陸奧·宮城縣)

무쯔(陸奧·福島縣)

미나미다가키군(南高來郡)

미나미미조테(南溝手)

미나미시라이시(南白石)

미나미오오사카선(南大阪線)

미나미카쯔라기군(南葛城郡)

미네가즈카(峯久塚)고분

미모로산(御諸山)

미미나리산(耳成山)

미세마루야마(見瀨丸山)

미시리쯔히코대신(水知律彦大神)

미야모토(宮本)

미야야마(宮山)고분

미야지타케(宮地嶽)고분

미야쯔코가(造家)

미야케노무라지(三宅連)

미야케정(三宅町)

미와노키미(神君)

미와토리이(三輪鳥居)

미요시(三吉)

미카미(御上)

미카와(參河)

미타(御多)

미호세키정(美保關町)

벤쇼시로야마(別所城山)

벤쇼이시즈카(別所石塚)고분

보쿠야(牧野)

뵤오도오사(平等寺)

부레쯔(武烈)

부젠(豊前)

분고(豊後)

분지(文治)천황

분카(文化)

분포오(文保)

비다쯔(敏達)

사가현(滋賀縣)

사루타히코노미코토(猿田彦命)

사미다타카라즈카(佐味田寶塚)

사에키노무라지코마로(佐伯連子麻呂)

사와노보오(澤之坊)

사이마타현(埼玉縣)

사이메이(齋明)천황

사이타마(埼玉·埼玉縣)

사이타마현(埼玉弦)

사이토바루(西都原·宮崎縣)

사카노우에노카리타마로(坂上刈田麻呂)

사카노우에노타무라마로(坂上田村麻呂)

사카키야마(榊山)고분

사쿠라이(櫻井)

사쿠라이챠우스야마(櫻井茶臼山)고분

사키(佐紀)·타테나미(盾列)고분

사키타테나미(佐紀盾列)고분군

사타(佐太)

샤카노코시(車駕之古址)고분

샤쿠도(尺土)

세난촌(瀬南村)

세마이(狹井)신사

세시무키(王子直支)

세존사(世尊寺·比蘇寺)

세쯔(攝津)

세키시(石祠)

세키코오잔(石光山)고분군

세토나이카이(瀬戶內海)

센고쿠(戰國)

센고쿠다이묘오(戰國大名)

센다이한슈(仙台藩主)

셋쯔(攝津·大阪市)

소가(蘇我)

소가노마치(蘇我滿知)

소가노우마코(蘇我馬子)

소가노이루카(蘇我人鹿)

소가노쿠라야마다(蘇我倉山田)

소가노쿠라야마다이시카와마로(蘇我倉山田石川麻呂)

소가니이마스소가쯔히코(宗我坐宗我都比古)신사

소가천(曾我川)

소메노(染野)

소메사(染寺)

소오쟈시(總社市)

소토야마(外山)

쇼오군야마(將軍山)

쇼오군즈카(將軍塚)

쇼오무(聖武)

쇼오와(昭和)

쇼오인(樟蔭)

쇼오토쿠(正德)

쇼오토쿠태자(聖德太子)

슈쿄오(朱鳥)

스가(菅)

스가히코(淸彦)·타지마모리(田路間守)

스구리씨(勝氏)

스다(隅田)

스사노오노미코토(素鳴尊)

스순(崇峻)

스야마(巢山)고분

스에무라(陶邑)

스에무라요(陶色窯)

스에아라다(陶荒田)신사

스에쯔미미(陶津耳)

스이닌(垂仁)

스이코(推古)

스진(崇神)천황

스쿠오카모토(須玖岡本)

시가(志賀)

시라기(新羅)

시라기우라(白木浦)

시라야다케(白屋岳)

시라이시(白石)

시라이시정(白石町)

시라키(白木)

시라키우라(白木浦)

시라히게(白鬚)신라

시라히게다케(白髮岳)

시로야마정(白山町)

시마네(島根)

시마네현(島根縣)

시마노미야(島宮)

시마노야마(島之山 · 島根山)

시마노오오미(島大臣)

시모타니(下谷)

시모하타(下畑)

시미즈(靑水)

시미즈촌(淸水村)

시바타쯔토(司馬達等 · 사마달)

시오카마(塩竈)

시오타(鹽田)

시즈미(志都見)구릉

시카노시마(志賀島)

시카마(色麻)

시카마군(飾磨郡)

시카마보루(色麻柵)

시카마역(四竈驛)

시카마정(色麻町)

시키군(磯城郡)

시키노미아가타니이마스(志貴御縣坐)

신사

시키노시모(城下)

시키노시모군(城下郡)

시키노카미(城上 · 시키죠오)

시키와읍(六栗邑)

시텐노오사(四天王寺)

신가쿠사(秦樂寺)

신야마(新山)

신야마(新山)고분군

신죠오정(新庄町)

신쥬쿠(新宿)

아나시니이마스오오효오즈(穴師坐大兵主)신사

아나읍(吾名邑)

아라(安羅)

아라마키(荒蒔)고분

아라시야마(嵐山)

아라이다(荒井田)

아라타(荒田)

아리마(有馬)

아리아케정(有明町)

아리타시(有田市)

아마노미치네노미코토(天道根命)

아마노사카호코(天逆鉾)

아마노야스카와라(天安河原)

아마이와토(天岩戶)
아마카와촌(天川村)
아마테라스 오오미카미(天照大神)
아메노히보코(天日槍)
아베(阿部)
아베노나카마로(阿倍麻呂)
아베노쿠라하시마로(阿陪倉梯麻呂)
아베노히라부(阿倍比羅夫)
아베몬쥬원(安倍文殊院)
아베사(安倍寺)
아베야마(安部山)고분
아사쿠사사(淺草寺)
아스카(飛鳥)
아스카니이마스(飛鳥座)
아스카사(飛鳥寺)
아스카키누누이노미야쯔코(飛鳥衣縫
造)
아야(漢)
아야하토리묘오진(陵羽明神)
아야히토노스구리(漢人村主)
아와(阿波)
아와지(淡路)
아와지국(淡路國)
아즈마(東國)
아치(阿智)왕
아치노오미(阿智使主)
아카시시(明石市)
아키바노아야히토(飽波漢人)
아키즈키(秋月)
야나기모토(柳本)고분군
야나기타쿠니오(柳田國男)

야마구치(山口)
야마노베군(山邊郡)
야마다사(山田寺)
야마모토(山本)
야마베노아카히토(山部赤人)
야마시로(山城·京都府)
야마자키야쯔가지리(山崎八尻)고분
야마카미(山神)
야마타이코쿠(邪馬台國)
야마타이코쿠(邪馬台國)
야마토(大和·奈良縣)
야마토(東)
야마토노아야(東漢)
야마토노아야(倭漢)
야마토노아야노아타이(倭漢直)
야마토노후히토(和史)
야마토미야케(倭屯倉)
야마토산산(大和三山)
야마토온치(倭恩智)신사
야마토 조정(大和朝廷)
야마토타카다시(大和高田市)
야마토타케루노미코토(日本武尊)
야마토토토히모모소히레노미코토(倭邇
邇日百襲姬命)
야부군(養父郡)
야스기시(安來市)
야시키야마(屋敷山)고분
야요이(彌生)
야쿠린사(藥琳寺)
야타노카가미(八咫鏡)
에도(江戶)

에바라사(家原寺)

에치고(越後 · 古志)

에치고(越後 · 新縣)

에치젠(越前 · 福井縣)

에치젠국(越前國)

에타후나야마(江田船山)고분

에히메현(愛媛縣)

오구라(小椋)

오미아시(於美阿志)

오시미(忍海)

오시미노카누치베(忍海鍛冶部)

오시사카노히코히토노오오에황자(押坂
彦人大兄皇子)

오오(多)신사

오오나모치노미코토(大名持命)

오오노(大野)

오오노야스마로(太安万呂)

오오노야스마로(太安萬侶)

오오노호무지(多品治)

오오니이마스미시리쯔히코(多坐彌志都
比古)신사

오오다이묘우진(多大明神)

오오모노누시노카미(大物主神)

오오모리(大森)

오오미네(大峰)

오오미네산(大峰山)

오오미와(大神)신사

오오미와사(大御輪寺)

오오바(大庭)

오오슈우(奧州)

오오아나모치노미코토(大穴持命)

오오야마토(大和)

오오야마토국(大倭國)

오오요도정(大淀町)

오오우다정(大宇陀町)

오오이천(大堰川 · 桂川)

오오지정(王寺町)

오오진(應神)

오오쯔카(大塚)

오오쯔황자(大津皇子)

오오카미(多神)

오오쿠황녀(大伯皇女)

오오타(大田 · 太田)

오오타구(大田區)

오오타니(大谷)고분

오오타니산(大谷山)

오오타니 이마이케(大谷今池)

오오타니천(大谷川)

오오타니쿠스미(大谷楠見)

오오타다네코(大直禰子)신사

오오타타네코(意富多多泥古)

오오토리군(大鳥郡)

오오토리이(大鳥居)

오우미(近江 · 滋賀縣)

오우미국(近江國)

오이시사(生石社)

오쯔사카야나기다(忍坂柳田)

오카미네(岡峯)고분

오카사(岡寺)

오카야마현(岡山縣)

오쿠요시노(奧吉野)

오쿠카키도(奧坦戶)

오키노시마(沖之島)
오타나카(小田中)
오토메야마(乙女山)
와도오(和銅)
와묘오쇼오(和名抄)
와요오(和洋)
와카사국(若狹國)
와카사만(若狹灣)
와카야마시(和歌山市)
와카이누카이노무라지아미타(稚大養連網田)
와카쿠사(若草)
와키가미칸스즈카(掖上 子塚)고분
와키다(脇田)신사
와키모토(脇本)
요도에정(淀江町)
요도천(淀川)
요시노가리(吉野枌里)
요시노스기(吉野杉)
요시노정(吉野町)
요시이정(吉井町)
요오메이(用明)천황
요조오(四條)고분
우네비(畝火)
우다군(宇陀郡)
우라베(浦邊)
우마미(馬見)고분군
우마코(馬子)
우사하치만궁(宇佐八幡宮)
우시로데(後出)고분군
우에노(於)고분

우에다 마사아키(上田正昭)
우오즈미정(魚住町)
우지시(宇治市)
우키바군(浮羽郡)
유라(由良)
유우랴쿠(雄略)
유우자키(結崎)
유우자키묘오진(結崎明神)
유우자키역(結崎驛)
유쿠하시시(行橋市)
이나리사(稻荷社)
이나리야마(稻荷山)고분
이나메(稻目)
이나무라(稻村)고분
이도시마스이도우(糸島水道)
이루카(人鹿)
이리사야마(入佐山)
이마무라(今村鞠)
이마시로즈카(今城塚)
이마이정(今井町)
이마키군(今來郡)
이마키노카미(今來之神)
이마키노타미(今來之民)
이사코(淺古)
이세(伊勢·三重縣)
이세국(伊勢國)
이세부리(伊勢降)신사
이세신궁(伊勢神宮)
이소노카미(石上)신궁
이시고리도메노미코토(石凝姥命)
이시부타이(石舞台)

이시이사(石位寺)
이시카와(石川)고분군
이와대신(伊和大神)
이와레(磐余)
이와미(石見)
이와미(岩見·島根縣)
이와세(岩橋)
이즈(伊豆)
이즈모(出雲)
이즈미(和泉·大阪府)
이즈미국(和泉國)
이즈시(出石)
이카루가정(斑鳩町)
이케가미(池上)고분
이케니이마스아사기리키바타히메(池坐
朝霧黃幡比賣)
이케베(池邊)
이코마군(生駒郡)
이코마시(生駒市)
이키(壱岐)
이타부키궁(板蓋宮)
이타즈케(板付)
이타케(五十猛)
이타케노미코토(五十猛命)
이타키소(伊太祁會)
이타키소호리(伊多祁曾保利)
이타테(射楯)신사
이타테(伊達)
이타테(伊太)
이타테향(印達鄕)
이토국(伊都國)

이토노아가타누시(伊都縣主)
이토이(糸井)
이토이노미야코(薩井造)
이톡나(伊土郡)
이투타마요리히메(活玉依毘賣)
이후쿠(伊福)
이후쿠촌(伊福村)
인베(井邊·忌部)
인베마에산(井邊前山)
인베하치만야마(井邊八幡山)고분
자쿠로카이토(石榴垣內)
쟉코오사(石光寺)
정이대장군(征夷大將軍)
제이린사(聖林寺)
젠린사(禪林寺)
젠토쿠노오미(善德臣)
죠루리사(淨瑠璃寺)
죠메이(舒明)
죠메이(舒明)천황
죠오몬(繩文)시대
지도오코오엔(兒童公園)고분
지코오사(地光寺)
지텐왕(自天王)
지토오(持統)
진구우(神功)황후
진무(神武)천황
진무동정(神武東征)
진무천황사(神武天皇社)
쯔게촌(都祁村)
쯔누가아라시토(都怒我阿羅斯等)
쯔루가(敦賀)

쯔시마(對馬)
쯔카노오미(都加使主)
쯔카도오(塚堂)유적
쯔카야마(塚山)
쯔쿠시(筑紫)
쯔키야마(築山)
쯔키야마(築山)천황릉
챠우스야마(茶臼山)고분
쵸오센다케(頂仙岳)
쵸오센다케(朝鮮嶽)
츄우구우사(中宮寺)
츄우죠오히메(中將姬)
치누노아가타(茅渟縣)
치시로향(千代鄕)
치온사(置恩寺)
치쿠젠(築前·福岡縣)
치쿠젠국(築前國)
카가미(鏡)
카가미쯔쿠리(鏡作)신사
카가미쯔쿠리니이마스아마테라스미타마(鏡作坐天照御魂)
카가미쯔쿠리이타(鏡作伊多)신사
카구산(香具山)
카구야마(香久山)
카나가와현(神奈川縣)
카나야(金屋)
카나쿠라야마(金藏山)고분
카네가야(金久谷)
카도와키 테이지(門脇禎二)
카라(韓)
카라인(唐院)

카라코(唐古)
카라코지(唐古池)
카라쿠니(韓國)
카라쿠니소호리(韓國曾保利)
카라토(唐櫃)
카라히메(韓媛)
카라히토(加羅人)
카라히토(韓人)
카라히토노마쯔리고토(韓政)
카마쿠라(鎌倉)
카마쿠라시(鎌倉市)
카마타(蒲田)
카모(加茂)
카모노키미(鴨君)
카모야마(鴨山)고분
카모카미(鴨神)
카무누나카와미미노미코토(神渟川耳命)
카무야이미미노미코토(神八井耳命)
카미마키정(上牧町)
카미야마가다케(神仙久嶽)
카미오카(神岡)
카미요도 폐사(上淀廢寺)
카미우케나군(上溪六郡)
카미하타(上畑)
카부토(甲)
카사누이노무라(笠縫邑)
카사누이역(笠縫驛)
카사마(笠間)
카스가노아가타(春日縣)
카스가시(春日市)

352

카스가와카미야(春日若官)신사　　켄슈우(顯宗)천황릉

카시무라오오아자시마야(村大字島屋)　　코가네산(黃金山)

카시바시(香芝市)　　코레타카친왕(惟喬親王)

카시하라(白橿原)　　코세(古瀨)

카시하라(柏原)　　코세사(巨勢寺)

카시하라미야쯔코(柏原造)　　코세야마(巨勢山)

카시하라스구리(柏原村主)　　코세쯔히코(古世都比古)

카시하라향(柏原鄕)　　코아자오시미(小字忍海)

카야나루미노미코토(加夜奈留美命)　　코오교쿠(皇極)천황

카야노모리(栢森)　　코오구산(香久山)

카야노모리(萱森)　　코오난(甲南)대학

카와니시정(川西町)　　코오료오정(廣陵町)

카와라즈카(瓦塚)고분　　코오류우사(廣隆寺)

카와이오오쯔카(川合大塚)고분　　코오리야마시(郡山市)

카와이정(河合町)　　코오묘오사(光明寺)

카와치(河內·大阪府)　　코오베(神戶)

카와카미촌(川上村)　　코오보오대사(弘法大師)

카와키시(川岸)　　코오소대신(皇祖大神)

카이후키야마(具吹山)　　코오안(孝安)

카쯔라게군(葛下部)　　코오스케(上野·群馬縣)

카쯔라기천(葛城川)　　코오진기(廣神紀)

카쯔라우에(葛上)　　코오토쿠(孝德)

카키모토(杮本)　　코오토쿠기(考德記)

카토리(香取)　　코오후쿠사(興福寺)

칸사이(關西)　　코쿠가쿠인(國學院)

칸세이(寬政)　　코쿠라(小倉)

칸토오(關東)　　콘고오(金剛)

케이쇼(景初)　　카쯔라기산(葛城山)

케이오(慶應)　　쿄오무(桓武)천황

케이쵸오(慶長)　　쿄오쿄쿠(皇極)

케히대신(氣比大神)　　쿄오토(京都)

쿄오토부(京都府)

쿠누기야마(釱山)고분

쿠니나카노키미마로(國中公麻呂)

쿠니나카촌(國中村)

쿠니노미야쯔코(國造)

쿠니카카스(國縣)

쿠다라노코사키(百濟王)

쿠다라사(百濟寺)

쿠다라천(百濟野)

쿠다라촌(百濟村)

쿠라(內藏)

쿠라쯔쿠리(鞍作)

쿠라쯔쿠리노토리(鞍作鳥)

쿠레하토리묘오진(吳羽明神)

쿠로마루(黑丸)

쿠로우토(藏人)

쿠리스(栗栖)

쿠마고리정사(熊凝精舍)

쿠마노(熊野)

쿠마노나치대사(那智大社)

쿠마노본궁대사(本宮大社)

쿠마노산산(熊野三山)

쿠마노하야타마대사(速玉大社)

쿠마모토현(熊本縣)

쿠사카베황자(草壁皇子)

쿠스미(楠見)

쿠지라(櫛羅)고분군

키나이(畿內)

키노모토(木之本)

키노오미(木臣)

키노오미마로(木臣麻呂)

키노쿠니(木國)

키누히키가미(絹引神)

키비노히메(吉備姬)

키비히메(吉備姬)

키스미노스쿠네(木角宿)

키이(紀伊·和歌山縣)

키이국(紀伊國)

키이 풍토기의 언덕(紀伊風土記丘)

키즈(木津)

키지시(木地師)

키쯔이(狐井)

키쯔이시로야마(狐井城山)고분

키쯔이야마(狐井山)고분

키쯔이즈카(狐井塚)고분

키타시라키(北白木)

키타카쯔라기군(北葛城部)

키타큐우슈우(北九州)

킨메이(欽明)

킨키 호쿠리쿠(北陸)

킨테쯔오오사카선(近鐵大阪線)

타나카(田中)

타니(谷)

타마쯔쿠리(玉造)

타마코(玉子)

타마키야마(珠城山)고분

타무라(田村)

타야(田屋)

타와라모토정(田原本町)

타이마노마히토쿠니마(當麻眞人國見)

타이마노쿠니미(當麻國見)

타이마노키미타테(當麻公楯)

타이마정(當麻町)

타이쇼오(大正)

타이쇼칸(大織冠)

타이안사(大安寺)

타이와(泰和)

타이카(大化)

타이카개신(大化改新)

타이칸대사(大官大寺)

타이후쿠(大福)

타지마(但馬)

타지마국(但馬國)

타지마모리(田道間守)

타쯔야마(龍山)

타카노노니이카사(高野新築)

타카다(高田)

타카다천(高田川)

타카마가하라(高原天)

타카마쯔신죠오(高松新庄)

타카마쯔총(高松塚)

타카미야사(高宮寺)

타카쯔키시(高槻市)

타카토리정(高取町)

타케미카즈라노카미(武瓮雷神)

타케우치(竹內)

타케우치노스쿠네(武內宿)

타케치군(高市郡)

타케치대사(高市大寺)

타타니천(田谷川)

타테군(伊達郡)

타테 마사무네(伊達政宗)

타테이시(立石)

탄고국(丹後國)

탄바(丹波)

탄바국(丹波國)

테라우치(寺內)

테이칸(貞觀)

텐노오사(天王寺)

텐노오즈카(天王塚)

텐리시(天理市)

텐무(天武)천황

텐지(天智)

텐표오(天平)

토가야마야마호쿠로쿠(外鎌山北麓)고분

토리노코(鳥子)

토리불사(止利佛師)

토리이(鳥居)

토미산(鳥見山)

토오이치군(十市郡)

토오이치군(十市郡·磯城郡)

토오쿄오(東京)

토오쿄오도(東京都)

토오키노쇼오(陶器莊)

토오후쿠(東北)

토요스키이리히메노미코토(豊勘入姬命)

토요오카(豊岡)

토요쿠와이리히메노미야(豊入姬宮)

토오다이사(東大寺)

톳토리현(鳥取縣)

하나산(花山)

하루타(治田)

하리마(播磨·兵庫縣)

356

히가시쿠다라(東百濟)

히노쿠마(日前)

히노쿠마(檜常)

히노쿠마노이미키(檜常忌寸)

히노쿠마대내릉(檜常大內陵)

히노쿠마묘(檜常墓)

히노쿠마사(檜常寺)

히노쿠마안고릉(檜常安古陵)

히노쿠마타미노하카토코(檜常民博德)

히노쿠마판합릉(檜常坂合陵)

히다리(左)

히다카정(飯高町)

히데요시(秀吉)

히라노구루마즈카(平野車塚)고분

히라노쯔카아나야마(平野塚穴山)고분

히라바야시(平林)

히라오카(平岡)

히라타(平田)

히로하라(廣原)

히메쿠와(比賣久波)

히모로기(神籬)

히모로기 이와사카(神籬磐境)

히바라(檜原)

히바라(檜原)신사

히보코(日矛 · 國縣大神)

히시리쯔히메대신(日知律姬大神)

히젠타카키군(肥前高來郡 · 長崎縣南高
來郡)

히카타노카가미(日像鏡 · 日前大神)

한·일 고대사의 바른 이해를 위하여

일본인들의 고대사에 대한 관심은 남다른 데가 있다. 역자가 일본에 체류할 때 큰 도시의 대형서점 어디를 가보아도 수십 종류가 넘는 한·일 고대사 관련 책자가 나와 있었고 그 책들 주변엔 항상 많은 일본인들로 붐볐다.

근래에 후지노키고분 등의 발굴로 일본 고대 전설 속의 인물이나 고대 국가에 대한 일본인들의 관심이 고조되어 일본 전국에서 크고 작은 강연회가 자주 열릴 뿐 아니라 좀더 적극적인 사람들은 '도래인들의 모국'인 한국을 직접 방문하는 테마여행도 시도한다.

한국을 찾아온 그들을 보면서 앞선 문화를 일본에 전한 민족으로서 자랑스러움을 느끼는 한편 일본 땅에 남아 있는 우리 문화에 대해 좀더 각별한 관심을 기울여야 한다는 중압감도 아울러 생겨난다.

그러나 일본인들의 그런 관심은 유감스럽게도 상당 부분 왜곡돼 있어서 막상 그들이 쓴 책이나 신문기사를 보면 '대륙에서 일본으로' '대륙 진출의 거점' 등의 제목을 가지고 있다. 이러한 것은 고대 한반도가 그들 문화의 뿌리가 아니라 다만 경로였음을 부각시키려 하고 자신들에게 문화를 전해 준 사람들을 '도래인'이라 부르기보다는 '귀화인'으로 격하시켜 이해하려는 편협한 모습에 불과하다.

어떤 의미에서 일본인들의 편견과 오해는 그 동안 우리들이 우리 문화에 무관심했던 탓일 수도 있다. 이 책의 번역을 수락한 이유도 일본 속에 남아 있는 우리 문화의 실태와 내용을 바로 소개하여 너무나 무심했던 우리 독자들의 관심을 유발시키는 시발점이 되어 보자는 바람이 있었기 때문이다.

저자인 김달수 선생은 일찍이 일본으로 건너가 일본인들과 함께 생활하면서 소설가로 명성을 얻었을 뿐만 아니라 한·일 고대사와 문화 교류사 연구에 몰두해 우리나라와 한·일 고대사에 대한 일본인들의 왜곡과 오해를 정확한 자료를 바탕으로 바로잡는 데 일생을 바쳐 온 분이다. 그렇기 때문에 선생의 글은 나의 바람과도 맞아떨어졌다.

막상 번역 작업에 들어가니 원래 이 글이 일본인을 대상으로 일본 잡지에 연재했던 것이라 우리 독자들이 이해하기 어려운 난해한 내용들과 용어들이 많아 우리말로 옮기는 데 적잖이 힘이 들었다. 그러나 되도록이면 좀더 알기 쉽고 정확하게 번역하고자 노력했다.

무엇보다도 이 책을 읽은 독자 여러분들이 김달수 선생이 누누이 말씀하시는 것처럼 우리 조상들이 단순히 선진 문화를 일본에 전하고 만 것이 아니라, 신천지를 꿈꾼 진보적인 선조들이 고대 한반도를 떠나 바다 건너 일본으로 이동하여 훌륭한 선진 문화를 지녔던 도래인으로서 앞선 문화를 일본에 전파한 후 그 곳에 뿌리내렸다는 구체적인 사실을 조금이라도 알게 된다면 역자로서는 그 이상 보람이 없겠다.

이 책의 번역에 도움을 주신 대원사 여러분과 조언을 아끼지 않은 동료 이강근 교수님, 그 외 여러분들께 깊은 감사의 마음을 전한다.

1995년 7월
배석주

■ 옮긴이/배석주

동국대학교 일어일문학과를 졸업하고 일본 국립 큐우슈우(九州)대학 대학원에서 일본어학을 전공, 쿠루메(久留求)대학 대학원에서 일본어학 박사과정을 수료하였다. 일본국어학회, 한국일본학회, 일어일본학회 회원이며 현재 경주대학교 관광일어과 교수로 재직중이다. 주요 논문으로 「조선 자료의 일본어학적 연구」「방언집석(方言集釋)의 큐우슈우방언」「첩해신어(捷解新語)의 탁음 표기 연구」 등 여러 편이 있다.

일본 속의 한국문화 유적을 찾아서 1
— 고대사의 열쇠를 쥔 도시, 나라(奈良) —

초판 1쇄 발행 | 2005년 08월 15일
초판 5쇄 발행 | 2016년 09월 15일

지은이 | 김달수
옮긴이 | 배석주
발행인 | 김남석
발행처 | ㈜대원사
주   소 | 06342 서울특별시 강남구 양재대로 55길 37, 302
전   화 | (02)757−6711, 6717~9
팩시밀리 | (02)775−8043
등록번호 | 2011−000081호
홈페이지 | http://www.daewonsa.co.kr

ⓒ 김달수, 2005

값 14,000원

Daewonsa Publishing Co., Ltd
Printed in Korea 2016

ISBN | 89−369−0922−3